ARIEL
MAGNUS

DAS
ZWEITE
LEBEN
DES
ADOLF
EICHMANN

ARIEL
MAGNUS

DAS ZWEITE LEBEN DES ADOLF EICHMANN

Roman

Aus dem Spanischen von Silke Kleemann

KIEPENHEUER
& WITSCH

Bei einer guten Staatsführung
hat der Untergebene,
der Befehlsempfänger, Glück;
Bei einer schlechten Unglück.
Ich hatte kein Glück.

ADOLF EICHMANN,
Götzen

IV

BLUMEN FÜR VERA

Warum musste er immer so ein Pech haben?

Ausgerechnet an dem Tag, an dem er nach sieben Jahren erzwungener und durchrungener Trennung seine Frau wiedersehen würde, waren in der ganzen Stadt keine Blumen aufzutreiben. Nachdem sich die Gewerkschaften der landesweiten Trauer angeschlossen hatten, gab es auch keine öffentlichen Verkehrsmittel mehr, keine Zeitungen, keine geregelten Sprechzeiten in den Krankenhäusern und keine Müllabfuhr. Doch die eigentliche Katastrophe war der völlige Mangel an Rosen, Veras Lieblingsblumen – und nicht mal Freesien oder Jasmin oder ein armseliger Nelkenzweig waren ersatzweise zu bekommen.

»Aber Sie verkaufen doch Blumen, und dann keine Blumen haben, warum Sie dann hier?«, ärgerte sich Ricardo Klement bei dem letzten Blumenhändler, den er noch antraf, in seinem gebrochenen Spanisch. Immerhin war er zwanzig *cuadras* vom Hotel aus gelaufen.

»Wir warten auf frischen Nachschub aus Chile«, antwortete der Florist, der auf beleidigende Art freudig erregt wirkte. Es passierte ihm wohl zum ersten Mal, dass seine Ware schon um zehn Uhr morgens ausverkauft war, und das an einem ganz normalen verregneten Montag im Winter, einem eigentlich besonders ungeeigneten Tag, um Blumen für jemanden zu kaufen. »Unsere Evita ist gestorben, und das Volk hat ihr zu Ehren alles weggekauft.«

»Verflixte Schlampe«, fluchte Klement auf Deutsch und trat wütend die Zigarette auf dem Boden aus.

Der Blumenhändler, der einen grünen Regenmantel trug und erdverkrustete Hände hatte, musste nicht des Deutschen mächtig sein, um zu erahnen, dass dieser Herr mit der unangenehm schrillen Stimme da gerade eine üble Beleidigung ausgestoßen hatte, doch ihm entging, dass der Fluch gegen die »Spirituelle Führerin der Nation« gerichtet war, die am vorvorigen Tag ihrem Gebärmutterhalskrebs erlegen war (obwohl sie die Gebärmutter nie benutzt hatte). Da für ihn aber ein Kunde auch dann noch als Kunde galt, wenn er vorerst nichts kaufte, setzte er wie ein Totengräber eine uneindeutige ernste Miene auf und wandte seine Aufmerksamkeit wieder der rostigen Schere zu, mit der er die bunten Bänder zum Verzieren der internationalen Bouquets kräuselte.

Klement hatte keine Zeit, um auf Nachschub von jenseits der Anden zu warten. Seine Frau musste bereits mit ihrem Schiff angelegt haben, und er wollte im Hotel sein, wenn sein Empfangskomitee sie zu ihm bringen würde. Am liebsten wäre er persönlich zum Hafen gegangen, hätte wieder die eindrucksvollen Docks aufgesucht, wo er selbst vor zwei Jahren mit gerade einmal 485 argentinischen Pesos in der Tasche an Land gegangen war, und hätte seinen ersten erwartungsvollen, ungläubigen Blick in dem seiner Gattin widergespiegelt gesehen. In diesem Augenblick zugegen zu sein, hätte außerdem als Signal gedient, dass sie dieses gesegnete Land unbesorgt betreten konnte. Für Männer in seiner Situation war es derartig sicher, dass Klement nur schwer davon zu überzeugen gewesen war, es könne ein Risiko darstellen, sich mit seiner Frau in der Öffentlichkeit zu zeigen. Schließlich waren sie offiziell geschieden, und es konnte gut sein, dass feindliche Agenten sie überwachten.

Nun übersetzte er seine innere Rage in die Schrittgeschwindigkeit seiner O-Beine, die Fäuste in den löchrigen Taschen seines Mantels versenkt, den Oberkörper nach vorn gebeugt und den Blick fest auf die Gehwegplatten geheftet, die auf grauenhaft unregelmäßige Art Form und Farbe wechselten. Zur Aufmunterung begann er seine Schritte zu zählen und stellte wieder einmal fest, dass es von einer Straßenecke bis zur nächsten einhundert Schritte waren, was hierzulande *cuadra* genannt wurde. Von diesem Konzept und dem damit verwandten Begriff *manzana* schienen Lage und Größe aller Dinge in der Stadt abzuhängen, daher hatten sie auch zu seinen ersten Worten in der Landessprache gehört. Dass die für ein Asphaltquadrat gewählte Metapher seiner Lieblingsfrucht entsprach (vor allem in Form des köstlichen *Apfel*weins), konnte nur ein gutes Omen sein, was sich bestätigte, als er zum ersten Mal einen argentinischen Apfel probierte. Deshalb hatte er nun ein paar Kilo davon aus Tucumán mitgebracht, ein Apfel sollte das Erste sein, was die Neuankömmlinge in diesem Land probierten. Warum war er bloß nicht früher darauf gekommen, auch ein paar Blumen zu besorgen? Dabei wusste er doch, dass die Provinz Tucumán als »Garten der Republik« bekannt war.

Klement wurde wieder einmal von dem altvertrauten Gefühl befallen, das ihn schon seit jüngster Jugend begleitete wie eine persönliche Ursünde: dem Scheitern. Das war unvorhersehbar!, versuchte er sich selbst zu entschuldigen. Tatsächlich hatte er allerdings schon von Evitas Tod gehört, bevor er in den Zug gestiegen war, und er lebte lange genug hier, um zu wissen, dass alles, was mit dieser Frau zu tun hatte, stets ins Maßlose übertrieben wurde. Als er am Bahnhof Retiro ausgestiegen und in Begleitung derer, die nun seine Frau zu ihm bringen würden, zum Hotel gegangen war – derselben Kameraden, die ihn seinerzeit in Empfang genommen hatten –, hatte Klement die endlose Schlange betrachten können, die nach Auffassung der Argentinier indianisch war, *fila india* nannten sie die nämlich und bildeten sie stets mit lächerlicher Sorgfalt, wenn mehr als drei Personen an einem Ort zusammentrafen. *Cuadra* um *cuadra, manzana* um *manzana* standen dort die Trauernden in einer langen Reihe, um der »Fahnenträgerin der kleinen Leute« die letzte Ehre zu erweisen, jeder Mann und jede Frau mit eigenem Blumenstrauß, und die Zeitungen, in denen sie die Nachricht immer wieder ungläubig gelesen hatten, verwendeten sie als Schutz gegen die Regenschauer. Am stärksten hatte Klement die große Zahl an Soldaten gerührt, die diese sich dahinschlängelnde Totenwache unter freiem Himmel bewachten. Ihre weiten Filzcapes und die schwarzen Reitstiefel erinnerten ihn an seine eigene Aufmachung; zumindest seine Aufmachung bis vor gar nicht allzu langer Zeit, die er sich für eine so besondere Gelegenheit wie heute liebend gern noch einmal angezogen hätte.

Besänftigt vom Fußmarsch oder durch das Zählen seiner Schritte, musste er sich eingestehen, dass sich ein Führer der Massen nichts Besseres als einen solchen Tod erträumen konnte, selbst in derart frühem Alter. Erst recht für seine Ehefrau. Wenn Klement an General Perón etwas bewunderte – abgesehen von der Begeisterung, die dieser bei den Leuten auslöste –, dann war es dessen gewandte Führerschaft, die er sich mit einer Frau teilen musste, noch dazu der eigenen. Nicht dass er, Klement, das weibliche Geschlecht etwa nicht zuhöchst schätzte, ganz im Gegenteil, aber zwischen Wertschätzung und der Entscheidung, der Frau einen so zentralen Platz im öffentlichen Leben zuzubilligen, lag doch das, was man gemeinhin Abgrund nennt. Als Mann schützte man seine Macht eifersüchtig selbst vor den nächsten Mitarbeitern; sich in Begleitung einer Frau zu zeigen, ja fast einen Schritt hinter dieser, implizierte eine weit größere Sicherheit, als eine Geheimpolizei einem je verschaffen könnte. Es war ein Zeichen echter Macht. Selbst in dem Wissen, dass die eigene Gefährtin mit dreiunddreißig Jahren sterben würde, also kaum Zeit hätte, groß genug zu werden, dass sie einen selbst wirklich in den Schatten stellen könnte, hätten ihr nur wenige Anführer erlaubt, einen derartigen Einfluss auf die eigene Anhängerschaft zu gewinnen.

Mit einem trotzigen Nachgeschmack fragte er sich, ob es nicht vielleicht das war, was dem Führer seines eigenen Volkes gefehlt hatte, dessen Ehefrau ebenfalls Eva hieß und die auch jung und kinderlos gestorben war. Diese paradoxen Ähnlichkeiten (hatte die argentinische Eva wohl auch ein zweiunddreißigstel jüdischen Bluts gehabt, wie er es über die andere herausgefunden hatte?) hoben die offenkundigen Unterschiede zwischen der blondgefärbten Schauspielerin, die zuerst den General und dann ein ganzes Land erobert hatte, und der naturblonden Köchin, die ausgesehen hatte, als wäre sie schon in dem Bunker zur Welt gekommen, in dem sie später starb, noch deutlicher hervor. Und nicht weniger unterschiedlich verhielten sich die beiden Ehegatten ihren besseren Hälften gegenüber: Der eine hatte sie bis zum Tod verheimlicht, der andere sie vom ersten Augenblick an gezeigt. Klement konnte nicht mit Sicherheit sagen, was der Führer hätte gewinnen können, wenn er diese andere Eva an seiner Seite gehabt hätte. In

Anbetracht dessen, dass er später alles verloren hatte, behielt die Frage aber nach wie vor eine gewisse Gültigkeit. Vielleicht hätte sie ihn mit ihren Reizen – ganz unabsichtlich – von der idiotischen Idee abgelenkt, in Russland einzumarschieren.

Er blieb an einer Straßenecke stehen, um sich eine neue Condal anzustecken, nun bereits wieder in dem Teil der Stadt, der ihn bei seiner Ankunft in einem ähnlich feuchten Winter wie diesem so sehr an die Innenstadt von Wien oder von Berlin oder Paris erinnert hatte. Abgesehen von diesen und anderen europäischen Städten hatte er bis dahin nur ein paar wenige Ortschaften im Nahen Osten kennengelernt, die er vor dem Krieg auf seiner gescheiterten Studienreise zur zionistischen Bewegung bereist hatte. Wie vormals Moses hatten sie ihn nicht ins Gelobte Land gelassen, wo er den Großmufti von Jerusalem hatte treffen wollen; das hielt ihn allerdings nicht davon ab, sich fortan mit dessen Freundschaft zu brüsten. Daher hatte er von diesem fernen Westen Ähnliches erwartet, zwar ohne in wallende Gewänder gekleidete Menschen oder Moscheen mit glänzenden Kuppeln, jedoch mit denselben windschiefen Bauten am Rande von Straßen, die mehrheitlich von vielen nackten Füßen ins Erdreich getreten worden waren. Und obwohl dieses Vorurteil später, nach seinem Umzug in eine ländliche Gegend im Nordosten, reichlich erfüllt wurde, konnte er sich doch, wenn er nach Buenos Aires zurückkam, jedes Mal aufs Neue nicht daran gewöhnen, auf dieser Seite der Welt eine Stadt vor Augen zu haben, deren historischer Teil sogar auf der anderen durch seine Opulenz hervorgestochen wäre. Zweifellos, die Fassaden aus dem neunzehnten Jahrhundert, ein Gutteil davon mit verblichener und teils sogar abbröckelnder Farbe, standen zwischen modernen, unförmigen Gebäuden von skrupelloser Hässlichkeit, und an den Rändern der gepflasterten Straßen sammelten sich ungewöhnliche Mengen Müll an, auf so eigenartig beständige Weise, als würden die Straßenkehrer ihn mit ihren nachlässigen Besenstrichen nicht wegschaffen, sondern produzieren. Es stimmte auch, dass die gepflegte Kleidung der Passanten, die sich fast so oft über die Bügelfalte der Hose strichen wie über den Scheitel, zu häufig so wirkte, als dauerte es nicht mehr lange, bis diese Kleidungsstücke unflickbar zerfransen würden; nichts davon entging Klement, aber trotz alledem war Buenos Aires mit seinen Kinos, Theatern und Luxusläden noch immer die europäische Stadt, als die sie ihm anfangs erschienen war. Damals hatte man ihn vom Hafen eilig in eine weit vom Stadtkern entfernte Pension gebracht, als befände er sich tatsächlich noch immer auf dem Kontinent, wo ihn niemand zu Gesicht bekommen durfte. An diesem ersten Abend hatte er beim Schlafengehen das Gefühl gehabt, einen Traum durchreist zu haben, einen Traum, der aus den Trümmern des Albtraums gemacht war, den er zurückgelassen hatte: Für jeden Stein, der auf der anderen Seite unter dem Aufprall einer alliierten Bombe eingestürzt war, waren hier andere aus dem Boden geschossen, wild wachsend wie Pilze. Am nächsten Morgen beim Aufwachen kam ihm Argentinien nicht mehr wie ein Notunterschlupf vor, der letzte Ort der Welt, an den er noch hatte fliehen können, um seine Freiheit und womöglich sein Leben zu bewahren, sondern wie ein zweites Zuhause, Fortsetzung des ersten, architektonisch vom Anfang des Debakels an dazu bestimmt, die Verlierer aufzunehmen.

Auf den wohlklingenden Namen dieses fast antarktischen Landes war er zum ersten Mal im Rahmen seiner hebräischen Studien gestoßen, als man ihm befohlen hatte, das Buch *Der Judenstaat* des Österreichers Theodor Herzl zu lesen und zusammenzufassen, als Einarbeitung auf seinem neuen Posten in der Abteilung für Judenangelegenheiten der brandneuen nationalsozialistischen Regierung. In dieser Bibel des Zionismus schlug der politische Vater der Bewegung Argentinien als Alternative für den Fall vor, dass eine Rückkehr nach Eretz Israel nicht durchführbar wäre, wobei er betonte, dass es eine der weltweit wohlhabendsten Nationen sei, ebenso reich an Fläche wie arm an Bevölkerung. Lange bevor die Idee aufkam, die Juden in die französische Kolonie Madagaskar zu schicken oder sie in Nisko, Polen, zu konzentrieren, hatte er dann als Untersturmführer wieder an Herzl und die Möglichkeit, jenen Traum Wirklichkeit werden zu lassen, gedacht; weniger in praktischer Hinsicht (sein Spezialgebiet waren Züge, nicht der Schiffsverkehr) als in theoretischer. Doch er erging sich derart in seiner Fantasie, dieser Beitrag werde ihm ein »Bonbon« einbringen, wie er die Abzeichen für den Aufstieg in der Rangliste der SS nannte, dass die Initiative in seinem Inneren letztlich an Schwung verlor und in Vergessenheit geriet, genau wie später die polnische und die afrikanische. Wenn er darüber nachdachte, war es amüsant, dass dieses Gelobte Ersatzland letzten Endes nicht die Lösung für das Judenproblem wurde, sondern für das Problem, das er sich selbst bei dem Versuch eingebrockt hatte, Ersteres zu lösen.

Er erreichte das *Hotel Majestic* auf der Avenida de Mayo, das er gewählt hatte, weil es ihn an das *Hotel Majestic* in Budapest erinnerte, von wo aus er den Tausch von einer Million ungarischer Juden gegen zehntausend Lkws organisiert (zu organisieren versucht) hatte. Er durchquerte die Lobby, die seit dem Vorabend von einem improvisierten

Altar für die »Dame der Hoffnung« geziert wurde, als die die Verstorbene ebenfalls bekannt war, und drückte den Knopf neben der Gittertür aus schwarzem Schmiedeeisen. Während die Aufzugskabine gemächlich herabzuckelte, schoss Klement eine Idee in den Kopf. Er machte auf dem Absatz kehrt, lief ein paar Schritte zurück zu dem Tischchen mit Foto und Blumenvase, das vor einem Wandspiegel mit Goldrahmen stand, und schmiss sich davor in Pose, als wollte er sich die Krawatte und das wenige zurückweichende Haar richten, das ihm auf seinem lang gezogenen Schädel noch blieb. Er setzte den Hut wieder auf und betrachtete seinen halb ergrauten Schnurrbart, der die angeborene Asymmetrie seines hageren Gesichts verbarg, aus dem wie Implantate die lange Nase – sie bestand fast nur aus Nasenlöchern, die bis zu dem kleinen gespaltenen Kinn herabzureichen schienen – und die breiten Ohren hervorstachen, jüdische Ohren, wie seine alten Kameraden, die auch die Reichweite seines Gehörs unterschätzten, hinter seinem Rücken immer wieder gemunkelt hatten.

Der Aufzug kam auf dem Boden auf, und mit einer schnellen Bewegung und einem verstohlenen Blick zur Rezeption, wo ein junger Mann in Livree Anmeldeformulare ausfüllte, wurden aus den Blumen für Eva Blumen für Vera.

Klement ejakulierte in seiner Ehefrau, ein Erguss, der eher rückfordernd war als lustvoll, als wollte er damit die erschrockene Miene aus ihrem Gesicht löschen, ihn derart vor der Zeit gealtert zu sehen, und ging nach nebenan ins Bad, bevor sein Glied sich wieder ein- und in die Vorhaut zurückzog, was das gründliche Reinigungsprogramm erschwerte, dem er es nach dem Beisammensein mit einer Frau zu unterziehen pflegte, selbst wenn es die eigene war.

Für größere Zeremonien hatten sie auch gar keine Zeit, die Kinder würden jeden Moment zurück sein, nachdem sie die hundert Pesos ausgegeben hatten, die ihnen ihr Onkel Ricardo als Willkommenstaschengeld gegeben hatte.

Sie waren dermaßen groß geworden, dass sie nicht wiederzuerkennen waren, vor allem Klaus, der Älteste, der sich dem Argwohn nach zu urteilen, mit dem er den Mann anblickte, der ihnen als *Onkel* vorgestellt wurde, mit seinen sechzehn Jahren zum neuen Ehemann der Mutter gemausert hatte. Selbst der großzügig bemessene Geldschein, den der Onkel ihm zusammen mit den Äpfeln zur Verwaltung während des Spaziergangs mit seinen Brüdern durch die neue Stadt anvertraute, hatte diesen Argwohn kaum zu besänftigen vermocht. Die ihm im Alter folgenden Horst und Dieter hatten dem neuen Onkel nicht einmal dieses mild feindselige Gefühl entgegengebracht, so sehr waren sie mit den Kuhknöchelchen beschäftigt gewesen, die man ihnen beim Abholen am Hafen gegeben hatte und mit denen sie auf dem Zimmerboden gespielt hatten, genau wie Klement es die eingeborenen Kinder hatte tun sehen – als gehörten die Regeln nicht zu einem bestimmten Spiel oder einer speziellen Gesellschaft, sondern zur Kindheit ganz allgemein. Zuletzt hatte er sie mit fünf und drei Jahren gesehen, weshalb man sie perfekt durch andere Kinder hätte austauschen können, wie in den Filmen, in denen, je nach Alter, verschiedene Schauspieler dieselbe Person spielen; er hätte es nicht gemerkt.

Veronika, seine geliebte Vera, hingegen sah noch genau aus wie früher: das Gesicht genauso rund, das Haar genauso schwarz und die Augen genauso blau; der Körper genauso fest, die Glieder genauso straff und der Hintern genauso prall. In den intimsten Momenten nannte Klement sie Vulpius, zu Ehren der Gattin von Johann Wolfgang von Goethe, berühmt für ihre Rundungen und ihre zwanglose Derbheit, der er der rotwangig-länglichen Schlankheit der typischen Arierin gegenüber den Vorzug gab. Für ihn war es nie ein Problem gewesen, dass seine Frau aus einer Bauernfamilie stammte, wohl aber, dass sie katholisch war und auf eine kirchliche Heirat bestand, was bei seinen Parteifreunden nicht gern gesehen war, allesamt Deisten, wie der Führer es verlangte. Später meldete er, dass auch Vera zu dieser von Hitler propagierten nationalsozialistischen Religion übergetreten sei, aber das war nur Wunschdenken gewesen. Vera hielt immer noch so hartnäckig wie am ersten Tag an ihrem Glauben fest; es ging sogar so weit, dass sie ihn, sobald sie im Hotelzimmer allein waren, als Erstes bat, niederzuknien und ein Dankgebet für ihre Wiedervereinigung zu sprechen. So – wie in jungen Jahren auf dem Teppich kniend, das Gesicht in Veras Nacken vergraben wie in einem Kissen, diesen ihr ureigenen Geruch nach Heu und gemahlenen Mandeln einsaugend – hatte Klement sie besessen, auch um klarzustellen, dass nicht Gott die Schiffspassagen bezahlt hatte, sondern er selbst mit den Ersparnissen aus diesen zwei Jahren Arbeit hier im Land.

Bereits wieder angezogen erzählte er seiner Frau durch die Badezimmertür leicht euphorisch von einem Zufall, dessen er sich gerade erst bewusst geworden war. In seinem Pass vom Roten Kreuz, den er sich für die Auswanderung nach Argentinien hatte anfertigen lassen, hatte er neben der Änderung von Namen und Herkunftsort (und Religionszugehörigkeit und Familienstand und Beruf) auch sein Geburtsdatum von 1906 auf 1913 verschoben. Man hatte ihm geraten, dass nicht eine Angabe bezüglich der neuen Identität an die erinnern sollte, die er verstecken wollte, aber ihm war nicht klar gewesen, warum er dieses und kein anderes Datum gewählt hatte. Die Differenz in Jahren entsprach fast der Zeit, die er in seinem Geburtsort Solingen verbracht hatte, bevor die Familie nach Linz gezogen war, in das Vaterland, das er Jahrzehnte später wieder zugunsten Deutschlands verlassen würde, um sich als junger Erwachsener den Heerscharen der neuen Ordnung anzuschließen. Doch wenn das ausgewählte Datum insgeheim einem Kindheitstrauma entsprungen sein sollte, dann nicht aufgrund dieser ersten Auswanderung (wenngleich sie ihm sehr wohl Probleme bereitet hatte, die ihn später daran hindern sollten, die Schule abzuschließen). Es hätte dem Alter von neun Jahren entsprechen müssen, so alt war Klement nämlich, als seine Mutter starb – ein echtes Vorher und Nachher in seiner Kindheit. Die Wahl jedenfalls war treffend gewesen, nun, da das kleine Rätsel durch sein Agens, die Zeit an sich, aufgeklärt worden war: Die sieben Jahre Differenz prophezeiten die sieben Jahre ihrer Trennung, sodass er bei der Wiederbegegnung mit seiner Frau, genau jetzt in diesem Moment, noch immer ebenso alt war wie zu dem Zeitpunkt, als er sie zuletzt geküsst hatte.

»Ist das nicht wundervoll, Schatzi?«

»Darf ich auch mal ins Bad?«

Klement steckte sich eine der Glorias an, die seine Frau ihm mitgebracht hatte, wobei ihm mit amüsierter Überraschung auffiel, dass selbst der Name seiner liebsten deutschen Zigarettenmarke ihm auf Spanisch eine Zukunft verhieß (als junger Mann hätte er geschworen, dass *gloria* ein angelsächsisches Wort war), und trotz der Kälte öffnete er die Fenster sperrangelweit, um jede Spur von Sexgeruch zu vertreiben. Numerische Koinzidenzen machten ihn immer ein wenig melancholisch; es war, als würde er Zeuge eines kleinen Wunders, das die umliegende Welt noch banaler machte. Auf die Fensterbank gestützt ließ er den Blick über den feuchten Asphalt streifen, der von hohen Bäumen und alten Laternen gesäumt war; ein Bild, dem nicht einmal die Hakenkreuzfahnen fehlten, um seinem Land entsprechen zu können, denn auch dort hingen diese nicht mehr.

Am Ende der Avenida, zwischen den sich lichtenden Zweigen der Platanen, war das majestätische Kongressgebäude zu sehen, wo die Trauerkränze die breiten Freitreppen am Eingang vollständig bedeckten. Ihm kam die Rede in den Sinn, die Evita am siebzehnten Oktober des Vorjahres gehalten hatte, ein Ereignis, das als erste Liveübertragung des argentinischen Fernsehens angepriesen wurde und das er unter freiem Himmel auf einem Gerät nationaler Bauart vor dem Regierungssitz in Tucumán verfolgt hatte. »Wenn dieses Volk mich um mein Leben bäte, gäbe ich es ihm singend«, hatte die *Primera Dama* gesagt, oder so wurde es Klement zumindest erzählt, denn sein Spanisch reichte immer noch nicht für viel mehr als für das Alltagsgeschäft. Evitas Ausspruch erinnerte ihn natürlich an seinen eigenen großen Spruch, dass er lachend in die Grube springen würde in dem Bewusstsein, dass bereits fünf Millionen Juden mit reingesprungen waren. Daher hatte Klement das Gefühl, er selbst stünde auf diesem Balkon, vor all diesen Menschen, die seinen Worten zujubelten, vor diesen inbrünstigen Massen, denen seines Landes so ähnlich und zugleich so anders: auf der einen Seite die Ordnung und auf der anderen das Chaos; auf der einen Seite die Braunhemden, auf der anderen die *descamisados,* die Hemdlosen.

Am siebzehnten Oktober, einem Datum, das für die Argentinier so bedeutsam schien, hatte in Berlin exakt zehn

Jahre vor Evitas Rede die Deportation der Juden aus dieser Stadt begonnen. Es war die wichtigste Operation, die Klement bis zu diesem Moment befehligt hatte, denn sie spielte sich im Herzen des Reichs ab, das so bald wie möglich judenfrei werden sollte, daher haftete ihm das Datum fast wie ein Nationalfeiertag im Gedächtnis. Und genau das wäre es vielleicht auch geworden, wenn man ihn seine Arbeit hätte fertig machen lassen. So blieb das Datum im Kalender frei und konnte einfach so von einem anderen Regime am entgegengesetzten Ende der Welt beansprucht werden. Tausend Jahre hatten sie an der Macht bleiben wollen, dachte er von Bitterkeit erfüllt, und dann war es ihnen nicht einmal gelungen, sich eines einzigen Datums zu bemächtigen.

Er warf die Zigarette auf die Straße, atmete tief die in der Luft hängende Mischung aus lebendigem und verbranntem Holz ein und schloss das Fenster wieder. Er spähte auf seine goldene Armbanduhr, das einzige Schmuckstück, das er besaß (nicht zum Prahlen, sondern um es eventuell als Tauschobjekt einsetzen zu können – eine Vorsichtsmaßnahme, die er von den Juden, die durch Bestechung von Grenzwächtern illegal emigriert waren, gelernt hatte). Aber es war noch nicht Zeit fürs Mittagessen, sprich noch zu früh, um sich ein erstes Glas Wein zu erlauben. Vera kam aus dem Bad und fragte ihn, wofür diese zweite Toilettenschüssel gut sei, niedriger und mit Wasserhähnen bestückt wie ein Waschbecken, woraufhin ihr Mann ihr erklärte, das sei eine französische Erfindung, hatte er ihr nicht nach einer seiner Parisreisen davon erzählt? Viele Dinge erinnerten hier an Frankreich, von der Sprache, die die Intellektuellen sprachen, bis hin zu den Baguettes und den Croissants, die hier kleiner und fester waren und *medialuna* genannt wurden, Halbmond, war das nicht poetisch? Wie dem auch sei, dort, wo sie hinfahren würden, gab es solche Raffinements nicht, weder was das Essen anging und erst recht nicht beim Badmobiliar. Ohne ihr Angst machen zu wollen, musste er sie vorwarnen, dass die Lebensbedingungen in Tucumán ziemlich schlicht waren, auch wenn es ihnen an nichts fehlen würde und sie einander hätten, was die Hauptsache war.

»Gibt es eine Kirche?«

»Davor gibt es kein Entrinnen.«

Klement deutete auf die Bibel, die seine Frau auf die Exemplare von *Der Weg* gelegt hatte, der meistgelesenen Zeitschrift in der deutschen Gemeinde, die ihm die Kameraden ausgeliehen hatten, um sich die Wartezeit zu vertreiben. Die Bibel war der erste Gegenstand gewesen, den sie nach der Ankunft im Zimmer ausgepackt hatte und den sie beim Beten (er wusste nicht mehr, ob bei dem anderen auch) in den Händen gehalten hatte. Es war dieselbe Bibel, die ihr Ehemann bei einem Wutanfall in zwei Teile zerrissen hatte und die Vera, statt sie neu binden zu lassen, weiter in dem Zustand nutzte, ergänzt um einen schmalen Gürtel aus rotem Leder mit Silberschnalle, um das Ganze zusammenzuhalten. Es war nicht die erste Bibel, die ihr der Mann, dem sie in einer Kirche ewige Liebe geschworen hatte, kaputt gemacht hatte. Die vorherige, die sie seit ihrem Kommunionsunterricht in einer Hülle aus purpurrotem Filz aufbewahrte, hatte Klement bei einem früheren Wutanfall in mehr als zwei Stücke zerfetzt und sie dann zwischen die Kohlen in den Majolika-Kachelofen geschmissen, wo sie stundenlang Funken gesprüht hatte. Er war es satt, dass sie ihm bei jedem Streit aus diesem Buch zitierte, als wäre es das Wort des Führers, und allgemein störte er sich daran, dass jeder x-beliebige Pfaffe größeren Einfluss auf sie hatte als ihr eigener Gatte. Tage später, als Vera aus einer Depression auftauchte, deren Ausmaße noch übertriebener waren als die ihrer Frömmigkeit, war sie mit einer neuen Bibel angekommen, die in Wirklichkeit alt und nicht ihre eigene war. Es war die Bibel, die Klement mit sechzehn Jahren von seiner Stiefmutter bekommen hatte, als er auf Anordnung seines Vaters weggehen musste, um im Bergbau zu arbeiten. Das Buch der Bücher hatte er an seinen freien Tagen gelesen und darin in Rot oder Blau die Stellen angestrichen, die ihn besonders stark interessierten, ausnahmslos Kämpfe aus dem Alten Testament. Diese großen Schlachten, bei denen nicht einmal die Schafe mit dem Leben davonkamen und ganze Städte hinweggefegt wurden, feuerten seine jugendliche Vorstellungskraft an, die bereits von dem entfacht war, was er vom Ersten Weltkrieg hatte mitbekommen können. Klement hatte nicht mehr gewusst, dass er dieses Handbuch für Vernichtungsfeldzüge überhaupt noch besaß, und es wieder hervorzuholen war eine kluge Strategie seiner Frau gewesen, wenngleich letztlich auch dieses Exemplar nicht unbeschädigt bleiben sollte. Hatte er es einige Zeit später bei seinem zweiten antibiblischen Anfall nicht vollends zerstört und eingeäschert, dann deshalb, weil er seine Frau nicht ein weiteres Mal so unglücklich sehen wollte ohne ihren Talisman, und vielleicht auch wegen irgendeines Überrests an Gefühlsduselei dem Talisman selbst gegenüber. Er mochte den Gedanken, dass er dieses doppelte Buch genau zwischen dem alten und dem modernen Teil entzweit hatte, obgleich er wusste, dass es im Grunde beides Seiten desselben semitischen Monismus waren.

»Manche Dinge ändern sich nicht, wie ich sehe«, sagte Klement ohne Groll.

»Das ist meine Reiseapotheke«, antwortete Vera rätselhaft.

Sie öffnete die Schnalle, trennte beide Teile (vor und nach der Zerstörung Israels, Ezechiel 33,23, rot *und* blau unterstrichen) und zeigte ihm, dass sie von innen vier kleine Löcher in den Buchdeckel gebohrt hatte, zwei auf jeder Seite. Sie enthielten die vier Tabletten, die ihr ihr Mann vor seinem Untertauchen gegeben hatte mit den Worten, die würde sie nicht brauchen, wenn die Nordamerikaner oder die Franzosen oder die Briten kämen, doch wenn die Soldaten, die an die Tür klopften, sowjetische Uniformen trugen, müsse sie sofort jedem der Kinder eine geben und selbst in die letzte hineinbeißen: Der Tod durch Vergiften sei ein Segen verglichen damit, diesen roten Untieren in die Hände zu fallen. Er selbst habe auch seine Kapsel, festgenäht auf der Innenseite eines Strumpfes, für den Fall, dass er in dieselbe Situation geriete. Zum Glück war er in amerikanische Gefangenschaft geraten, und obwohl das Reich tot war und mit ihm seine Träume und sein Daseinszweck, blieb ihm doch noch seine Familie, die auch ein Recht hatte, ihn unter den Lebenden zu wissen. Nur aus diesem Grund hatte er seine Portion Gift über den Donnerbalken geworfen und sich seither dafür eingesetzt, einen Weg zu finden, wie er aus dem Lager entkommen konnte, um die Seinen wiederzutreffen.

»Die können wir jetzt ins Klo schmeißen«, ordnete er großmütig an. »Hier gibt es keine Russen und auch sonst niemanden, der uns etwas Böses tun wird.«

»Onkel Ricardo, was hast du gemacht, bevor du nach Argentinien gekommen bist?«, wollte Klaus wissen, während sie im Speisewagen des *Pullman Express* darauf warteten, dass ihnen das Frühstück serviert wurde.

Die Frage kam nicht aus Neugierde sondern aus purem Misstrauen. Da er auch Vera am Vortag, nachdem er seine Söhne im Nachbarabteil zum Schlafen angehalten hatte, nicht viel hatte erzählen können, erlaubte er sich, weiter auszuholen. Nicht dass er allzu viele Entschuldigungen brauchte, um über sein Lieblingsthema zu sprechen, nämlich sich selbst.

Er fing am Ende an, erzählte von dem Gefangenenlager, in dem er gelandet war, nachdem der Krieg einmal verloren war. Am besten, sagte er, hätten ihn die farbigen Amerikaner behandelt, weil sie wussten, was es hieß, Menschen zweiter Klasse zu sein, wie es nun den Nazis widerfuhr aufgrund der einfachen Tatsache, dass sie ihr Vaterland und ihre Rasse verteidigt hatten. Die weißen *Amish* hingegen ließen nicht einen Witz durchgehen. Einem Leutnant, der ihn nach seinem Namen gefragt und dann hinzugefügt hatte: »Geboren ...?«, hatte er mit »Selbstverständlich, jawoll!« geantwortet, ohne ihm damit auch nur ein Lächeln entlocken zu können. Neben diesem Mann, erinnerte er sich, stand ein ehemaliger Offizier der SS, der dem Leutnant bei jedem neuen Befragten versicherte, das sei einer, der entschieden gegen Hitler gewesen sei. Bei Klement hatte er das ebenso gehalten, was diesen noch heute mit Scham und Ekel erfüllte.

»Dass wir verloren haben, bedeutet nicht, dass wir uns vor dem Sieger demütigen müssen«, erklärte Klement seinem Publikum, von dem die Wiedererrichtung eines eventuellen Vierten Reiches abhing. »Ich weiß noch, dass sie uns einen Film über die angeblich von uns begangenen Verbrechen vorspielen wollten, aber wir revoltierten, und sie mussten die Vorführung absagen. Warum haben sie sich nicht einen Film darüber angeschaut, was sie in Dresden gemacht haben?«

Nachdem sie ihn als »entnazifiziert« angesehen hatten, wie diese Leute die Illusion nannten, einem, der sonst gar nichts mehr hatte, auch noch die Überzeugungen wegzunehmen, ließen die Nordamerikaner ihn frei, log Klement lückenlos weiter, als würde nicht einmal er selbst den Unterschied bemerken. Er verstand auch wirklich nicht, warum er seine Familie nicht mit der Erzählung beeindrucken durfte, wie er es angestellt hatte, sich aus dem Lager zu entlassen, bevor sein Gesicht Erinnerungen bei den Juden weckte, die zu Erkennungsrunden eingeladen wurden. Nicht jeder wäre – wie er! – darauf gekommen, das Gerücht zu streuen, dass er sich auf den Weg in den Mittleren Osten machen würde, zu seinem Freund, dem Großmufti von Jerusalem. Aber davon durfte er nichts sagen. So bestrafte die Geschichte diejenigen, die ihr Leben dafür gegeben hatten, ihren Lauf zu verändern.

»Anschließend habe ich als Holzfäller gearbeitet, damit die Leute Holz für den Wiederaufbau der Häuser hatten, die durch die mörderischen Bombenangriffe der Engländer zerstört worden waren«, erklärte er, obwohl er wusste, dass dieses Holz als Brennstoff für Züge verwendet worden war – als wäre er dazu verurteilt, dass alles in seinem Leben sich immer rund um dieses Transportmittel drehte.

»Mit einer Axt?«, fragte Dieter und schaute seine dünnen Arme mit einem ziemlich ungläubigen Blick an.

»Ja, es war eine harte Arbeit, aber ich hatte gute Gefährten«, sagte der Onkel und verschwieg dabei, dass er auch eine schöne Gefährtin gehabt hatte, Nelly, die verwitwete Schwester des Kameraden, mit dem er geflohen war.

Sie hatten alle zusammen in einer Hüttensiedlung im Wald gelebt, die als »die Insel« bekannt war. An den Wochenenden fuhr Klement, oder eigentlich Otto Heninger, wie er sich damals nennen ließ, mit dem Fahrrad in die nächstgelegene Ortschaft und erfreute die Menschen, indem er auf seiner Geige Brahms und Beethoven spielte.

»Und warum bist du uns nicht besuchen gekommen?«, erkundigte sich Klaus, nachdem er mit der Zungenspitze etwas *dulce de leche* probiert und für zu süß befunden hatte.

Klement musste sich zurückhalten, um diesem fragewütigen Bürschchen nicht einen Rüffel zu erteilen, und erst recht, um den Stolz zu verbergen, den dessen Scharfsinn in ihm weckte. Er half sich aus der Klemme, indem er erzählte, die Holzfällerei habe Pleite gemacht und er beschlossen, mit seinem Ersparten hundert Hühner zu kaufen, um die Versorgung einer Bevölkerung mit Nahrungsmitteln zu sichern, die durch die Arroganz und Grausamkeit der Sieger den schlimmsten Nöten unterworfen war. Da sich das Gehege unweit eines früheren Konzentrationslagers befand, habe er sich paradoxerweise auch gezwungen gesehen, mit denjenigen Handel zu treiben, die es geschafft hatten, das Lager zu überleben.

»Natürlich habe ich den Krummnasen die Eier zu Wucherpreisen verkauft«, sagte der Onkel und hielt sich, als wäre das noch nötig, einen Frühstückshalbmond mitten vors Gesicht, womit er selbst bei denen, die seine Anspielung nicht verstanden, für Heiterkeit sorgte.

Er hätte gern erzählt, dass er sich in jener Zeit, wenn er sich nicht gerade um seine Hühner kümmerte oder im Wald Blaubeeren als Futter für sie sammelte, damit befasst hatte, seine Memoiren zu schreiben. Eine nach der anderen wollte er die Gemeinheiten widerlegen, die seine alten Waffenkameraden bei diesem infamen Spektakel der Besatzungsmächte in Nürnberg über ihn erzählten. Nach einem kurzen Schweigen, das mit einem viel größeren Schweigen aufgeladen war, und während er seiner Frau mit einer Handbewegung empfahl, den Teebeutel-Mate bloß nicht anzurühren, fügte Klement hinzu:

»Es war eine glückliche Zeit. Sonntags machte ich Radtouren durch die Gegend.«

In seiner Erinnerung erschien, schallend über dieses inexistente Glück lachend, das Gesicht des Juden, der ihm mehr Eier abgekauft hatte, als er hätte essen können, so zahlreich seine Familie auch einmal gewesen sein mochte. Die Angst vor diesem speziellen Juden und ganz allgemein vor den Jagdkommandos dieser Rasse, die die Nazis hinrichteten, ohne sich auch nur die Mühe zu machen, ein Schnellverfahren vorzutäuschen, hatte ihn dazu bewogen, die Legehennen unter Wert zu verkaufen und von einem Tag auf den anderen zu fliehen, nicht ohne zuvor die Memoiren zu verbrennen, deren Inhalt man Wort für Wort gegen ihn verwenden konnte. Diesmal vervielfältigte er die möglichen Zielorte: Den Besitzern des Stücks Land hatte er gesagt, er wolle sein Glück in einer Fabrik in Norwegen versuchen, und seiner Freundin Nelly log er vor, dass er sich den Russen stellen wolle. Falls sie in den nächsten Wochen nichts von ihm höre, könne sie ein Kreuz neben seinen Namen malen, deklamierte er, während sie an seine Brust geschmiegt lag und ihn schon wie einen Toten beweinte.

»Ich bin euch nicht besuchen gekommen, weil überall Israeliten waren.« Das konnte er ihnen sagen, fiel ihm ein, schließlich bewies der Umstand, verfolgt zu werden, nicht seine Schuld, sondern den irren Rachedurst der anderen. »Es war schon schwer genug, Abschied von meinem Vaterland zu nehmen. Ich fühlte mich wie ein kleiner Junge, der sich von seiner Mutter losreißt, die er hat sterben sehen, ohne irgendetwas zu ihrer Rettung tun zu können.«

»Hast du das Schiff in Hamburg oder in Bremen genommen?«, wollte Vera wissen.

»In Genua, das war billiger«, log er wieder und erinnerte sich mit besonderem Groll, dass seine Kameraden nichts getan hatten, ohne im Gegenzug gutes Geld dafür zu kassieren, wohingegen die Franziskanermönche und die argentinischen Behörden nicht eine müde Mark von ihm verlangt hatten.

In diesem Moment wurde die Aufmerksamkeit der Reisenden an diesem wie an allen anderen Tischen in dem eleganten Speisewagen – sauber hergerichtete Tischtücher, glänzendes Geschirr, Kellner im Frack – durch den unerwarteten Halt des Zuges mitten in der Landschaft abgelenkt. Klement nahm an, dass es sich wohl um irgendeine technische Störung handelte – fast erleichtert nahm er das an, denn das tadellose Funktionieren dieses englischen Zuges war ein Affront für einen Deutschen –, bis er Leute mit ihren Siebensachen aussteigen sah, als wäre hier eine Haltestelle. Und in der Tat war es eine Haltestelle, nur dass es nichts gab, was sie als solche auswies – weder Schilder mit einem Ortsnamen darauf noch einen auch nur wenige Meter einnehmenden Bahnsteig oder ein armseliges Holzhäuschen für den Bahnwärter. Es gab nicht einmal ein Lichtsignal oder irgendein Blechschild, nichts außer einem platt getretenen Fleck Erde unter zwei Bäumen, die als Wartesaal herhalten mussten, und Spuren, die eine leichte Anhöhe hinaufführten, bis sie sich zwischen einigen gegen den Horizont gedrückten Bauten verloren. Überrascht darüber, diesen Halt bei keiner seiner anderen Reisen bemerkt zu haben, erklärte Klement seinen Neffen, dass eine Zughaltestelle kein Bauwerk sei, das neben den Gleisen platziert wird, und auch kein

Name auf einer Landkarte, sondern einfach nur der Ort, wo der Zug anhält, um Passagiere zu- oder aussteigen zu lassen.

Auch er habe, als er für das Reich arbeitete, Haltestellen erfinden müssen, wo es keine gab, erzählte er weiter, als hätte ihm die Erkenntnis, dass er seine Erzählung nicht nach vorn weiterführen konnte, endgültig die Tür in die Vergangenheit geöffnet. Mit viel Geduld erklärte er, wie man die Zeit kalkulierte, die ein Zug zum Anhalten brauchte, abhängig von der Ankunftsgeschwindigkeit, seiner Länge und dem Transportgewicht, und wie viel Brennstoff zusätzlich an den Steigungen und weniger an den Abfahrten benötigt wurde, wieder je nach Gewicht. Zuletzt erzählte er ihnen von seiner Kernaufgabe als Verantwortlicher für die Transporte, nämlich wie man die Menge an Menschenmaterial pro Waggon und an Waggons pro Zug zu maximieren vermochte.

»Wie viele Leute, glaubt ihr, passen hier rein, wenn man die Tische und Sitze und das ganze andere Zeug rausnimmt?«, forderte er seine Hörerschaft heraus. »Vierzig? Fünfzig? Siebzig? Hundert?«

Klaus nahm sich ein paar Momente Zeit, um schnell durchzuzählen, wie viele Leute sich in diesem Augenblick im Speisewagen befanden, und sie in seiner Vorstellung zu multiplizieren, bis aller Leerraum gefüllt war, und meinte dann: »Fünfzig.«

»Ich habe dasselbe gedacht, fünfzig«, bestätigte Vera, die nicht versuchte, sich irgendwas vorzustellen, denn sie wusste, wovon ihr Mann sprach.

Das sei die offizielle Zahl, sagte Klement und lehnte sich an seinen Sitz zurück, aber ihm sei es gelungen, sie zu verdoppeln, zur Erhöhung der Produktivität.

»Hundert Personen pro Waggon?«, entsetzte sich Vera und ließ die halb aufgegessene *medialuna* auf dem Teller liegen.

»Hundert Personen, aber zum Preis von fünfzig!« Klement warf den Oberkörper wieder nach vorn, ohne das Gefühl zu haben, zu lügen, denn diesen Koeffizienten zu erreichen, war immer sein aufrichtigster Wunsch gewesen. »Oder glaubst du etwa, dass das umsonst war? Nein, nur für die Kleinkinder, der Rest zahlte pro zurückgelegten Kilometer: die Erwachsenen vier Pfennig; die Minderjährigen zwei. Man musste einen Tarif pro Waggon mit dem Reichsverkehrsministerium aushandeln. Weißt du, wie viele Ausgaben ich dem Ministerium erspart habe? Selbst Doktor Ganzenmüller hat mich beglückwünscht, das war der Generaldirektor der Reichsbahn. Er ist auch nach Argentinien gekommen, hat als Berater von Perón gearbeitet, du wirst ihn noch kennenlernen.«

Klaus wollte wissen, wie viele Kilometer die Züge zurücklegten, und sein Onkel nahm als Beispiel einen, der von Hamburg nach Theresienstadt fuhr, in das Modellgetto, an dessen Konzipierung er beteiligt gewesen war, ein echtes *Little Israel* mitten in Böhmen und Mähren mit allen nur vorstellbaren Annehmlichkeiten, Theater, Schule, Krankenhaus, sogar einem Krematorium!, und alles von den Bewohnern selbst verwaltet.

»Die Juden waren mir immer dankbar.« Er zündete sich eine Zigarette an. »Erstens weil sie, da sie alle demselben Glauben angehörten, keine Pogrome mehr erlitten. Und zweitens weil die Verpflichtung, auf diesem begrenzten Raum zusammenzuleben, ihnen als Übung diente, um später ihr eigenes Land im Mittleren Osten aufzubauen.«

Während sie noch einige weitere Routen berechneten,

von anderen Städten und Ländern aus, obschon stets zum selben Getto, erklärte Klement ihnen, dass man zuerst immer eine Fahrplankonferenz einberufen musste, um genau zu studieren, wie diese Sonderzüge ohne allzu radikale Änderungen der bereits bestehenden Fahrpläne eingefügt werden konnten, eine echte Wissenschaft, die selbst er nie vollends beherrscht habe. Anschließend wollte er Klaus' Scharfsinn auf die Probe stellen und legte ihm das Problem vor, dem auch er sich anfangs gegenübergesehen hatte: wie es anstellen, diese Strecken in jedem Land auf ein Minimum zu reduzieren, ohne dass dadurch irgendein Jude nicht den ihm entsprechenden Zug nähme? Nachdem Klaus eine Weile darüber nachgedacht hatte, in konzentrierter Stille, der nur die Zigarette fehlte, um ganz den Grübeleien seines Onkels zu gleichen, leuchteten seine himmelblauen Augen plötzlich auf, und er erwiderte, am besten wäre es, wenn alle Juden am selben Ort leben würden, in der Nähe einer großen Zughaltestelle.

»Ganz genau, nicht die Züge fahren zu den Juden, sondern die Juden müssen zu den Zügen kommen«, beglückwünschte ihn sein Onkel ganz gerührt, teils weil sein Neffe instinktiv auf die Definition von Getto gekommen war, teils weil diese spontane Antwort allein bewies, dass diese Idee der ureigenen Natur der (Juden-)Frage innewohnte: Es war ein Gesetz wie jedes andere auch, etwa das allbekannte Gesetz der Schwerkraft, nur dass die Dinge statt nach unten zum Zentrum hin tendierten.

Den Rest der Reise verbrachten sie damit, ihre erste Spanischstunde zu absolvieren, nach derselben Methode, mit der sich Klement selbst die Sprache beigebracht hatte. Sie bestand darin, hundert Wörter pro Tag auswendig zu lernen, wofür er Karteikarten in mehreren Farben verwendete, ähnlich denen, die er in seinem Berliner Büro zur Registrierung und Klassifizierung der Passagiere seiner Züge eingesetzt hatte. Das gab ihm das Gefühl einer gewissen Kontinuität mit jener Katasteraufgabe und verdoppelte seine Bewunderung für die vielseitige und gefügige Einfachheit dieser Pappkärtchen – ebenso hilfreich zum Erlernen einer Fremdsprache wie zur Organisation einer ethnischen Säuberung. Er bedauerte, dieselbe Methode nicht seinerzeit für das Hebräische angewandt zu haben, als er sich vorgenommen (und nicht geschafft) hatte, diese Sprache zu erlernen, um besser in die Psyche des Gegners eindringen zu können.

Kurz vor Mittag kamen sie an. Die Freude hierüber wurde von der Nachricht getrübt, dass sie noch ein gutes Stück zurückzulegen hatten, zu allem Übel auch noch in einem Lastwagen und auf einer unebenen Schotterstraße. Was im Zug maximal zwei Stunden gedauert hätte, kostete sie letztlich, auch aufgrund des Regens, fast fünf. Als sie endlich am eigentlichen Ziel waren, erschien ihnen der Hof mit seinen Lehmwänden und dem Blechdach wie ein Palast, allein schon deshalb, weil er still stand. Der Himmel hatte sich etwas gelichtet, und sie konnten die bewaldeten Hügel sehen, die ihnen ihr Onkel als persönliches Willkommensgeschenk mit der festen Versicherung versprochen hatte, sie seien genau wie die in Linz. Ebenfalls nachgestellt war das Klima, wenn auch andersherum: Hier war es im Winter fast so heiß wie in Österreich zu dem Zeitpunkt, als sie abgereist waren, also im Hochsommer. Die Dienstmädchen empfingen sie mit *buñuelos de banana,* einer Art Spritzkuchen, die alle köstlich fanden, einschließlich Klaus, der sich vorsorglich einen ausreichend großen Schokoladenvorrat mitgebracht hatte, um bis zu ihrer

Rückkehr nach Europa überleben zu können, fast ohne das lokale Essen anzurühren. Klement bedauerte, dass die Mädchen in ihrem Bestreben, ihnen etwas Gutes zu tun, einen Lamabraten zubereitet hatten, bevor die Kinder auch nur Gelegenheit hatten, diese Tiere einmal lebend zu sehen. Doch vielleicht war es besser so, denn in umgekehrter Reihenfolge bestand die Möglichkeit, dass es sie schockieren würde und sie das Fleisch später nicht probieren wollten.

Als es Zeit zum Schlafengehen war, sagte Klement seiner Frau, sie solle das seine Sorge sein lassen, und wachte persönlich darüber, dass die Jungen sich die Zähne putzten und sorgfältig mit dem Brunnenwasser umgingen, das vom Abendessen übrig geblieben war. Dann begleitete er sie in das Zimmer, wo er die drei Betten aufgestellt hatte, eins an jeder Wand, und mit in Laken gehüllten Decken so gut wie möglich die hierzulande unbekannten Federbetten nachgestellt hatte. Während er ihnen zusah, wie sie sich die Schlafanzüge anzogen und sich hinlegten, verglich er die Szene mit der, die er schon seit Monaten innerlich vorbereitet hatte, und stieß auf fast keine Unterschiede. Er wartete, bis die Bettlatten nicht mehr knarrten, wie ein Orchesterdirigent, der, bevor er den Taktstock hebt, abwartet, bis das Husten hinter ihm verklingt, und sagte ihnen nach einem Räuspern mit einem gewissen feierlichen Ernst, alles, was er ihnen über sein Leben erzählt habe, sei zutreffend, bis auf eines. Eine Sache, die ein großes Geheimnis sei, das er ihnen nur preisgeben werde, wenn sie ihm schworen, dass sie es niemals, unter keinen Umständen, irgendwem erzählen würden.

Die Jungen schwiegen erwartungsvoll, während von draußen das Geräusch der Grillen und aus der Ferne ein vereinzeltes Bellen hereindrangen. In der Nähe klirrte in der Küche ein Topf gegen einen anderen, und ein Schrankscharnier erhob seine quietschende Klage.

Erst als es wieder still war, sprach Klaus, der Älteste, mit lustloser Stimme den Schwur, und die anderen taten es ihm begeistert nach.

Ricardo nahm die Brille ab, wodurch er sie nun schlechter sah, wusste aber, dass sie ihn besser erkennen würden, und verkündete ihnen, dieser wie von Zauberhand auf der anderen Seite des Erdballs erschienene unbekannte Onkel sei in Wirklichkeit ihr Vater, Adolf.

Er hatte geplant gehabt, das Geständnis zu besiegeln, indem er jedem von ihnen einen Kuss auf die Stirn drückte, beschloss nun aber, dass es genug der Gefühlsduselei sei, blies die Kerzen aus und schloss die Tür.

IV B

VATER UND SOHN

Rechts entlang oder links entlang?

Klement erinnerte sich nicht an diese Weggabelung und begann sich zu fragen, ob er vorher wohl die richtigen erkannt hatte und nicht schon seit Längerem zwischen Möglichkeiten wählte, die ebenso falsch wie irreführend waren. Eigentlich lag der Wasserfall von Los Pizarros etwa fünfundvierzig Minuten entfernt an einem Weg, den er schon einmal zurückgelegt hatte, aber sie waren seit fast zwei Stunden unterwegs, ohne auch nur ein entferntes Wasserrauschen zu hören. Dieses Risiko hatte er auf sich genommen, als er auf den ortskundigen Führer verzichtet hatte, um mit seinem ältesten Sohn allein sein zu können und ihm ganz nach Belieben seinen neuen Arbeitsplatz, die Natur, zu zeigen. Wenngleich das eigentliche Problem nicht so sehr darin bestand, dass er sich verirrt hatte, sondern eher darin, dass er nun vortäuschen musste, bestens zu wissen, wo er sich befand. Er hätte nie gedacht, dass dies so viel schwieriger war als umgekehrt: Nichtwissen über etwas vorzutäuschen, von dem er sehr wohl wusste, dass er es gerade tat – war seine Spezialität.

»Bist du froh, dass die Schule fertig ist?«, fragte er Klaus, um diesen und sich selbst abzulenken, denn auch seinem Sohn konnte nicht verborgen bleiben, dass sie, sofern sie nicht auf einem Irrweg, so doch kaum auf dem richtigen Weg sein konnten.

Klaus antwortete mit einer uneindeutigen Kopfbewegung, die eine überzeugte Gleichgültigkeit für das gerade zu Ende gegangene Schuljahr, die Dorfschule, auf die er und seine Brüder seit ihrer Ankunft gingen, und für das angebliche Interesse seines Vaters am Fortschritt seiner Studien durchscheinen ließ. Klement konnte nicht umhin, Verständnis für ihn zu haben, auch er hatte sich in der Schule weder durch seine Noten noch durch sein Engagement hervorgetan, er hatte sie nicht einmal fertig gemacht.

»Die Rektorin meinte, nächstes Jahr muss ich auf die Fahne schwören, damit sie mir den Abschluss geben«, erzählte Klaus, während er sich duckte, um einigen Zweigen auszuweichen, die ihm trotzdem in den Nacken schlugen.

Er war größer als Klement, mit breiteren Schultern und kräftigeren Gliedmaßen, eine dem Vater in physischer Hinsicht weit überlegene Variante, ein Triumph der Evolution. Wie er da auf dem Fuchs saß, den sie am Vortag frisch hatten beschlagen lassen, das blonde Haar wie eine zweite Sonne durch die grünen Wolken des Blattwerks strahlend, sah er aus wie ein homerischer Held, der auf der falschen Insel an Land gegangen ist.

»Wofür willst du einen Abschluss, wenn du mit mir arbeiten kommen kannst?«, wiederholte Klement die Worte seines eigenen Vaters, als der ihn ins Bergwerk geschickt hatte, obwohl er sich fest vorgenommen hatte, das nie zu tun.

Er wollte einfach nicht, dachte er zu seiner Rechtfertigung, dass Klaus einen Fahneneid ablegte, weder auf die argentinische Fahne noch auf sonst irgendeine. Dadurch, dass er selbst einer Partei und später der Geheimpolizei dieser Partei die Treue geschworen hatte, war Klement letzten Endes in ernste Probleme geraten, weshalb ihm nun keine andere Möglichkeit mehr blieb als die Flucht nach vorn und die Hoffnung, dass der Weg ganz von allein eine Wendung nehmen und ihn wieder auf jenen Weg führen würde, den er verlassen hatte, doch nun ohne Hindernisse. Tröstlich war für ihn nur der Gedanke, dass er vielleicht auch ohne irgendeinen geleisteten Eid dasselbe getan hätte, nur um sich selbst treu zu sein und um das, was er angefangen hatte, zu einem glücklichen Ende zu bringen.

»Hier in der Wildnis?« Klaus schüttelte eine Spinnwebe ab, die in seinem Haar kleben geblieben war, sicherlich einschließlich Spinne.

»Gefällt es dir nicht?« Klement atmete die schwere, feuchte Luft tief durch die Nase bis zur Brust ein und stieß sie mit einem wohligen Seufzer wieder aus.

»Mir gefällt das als Ausflug«, sagte Klaus, auch wenn er keinen anderen Nutzen kannte. »Das ist wie angeln gehen, ich kann mir nicht vorstellen, dass das zu einer Pflicht werden kann.«

»Alles wird irgendwann zu einer Pflicht, mein Sohn.«

Er unterstrich seine Aussage, indem er die Zügel anarchisch nach rechts zog (denn so, meinte er sich zu erinnern, habe man es zu tun, um den Weg aus einem Labyrinth herauszufinden), und sie ritten weiter über eine kaum von einem Grashälmchen bewachsene Spur, was darauf hindeutete, dass hier relativ häufig Pferde entlangstapften. Solange es Wege gab, sagte sich Klement und fing an zu pfeifen, bestand immer die Möglichkeit, dass jemand auftauchte und sie rettete. »Der Wald drückt, aber er erwürgt nicht«, wie der Ortskundige immer zu sagen pflegte, den ihm die CAPRI zugeteilt hatte. CAPRI, das war die Argentinische Gesellschaft für Industrieprojekte und -gestaltung *(Compañía Argentina para Proyectos y Realizaciones*

Industriales), hierzulande auch als Deutsche Gesellschaft für frisch Eingewanderte, *Compañía Alemana Para Recién Inmigrados,* bekannt, weil fast alle Angestellten jener Herkunft waren. Deutsch sein, das war eine wichtigere Voraussetzung, als Wasserbauingenieur zu sein, vielleicht weil sich alles lernen ließ. Auch Klement hatte nicht studiert, wie man Massendeportationen organisierte, und hatte dennoch seine Aufgabe, die alles andere als leicht gewesen war, überzeugend erfüllt. Jetzt, als arbeitsloser Deportologe, hätte er nirgendwo als im Mittleren Osten echte Arbeit finden können, sofern die Araber sich endlich entschließen würden, die Region zu entjuden, und dafür seine Expertise benötigten. Bis es so weit wäre, musste er sich den Umständen anpassen. Und dasselbe galt für fast alle seine Kollegen. In dieser Hinsicht war auch die hiesige CAPRI eine Insel wie die in Italien, hier bevölkert von den Überlebenden des großen Schiffbruchs, mit dem das grenzüberschreitende Abenteuer zum Gewinn von Lebensraum geendet hatte.

Zudem erwiesen die Arbeitsbedingungen sich als ziemlich mediterran. Das galt besonders für Klement. Er war dafür zuständig, die Tiefe und das Wasservolumen der Flüsse in der Gegend zu vermessen, sodass auf dieser Grundlage Wasserkraftwerke gebaut werden konnten, welche wiederum die Zuckerrohrindustrie ankurbeln sollten (denn auf dem Anbau von Zuckerrohr fußte der Reichtum von Tucumán oder, besser gesagt, der Reichtum von zwei oder drei Familien in dieser Provinz). Diese Aufgabe war nicht mehr als ein schöner Vorwand für tägliche Ausritte, sein größtes Vergnügen in der Natur, das er auch seinen Söhnen und insbesondere Klaus vom Tag ihrer Ankunft an zu vermitteln trachtete. Das Vertrauen dieses jungen Mannes zu gewinnen, mit dem er schon früher nicht sonderlich viele Dinge hatte teilen können, wurde zu seiner Hauptaufgabe in dieser Phase, die er als eine des Übergangs, des diffusen Wartens empfand. Schon seit drei Jahren strich er mit der Sanftmut eines rastenden Kriegers durch diese ursprünglichen Landschaften, wie einer, der nicht so sehr von der Mühsal ausruht, die er bereits hinter sich gelassen hat, sondern eher von der, die – so ahnt er, so ersehnt er es sich – das noch vor ihm liegende Stück Weg für ihn bereithält.

»Alles wird früher oder später zu einer Pflicht, und das hat auch sein Gutes.« Es war ihm ein moralisches Bedürfnis, seinen Gedankengang abzuschließen.

Sein Schimmel trottete langsam weiter voran, vertrieb mit dem Schweif die Bremsen, die es ausschließlich auf das Pferd abgesehen hatten, als wüssten sie, dass durch den anderen Körper verschmutztes Blut, blutbeflecktes Blut floss. Das Tier hieß *El Bravo,* der Wilde, ein Name, der eher für den Reiter bestimmt zu sein schien, denn selbst war es zahm wie ein Zirkuspferd.

Die dichte und zugleich diskrete Vegetation respektierte die Pfade und verdeckte den Himmel nicht völlig. Trotz des feinen Staubs, der die Farben trübte, schien das Blattwerk noch mehr Spielarten der Farbe Grün aufzuweisen als es die sibirischen Steppen angeblich von der Farbe Weiß taten, wenn auch nur wenige von dort zurückkehrten, die das hätten bezeugen können. Dasselbe galt für die Geräusche, die in allen Tonlagen und Koloraturen vorkamen, obschon seine Karteikarten für die dutzenden Begriffe, über die das deutsche Gehör verfügte, all dieses Murmeln, Säuseln, Plätschern, Prasseln, Brüllen und Rauschen, nur dieselben drei oder vier halb synonymen spanischen Wörter anboten. Eine weitere Gabe der Natur, die die Einheimischen nicht zu nutzen verstanden – Gott gab denen Lebensraum, die nichts hatten, womit sie ihn hätten füllen können.

»Wohin sind wir unterwegs?«, wollte Klaus wissen.

Wenn Klement bei seiner vorherigen Arbeit etwas gelernt hatte, dann, dass es nie empfehlenswert war, die Leute vorab wissen zu lassen, was sie am Ende des Weges erwartete. Die Aufmerksamkeit auf den jeweils nächsten Schritt zu konzentrieren, zwang sie, den Kopf gesenkt zu halten. Im Übrigen ist niemand unterwürfiger als der, der nichts erwartet.

»Erinnerst du dich an Hans-Ulrich Rudel, den Flieger, mit dem wir an der Escaba-Talsperre angeln waren?«, griff Klement auf den alten Trick zurück, eine Frage unbeantwortet zu lassen, indem man selber eine stellte, und zwar nicht irgendeine, sondern eine, auf die es eine einfache, fast rhetorische Antwort gab.

»Der mit der Beinprothese?«

»Mit ihm bin ich auf den Aconcagua gestiegen, bevor ihr hier wart.« Klement machte eine Bewegung, als wollte er in die Tasche mit den Zigaretten fassen, hielt sich aber um seines inneren Versprechens willen, nicht vor seinem Sohn zu rauchen, zurück. »Der Aconcagua ist der höchste Berg auf diesem Kontinent. Deshalb wollen ihn alle erklimmen.«

Im Alter seines Sohns sei er ein sehr guter Bergsteiger gewesen, stellte Klement klar, und die Technik, das Einzige, worauf es beim Bergsteigen wirklich ankomme, verlerne man nicht mit den Jahren. Deshalb hätten die verstrichene Zeit und der sich daraus ergebende Niedergang seiner Kräfte überhaupt nichts damit zu tun gehabt, dass er den Gipfel des Aconcagua nicht erreicht habe. Während der König der Stukas trotz seines Hinkens beim höchsten Punkt angekommen war – immerhin war er auch zehn

Jahre jünger –, hatte er sich damit begnügt, bis zur Plaza de Mulas zu gelangen.

»Dreitausend Meter unterhalb des Endziels, aber viertausend über dem Meeresspiegel«, bezifferte er seine bescheidene Heldentat, denn das kam, wenn man weder Papier noch Stift zur Hand hatte, dem schriftlichen Festhalten am nächsten.

Es habe nicht an mangelnder Kraft oder fehlendem Willen gelegen, beharrte er, sondern an der inneren Überzeugung, dass Extreme nicht repräsentativ für die Natur seien und man nur im Mittelmaß die Arbeit des Kosmos und seine bewundernswerte Ordnung betrachten könne.

»Nimm zum Beispiel einen Wasserfall«, sprach er weiter. »Einen Wasserfall, der an seinem Fuß eine *pileta natural,* einen natürlichen Pool, bildet, wie man diese Wasserbassins hier nennt, als wären sie erst nach den von Menschen erbauten Pools erfunden worden. Wie kommt der zustande?«

Wie ein Detektiv im Angesicht eines besonders kniffligen Falls machte sein Sohn ein Gesicht, als versuchte er sich vorzustellen, was alles geschehen musste, damit ein Wasserlauf schließlich einen Sprung derartiger Dimensionen vollzog – angefangen bei der Quelle im Herzen der Anden, vielleicht ja eben gerade auf dem Aconcagua, über jede Klippe des Weges fließend, bis er an einem Gefälle aus so großen Felsen endete, dass die Stelle einen eigenen Namen erhielt. An der Verwirrung, mit der sein Sohn ihn schließlich anblickte, wurde deutlich, dass der Wasser-*Fall,* selbst wenn er den Hergang rekonstruierte, ihm noch immer nicht seine Essenz, seinen Daseinsgrund enthüllte.

»Bueno«, räusperte sich Klement. »Ist es das Endziel des Wassers, einen Wasserfall zu bilden, oder ist das nur ein Zwischenfall auf seinem Weg ins Meer?«

Eine schnelle Bewegung im Gebüsch lenkte Klaus davon ab, Ablenkung vorzutäuschen angesichts einer Frage, die er nicht verstanden hatte, weder als Endziel eines Gesprächs noch als Zwischenfall auf dem Weg zu etwas anderem. Auch Klement heftete den Blick auf die Stelle, wo sich das Tier bewegt hatte, während er mit äußerster Langsamkeit das Gewehr von der Schulter nahm, die Sicherung löste und es in Schussposition brachte. Eine Weile verharrten alle mucksmäuschenstill, die Beute, der Jäger und der Zeuge, ein Duell des Wartens angesichts des Unerwarteten. Denn weder hatte das Tier sich genau in dem Moment bewegen müssen, als sie vorbeiritten, noch fehlte es ihnen an Essen, was eine Motivation gewesen wäre, es zu jagen. Nun ging es um etwas anderes, das Vorrecht vielleicht, auf den anderen verzichten zu können, sei es durch Nichtbeachtung seiner Drohungen oder durch grundlose Liquidierung.

»Die Dinge, die uns an der Natur besonders auffallen, sind eigentlich die am wenigsten natürlichen«, setzte Klement sich wieder in Bewegung, sowohl physisch wie geistig, als er es müde war, darauf zu warten, dass das Viech des Wartens müde würde. »Zum Beispiel Wasserfälle. Würden sie zur Perfektion der Natur gehören, wären sie das Normalste der Welt, und niemand nähme sich vor, sie als Ziel eines Ausritts zu besuchen. Aber sie sind ein Rechenfehler, daher gibt es nur wenige davon.«

Klement spürte, dass sein Sohn nun nicht einmal mehr verstand, wohin er mit seiner verschleiernden Rede unterwegs war, und setzte schnell erklärend hinzu, anstatt sich von den superlativen Schauplätzen und den einzigartigen Unfällen der Natur faszinieren zu lassen wie der Otto Normalverbraucher, solle er stets die weniger pompösen und gleichförmigeren Landschaften bevorzugen. Nur dort zeige sich die Natur wie eine Art natürliche Bürokratie, in der jede Abteilung ihre Pflicht erfüllte, damit das große Ganze wie eine gut geölte Maschine funktionierte – um es in Begriffen auszudrücken, die wieder infrage stellten, wer hier wen imitierte.

»Aber wohin sind wir denn unterwegs?«, fragte Klaus noch einmal.

Eine neue Weggabelung tauchte auf, diesmal von zwei derart ungleichen Pfaden, dass *El Bravo* kurzerhand der breiteren Spur folgte, ohne erst den Befehl seines Reiters abzuwarten. Das Gedächtnis des Reiters erinnerte diesen, ganz unabhängig davon, wer die Zügel in der Hand hatte, plötzlich an etwas, das er in *Wirtschaft und Gesellschaft* gelesen hatte, dem Buch von Max Weber, dem großen Theoretiker der Bürokratie. Er war in der Bibliothek des jüdischen Schriftstellers Egon Erwin Kisch darauf gestoßen, in dessen Haus er in Prag gelebt hatte. Dort war er hingeschickt worden, um auf tschechoslowakischem Boden das erfolgreiche Modell der Judenvertreibung zu wiederholen, das er in Österreich eingesetzt hatte. Klement hatte den Band an einer zufälligen Stelle aufgeschlagen, wie um bestätigt zu finden, dass er ihn nie lesen würde, doch angezogen von dem Wort *Ägypten,* dem am weitesten entfernten Ort, den er bis dato besucht hatte, las er, dass das Modell für alle Bürokratien eben genau das ägyptische war, geboren aus der Notwendigkeit, den Nil und die mesopotamischen Kanäle für den Handelsverkehr zu regulieren. Er war angenehm überrascht, zu erfahren, dass eine Tätigkeit, die er mit seiner Regierung zusammengebracht hatte und deren Entstehung er allenfalls schon in der Weimarer Republik vermutet hätte, in Wirklichkeit auf eine derart lange Tradition und eine so prestigereiche Herkunft zurückblickte, denn selbst ohne die

Pyramiden, allein aufgrund der Tatsache, die massenhafte Auswanderung von Moses und den Seinen organisiert zu haben, konnte das Land der Pharaonen als ein ewiges Licht der antiken Welt betrachtet werden. Heute, da das Leben ihn selbst, den großen Praktiker der Bürokratie, dahin geführt hatte, sich für Flusssysteme und ihre geografische Umgebung zu interessieren, begriff Klement jedoch, dass die Inspiration jener ersten Bürokraten weniger der Notwendigkeit, die Natur zu regulieren, entsprungen war denn dem Willen, diese nachzuahmen. Noch vor den Ägyptern und den Chinesen, sogar noch vor dem ersten Mann und der ersten Frau, war die Welt bereits auf objektive, unpersönliche und voraussagbare Weise in Abteilungen, Unterabteilungen und Annexe organisiert gewesen, wo jedes Element einer strikt hierarchischen Ordnung folgend zum globalen Funktionieren beigetragen hatte, ohne diese Ordnung je infrage zu stellen oder sich auch nur für sie zu interessieren. Jedes einzelne von ihnen hatte sich ganz der Strenge der Verfahrensweisen hingegeben, darauf vertrauend, dass das Verbleiben im Amt zu gegebener Zeit und ganz automatisch die entsprechenden Beförderungen mit sich bringen würde. Die Rationalität war nicht erst mit dem Menschen geboren worden; sie steckte bereits in der Organisation der Spezies und in der Verteilung ihrer Habitate, in der Regeneration sowohl der Tiere als auch der Ressourcen, und wenn sie sich in einem Teil (dem Menschen, und noch genauer: dem Teutonen) mit größerer Intensität entwickelt hatte als in allen anderen Teilen, so war das wohl geschehen, um sich abschließend zu vervollkommnen. Der *Federfuchser,* wie man ihn jetzt ungerechterweise nannte, war in Wirklichkeit das letzte Glied in der Evolutionskette, die Verkörperung der natürlichen Ordnung innerhalb der natürlichen Ordnung.

»Wir sind angekommen«, verkündete Klement, als sie auf eine Lichtung einbogen, und riss viel stärker als nötig an den Zügeln, doch nicht einmal so gelang es ihm, sein Pferd wild zu machen.

In Wahrheit wollte er jetzt gar nicht bei irgendeinem Wasserfall ankommen, so wie er auch den Gipfel des Aconcagua nie hatte erreichen wollen. Ihm war es schnurzpiepegal, ob das Wasser aus einem Wasserhahn oder aus hundert Metern Höhe fiel, und er wusste auch nicht, ob der Anblick seinem Sohn als Lehre fürs Leben dienen könnte. Als er in Klaus' Alter gewesen war, hatte sein Vater ihn zum Arbeiten in ein Bergwerk geschickt. Er hingegen gab nun den Reiseführer für seinen Sohn und fühlte sich schuldig, weil er ihn aus dem Herzen Europas gerissen und an diesen ungastlichen Arsch der Welt gebracht hatte. Man konnte nicht behaupten, dass Klements Bemühungen, seine verlorene Autorität zurückzugewinnen, gefruchtet hatten. Seit einem halben Jahr lebten sie in nahezu ständigem Streit, zuletzt weil er Klaus beim Rauchen erwischt und ihm daraufhin eine saftige Ohrfeige verpasst hatte.

»Wo sind wir denn angekommen?«, wollte der Junge wissen, halb übellaunig, halb sehnsuchtsvoll.

Klement nahm den Hut ab und wischte sich die Stirn mit dem Hemdsärmel, der so schwer vor Nässe war, als hätte er darin gebadet. Er setzte sich den Hut wieder auf, zog das Zigarettenpäckchen aus der linken Hemdtasche und steckte sich einen Glimmstängel in den Mund. Mit derselben Hand, am Rand seiner Beweglichkeit, griff er nach der Streichholzschachtel, die er in der gegenüberliegenden Tasche hatte, gab sich nach einigen vergeblichen Versuchen Feuer und ließ das Streichholz fallen, ohne es vorher auszuschütteln. Diese Nachlässigkeit hatte er von dem Ortskundigen gelernt, denn wie dieser behauptete, würde bei der hier herrschenden Feuchtigkeit das Wegwerfen eines brennenden Streichholzes eher ein Erdbeben auslösen als einen Brand.

Die erste Rauchwolke bescherte ihm einen Anfall väterlicher Inspiration, und er hielt Klaus das Zigarettenpäckchen hin. Seit er ihm am Ankunftstag den Hundert-Pesos-Schein geschenkt hatte, hatte er auf dessen Gesicht nicht mehr diesen Ausdruck schlecht verhohlener Überraschung und Zufriedenheit aufleuchten sehen. Die Züge seines Erstgeborenen spannten sich derart, dass er einen Moment lang glaubte, in seinem Gesicht Spuren der Asymmetrie zu erkennen, die auch sein eigenes entstellte. Klement behauptete selbst seiner Familie gegenüber, dieses leichte Ungleichgewicht, als wären die beiden Hälften des Gesichts schlecht zusammengesetzt, käme von einem in seiner Jugend erlittenen Motorradunfall, als er als Handelsvertreter für eine Erdölfirma herumgereist war. Diesem Sturz, der nicht sein erster gewesen war und bei dem er sich einen Schädelbruch zugezogen hatte, verdankte er sicherlich die kleine Narbe unter dem linken Auge, ebenso das Zucken, das in dieser Gegend auftrat, wenn er sich aufregte. Aber die Deformation, umso abscheulicher weil so geringfügig, war ganz und gar angeboren. Seine Söhne hatten sie nicht geerbt, stellte er regelmäßig mit einer Erleichterung fest, die ihrerseits von einem winzigen Hauch Groll und Enttäuschung deformiert wurde.

Sie rauchten wortlos fertig. Große Pakte werden stumm besiegelt.

Klement holte eine Schachtel Dynamit aus seiner Gürteltasche und reichte es ebenfalls an Klaus weiter. Er hatte es wegen der Arbeit dabei, aber nun kam ihm der Gedanke, dass er es anstelle des Wasserfalls als Höhepunkt des Ausritts verwenden konnte. Er zeigte seinem Sohn, wie man den Sprengstoff anbrachte – was er selbst noch nie gemacht, aber andere oft genug hatte tun sehen, um eine Unterrichtsstunde zu dem Thema halten zu können –, dann ließ er seinen Blick über die Lichtung schweifen und zeigte auf einen kleinen Steinhügel in der Ferne. Bevor der Junge vorpreschte, um seine Aufgabe zu erfüllen, überkam Klement, vielleicht weil sein Sohn ihm so aufmerksam zugehört hatte, das Gefühl, er müsse dem Ereignis irgendeine philosophische Tiefe geben, und er proklamierte:

»In der Natur zu arbeiten heißt, ein Teil von ihr zu sein. Und das, mein Sohn, gibt dir das Recht, sie zu verändern.«

Eine weitere Zigarette rauchend beobachtete er die Vorbereitungen und sagte sich, dass er sich über den Rückweg keine Gedanken machen müsse. Zurückkehren war wie fliehen – es fand sich immer ein Weg.

—

Worüber mochte er bloß lachen?

Präsident Peróns Heiterkeit schien nicht als Antwort auf irgendetwas hin auszubrechen, das man ihm sagte, denn sie kam in regelmäßigen Intervallen, gleich einer Atembewegung; die Lippen kräuselten sich, die gut gepolsterten Wangen bebten, bis ein beliebiger Satz sich dieses brodelnden Gesichts erbarmte und ihm endlich die Spannung zu entladen erlaubte. Es war, als würde das Lachen dem Witz vorangehen und heimlich den erwünschten Weg weisen, wenn das Gespräch zu ernst zu werden drohte.

Klement, der nicht an dem Gespräch teilnahm, lachte in der Öffentlichkeit nur aus Versehen oder in Momenten der Unachtsamkeit. Es musste ein wirklich unerwarteter Witz sein oder die zweideutige Interpretation irgendeines Kommentars, damit seine schmalen Lippen – so schmal, dass sie überhaupt erst zusammen eine ergaben – sich aus ihrer symbiotischen Beziehung lösten und die gelblichen, weit auseinanderstehenden, sprich schlechten Zähne freilegten, für die er sich schon immer geschämt hatte. In seiner Jugend hatte er, um sein Gebiss vor den Mädchen zu verbergen, ein ironisches Halblächeln zur rechten Seite des Mundes hin entwickelt, wobei er diesen innerlich verhakte, damit er nicht einmal angesichts der allerkomischsten Szene der Welt aufsprang. Diesen Gesichtsausdruck hatte er jahrelang trainiert, mit deutschen Komödien und auch einigen aus Hollywood, wenngleich das Kino paradoxerweise der einzige Ort gewesen wäre, an dem er seine unseligen Zähne frei nach Lachsalve hätte zeigen können. Derselben Sorge verdankte Klement seine Art zu rauchen, er sog den Rauch durch die kleine Öffnung ein, die die Zigarette zwischen den Lippen hinterließ, und stieß ihn immer durch die Nase wieder aus, was ihm die Aura eines diskreten, ja sogar eleganten Rauchers verlieh. Diese stille Tabaknutzung fungierte nicht nur als Methode zur Eroberung (oder zumindest zur Nichtabschreckung), sie hatte Klement auch den Ruf eines ernsten, ja verbitterten Mannes eingebracht, ganz wie ein Vorgesetzter zu sein hatte, ob es nun der einer Abteilung oder eines ganzen Landes war. Warum konnte der argentinische Landeschef sich nur den Luxus erlauben, nicht einmal so zu tun, als wäre er ebenso seriös?

El Pocho, wie ihn selbst seine Gegner vertraulich nannten, stellte mit seinen perfekten Zähnen und seinem verbesserungswürdigen Deutsch die Geschäftsführer der CAPRI und die Beamten der Provinzregierung klar in den Schatten, die alle begierig darauf waren, dass er die Erneuerung der Staatsverträge bestätigte und von seinen Abenteuern mit den jungen Mädchen erzählte, derer er sich augenscheinlich bediente, um seine Sehnsucht nach Evita zu lindern, und die nicht mehr nur relativ zu seinem Alter, sondern auch in absoluten Maßstäben jugendlich waren. Er beehrte die Männer in Tucumán für weniger als einen Tag mit seiner Anwesenheit, genau um die Zeit, zu der sich die Ankunft von Vera und den Jungs zum ersten Mal jährte; zwei Jahre nach seinem eigenen Umzug in die Provinz und drei Jahre, nachdem er in diesem Land Fuß gefasst hatte, rechnete Klement, während er sein Glas leerte, als stieße er mit sich selbst auf diese ordentliche Datenparade an.

Er machte einen neuerlichen Versuch, sich dem universellen Epizentrum des Saals zu nähern, doch noch bevor er die unmittelbare Umgebung des Honoratiorenzirkels erreichte, stieß er heftig mit einem durch den Empfang des Regierungspalastes hastenden Kellner zusammen. Es war ein kleiner Mann mit dunklem Teint, in einen weißen Frack gequetscht, der ihn wie einen Zirkusaffen aussehen ließ, und Klement gab sich damit zufrieden, eins der süßen Häppchen zu klauen, die dieser mit behandschuhten Fingern auf einem Silbertablett transportierte.

Wenn es keinen Kaiserschmarren gibt, heißt es, mit *pastafrola* vorliebzunehmen, sagte Klement sich und kehrte mit einem einheimischen Kuchenstück in die Nähe der Tür zurück, wo es weniger auffiel, dass er niemanden zum Unterhalten hatte. Die Grüppchen, die er beim Hereinkommen angetroffen hatte, besetzten weiterhin dieselben Plätze, wie Planeten an einem fixen Himmel, der keine weiteren Asteroiden mehr zuließ. Auch dem Führer hatte man ihn nie vorgestellt, dachte er, und vielleicht war es besser so, in beiden Fällen, wenn auch aus entgegengesetzten Gründen: Während er vor Hitler eine derartige Hochachtung empfand, dass dieser ihn nur hätte enttäuschen können, hätte dieser Clown hier allenfalls die schlechte Meinung, die er aus guten Gründen von ihm hatte, ändern können. Gewiss, Perón hatte die Rettung der sogenannten *Kriegsverbrecher* toleriert und sogar gefördert, wobei Klement das Konzept *Kriegsverbrecher* an sich so heuchlerisch und lachhaft vorkam wie das der *Geschäftstreue* auf diesem anderen Schlachtfeld, dem An- und Verkauf von Handelsgütern. Auf seiner Flucht von Europa hierher hatte ihn alles gutes Geld gekostet, bis auf die »Erlaubnis zur freien Einreise«, bei der die argentinische Regierung für die eigenen Kassen hätte Geld einziehen können. Und als er erst einmal im Land war, hatte er sehr schnell eine Anstellung bei diesem von Ex-Hauptsturmführer Horst Carlos Fuldner gegründeten Unternehmen gefunden, das von den großzügigen Verträgen mit der Regierung lebte. All das war richtig, aber nicht weniger richtig war, dass Perón auch eine eigene jüdische Organisation gegründet hatte, um mit der bereits vorhandenen zu konkurrieren, und dass *La Prensa,* die Lieblingszeitung seiner Regierung, von einem Israeliten geleitet wurde. Das bewies, dass alle Gefallen, die ihnen dieser Mann erwiesen hatte, aus reinem Eigennutz geschahen, nicht weil er ein Idealist war wie Klement oder eben Hitler selbst.

Er zündete sich eine Zigarette an, die treue Begleiterin des einsamen Mannes, und den Blick wieder zu dem Sportwagen- und Pudelliebhaber gewandt (dieses Lächeln hatte wirklich etwas Bezauberndes), dachte er sich, dass dieser Demagoge während des Krieges nur deshalb eine freundschaftliche Neutralität gewahrt hatte, weil er bei einem Triumph der Achsenmächte sein Land womöglich an die Spitze des amerikanischen Kontinents hätte befördern können. Von Rassenreinheit und den grundlegenden Unterschieden zwischen über- und unterlegenen Völkern hatte dieser Mann keinen blassen Schimmer. Für ihn war alles Konjunktur, die maximale Macht im Augenblick. Daher hatte er sich, als der Kampf entschieden war, feige den Alliierten angeschlossen, und wenn er jetzt die Besiegten hofierte, dann nur, damit sie Flugzeuge, Elektrizitäts- und sogar Kernkraftwerke für ihn bauten. Auch die Nordamerikaner hatten den brillantesten Wissenschaftlern Deutschlands Asyl gewährt, das wusste Klement, doch nur deshalb würde er sie nicht plötzlich als gute Leute oder *friends* ansehen. Unnachgiebig waren einzig die Russen gewesen, die zwar sehr wohl die Chance genutzt und menschliches Material in die eigenen Laboratorien und Militärfabriken mitgenommen hatten, dies aber nicht mittels finanzieller Versprechungen oder ideologischer Betrügereien, sondern mit vorgehaltener Pistole, wie es sich im Umgang mit Kriegsgefangenen gehörte. Letzten Endes wurde Klement wieder einmal klar, ganz wie es ihm auch schon mit den Zionisten in Deutschland gegangen war, dass ein Idealist wie er nur einen anderen Idealisten respektieren konnte, auch wenn dieser entgegengesetzter Prägung ist.

Er nutzte das Vorbeikommen eines weiteren Äffchens im Frack, um sein leeres Weinglas gegen ein volles einzutauschen und – amüsiert von dem Zirkusvergleich – über die Vorteile nachzudenken, die eine Unterscheidung der Rassen bringt, wenn sie derart offenkundig ist. Auf dieser Seite der Erde war es nicht nötig, komplizierte Gesetze zu erlassen oder Stammbäume zu studieren, um die Personen minderwertigen Bluts zu erkennen, diese Leute trugen den gelben Stern in die Hautfarbe eingeprägt und selbst in ihre Körpergröße, was Klement, der in seinem Land als von mittlerer Statur galt, besonders tröstlich fand.

»Ricardo *el Clemente!*«, begrüßte ihn sein Freund Juan mit rollenden Rs und einer Anspielung auf den Gleichklang seines Nachnamens mit dem spanischen Beinamen *der Milde*.

Sie hatten vereinbart, sich sogar an Orten, wo niemandem ihre wahre Identität unbekannt war, bei ihren Friedensnamen zu nennen, um nicht in irgendeiner kompromittierenden Situation das Missgeschick zu begehen, die Kriegsnamen zu verwenden. Selbst im Privaten, wenn ihre Kinder sich zum Spielen trafen und ihre Frauen Marmelade kochten und sie selbst sich an die alten Zeiten erinnerten und Informationen über die gegenwärtigen austauschten, wichen sie lieber nicht von dieser goldenen Regel ab, die ihnen außerdem ein bisschen das Gefühl gab, Künstler zu sein.

Hans »Juan« Richwitz war der Künstlername von Berthold Heilig, ein mit dem Eisernen Kreuz ausgezeichneter Held, der an der Front gegen die Russen gekämpft hatte, und einer der wenigen, die dennoch nicht mit Verachtung auf die mit Karteikarten bewaffneten Schreibtischsoldaten wie Klement blickten. Gegen Ende des Krieges, als er sich wieder von seinen Kampfverletzungen erholt hatte, jedoch nicht an die Front zurückkonnte, wurde Heilig als Kreisleiter und Gauinspektor nach Braunschweig kommandiert, wo er neben anderen Rationierungsmaßnahmen den Befehl gab, die Babys im Entbindungsheim für Ostarbeiterinnen nicht länger mit Milch zu versorgen. Als die nordamerikanischen Invasoren die Stadt einkesselten, war Heilig dafür zuständig, den Widerstand bis zum letzten Blutstropfen und bis zur letzten Patrone anzuführen, wie er es in seinen aufrüttelnden Reden an die Bevölkerung beschworen hatte. Seine Methode, um die Moral des Volkes aufrechtzuerhalten, bestand darin, jeden zu erschießen, der eine defätistische Haltung zeigte, angefangen bei dem Kreisdirektor, der sich geweigert hatte, alle in die Stadt führenden Brücken in die Luft zu sprengen. Als Heilig der einzige verbliebene Funktionär war, der dem Führer noch die Treue hielt, gab er sich selbst den Befehl, zu fliehen, ohne einen Schuss abzufeuern oder auch nur einen Tropfen (des eigenen) Bluts zu vergießen.

Um nicht den Amis in die Hände zu fallen, war er in die Fänge der Kommis geraten, aus denen er sich rechtzeitig befreite, jedoch nur, um an den Ort des Verbrechens – nach Braunschweig – zurückzukehren und dort schließlich von den Briten gefangen genommen zu werden. Sie machten ihm den Prozess und verurteilten ihn wegen der Ermordung des Kreisdirektors zum Tode, was ihn davon befreite, für das Töten der Babys verurteilt zu werden, denn die Richter argumentierten, er habe dem Galgen keinen weiteren Hals zu bieten. Sie irrten sich: Mithilfe seiner Sekretärin, die sich darum kümmerte, einem der englischen Gefängniswächter den Kopf zu verdrehen, konnte Heilig aus der Todeszelle fliehen und die Dienste von *Perodessa* in Anspruch nehmen, wie er Peróns ODESSA nannte, denn Richwitz war, seiner eigenen anglogermanischen Übersetzung des Namens zufolge, den er für sein neues Leben gewählt hatte, »reich an Witzen«, daneben sollte der Name dem ehrenvollen Gedenken von Ausch*witz* dienen.

»Wie geht's, Juan *el Santo?*«, grüßte Klement zurück, wobei er sich erlaubte, die onomasiologische Regel zu brechen, da er Heiligs Nachnamen ins Spanische übersetzte.

»Para el tuje, che«, sprach Richwitz in der Landessprache weiter, einschließlich des Jiddischen, das Klement ihm beigebracht hatte. Dieser reagierte entsprechend alarmiert, lautete die Antwort auf gut Deutsch doch »beschissen«.

»Hat sie was gemerkt?«, wechselte Klement nun doch ganz ins Deutsche.

Richwitz nickte, mit einer Grimasse, die halb zerknirscht, halb spitzbübisch wirkte. Vor einigen Wochen war seine Frau mit den drei Töchtern aus Deutschland gekommen, ohne zu wissen, dass er bereits in wilder Ehe mit einer anderen Frau lebte, ebenfalls eine Deutsche und ebenfalls mit Töchtern. Anfangs war es ihm gelungen, die beiden Familien voreinander zu verbergen, ein echtes Heldenstück, selbst wenn sie nicht alle blond und in diesem Affenland daher aus kilometerweiter Entfernung zu erkennen gewesen wären. Er hatte die Neuankömmlinge sogar mit zum Tee bei Vera und den Jungs genommen, denen Klement mit seiner liebsten pädagogischen Methode Diskretion befohlen hatte: Er hatte jedem von ihnen vorsorglich eine saftige Ohrfeige verpasst, als sanfte Ankündigung dafür, was ihnen blühte, wenn sie nicht gehorchten. Doch offensichtlich hatte die Wahrheit kurze Beine gehabt und es nicht geschafft, einer der beiden Frauen zu entgehen. Klement hielt die Frage, welche der beiden es gewesen war, für ebenso indiskret, wie sich dafür zu interessieren, welche Art von Krebs gerade bei einem nahen Verwandten diagnostiziert worden war, und schaute daher lieber in die Zukunft.

»Und jetzt?«

»Jetzt muss man sehen, welche meiner beiden Frauen den Krieg gewinnt.«

Klement zeigte sein halbes Lächeln, wenn ihn auch der Zynismus seines Freundes im Grunde ziemlich empörte.

Ein Mann konnte und musste andere Frauen haben, vor allem wenn er lange Zeitspannen fern der eigenen verbrachte. Selbst er hatte nicht davon abgesehen, sich während des Krieges die Zeit unter der Woche in Berlin auf diese galante Art zu vertreiben, denn als hoher Offizier inmitten eines Heers von vorübergehenden oder endgültigen Witwen war es fast seine Pflicht gewesen, sich um sie zu kümmern. Auch die Zeit, als er in der Lüneburger Heide untergetaucht war, hatte er nicht allein verbracht, ging es doch darum, die Moral aufrechtzuerhalten, selbst wenn dies nur auf Kosten einiger moralischer Prinzipien möglich war. Sogar hier in Tucumán hatte er, während er Geld sparte, um seine Familie nachzuholen, erweiterten Nutzen von den kleinen Indiomädchen gemacht, die das Unternehmen ihm unterstellt hatte, wofür er sie kavalierhaft mit in der Stadt gekaufter Unterwäsche entlohnt hatte. Aber trotz alledem, Mutter seiner Kinder war nur eine, und jede diesbezügliche Verwirrung verstieß gegen die natürliche Ordnung. Im Unterschied zu dem liederlichen Richwitz hatte er seine Liebschaften stets streng geheim gehalten, wozu auch gehörte, entsprechende entlastende Erklärungen schon vorbereitet zu haben, die er zum Glück (oder dank seiner Voraussicht, Disziplin und Beständigkeit, denn von dem anderen hatte er fast nichts) nie gebraucht hatte. Nur in Wien war er so dumm gewesen, das Haus einer Geliebten zu einem möglicherweise überhöhten Preis zu erwerben, in der Absicht, dort ein Umschulungslager für Juden einzurichten, aber selbst das war nichts gewesen, was er nicht jedem, der sich hätte einmischen oder ihn verleumden wollen, auf völlig zufriedenstellende Weise hätte erklären können.

»Wer mit Hitler ins Bett geht, steht mit Perón auf«, scherzte Richwitz und zeigte mit seinem Glas auf die Umstehenden, von denen viele sprachlich befähigt waren, ihn zu verstehen, einschließlich des Präsidenten selbst. »Nicht ohne Grund hat er ein Haus in der Calle *Austria,* nicht wahr?«

Was für ein miserabler Kerl, dachte Klement peinlich berührt, während er sich noch einmal sein Halblächeln an die rechte Wange pappte. Es hieß, der Kreisdirektor, der den Befehl zur Sprengung der Brücken missachtet hatte, habe versucht, sich selbst durch Aufschneiden der Pulsadern das Leben zu nehmen, und Heilig habe ihn nicht gelassen, damit er selbst den Befehl geben konnte, ihn totzuschießen. Und da kam Klement sich streng vor wegen der paar Prozesse, die er gegen einige SSler angestrengt hatte, die Juden den Bart angezündet hatten! Vielleicht trank Richwitz deshalb im Übermaß, um seine Gewalttaten zu vergessen. Klement, dessen Erinnerung an die Leichenberge im Dunst des Alkohols verschwamm, mit dem auch er versucht hatte, sie zu vergessen, kam sich im Vergleich wie ein Abstinenzler vor, wenn er seinen Kollegen den Wein so runterkippen sah.

Zugleich war Richwitz der einzige seiner Exilkameraden, den er als *amigo* einstufen konnte, ein Wort, das er lieber auf Spanisch benutzte, auch wenn es dort nur eine vergleichsweise schwache Bedeutung hatte, denn auf Deutsch hatte es für ihn nach dem, was seine Leute in Nürnberg getan hatten, jeglichen Sinn verloren. Der Rest seiner Kameraden, dieser bürokratischen Version eines Freundes, ließ ihm eine gerade noch freundliche Behandlung zuteilwerden, um nicht zu sagen, sie mieden ihn wie einen Leprakranken. Niemand war mehr daran interessiert, den Mann kennenzulernen, der in Österreich Auswanderungsrekorde erzielt hatte mit der einfachen Idee, alle Formalitäten in ein und demselben Gebäude zu konzentrieren, sowie der psychologisch komplexeren Idee, die Geschädigten zu zwingen, ihre Vertreibung aus dem Land selbst zu organisieren, womit er die Beförderung zum Zuständigen für sämtliche Deportationen in den Osten gewonnen hatte. Jetzt war er ein Paria, dem sich nur einer nähern konnte, der noch mehr Paria war als er, wie dieser Richwitz – ein echter Mörder, ein zum Tode Verurteilter, ein Toter zu Lebzeiten.

»Wie ist die *pastafrola?*«, fragte Richwitz und fischte sich ein Stück vom Tablett des vorbeigehenden Kellners.

»Ich habe sie nicht probiert«, trainierte Klement seinen Lügenmuskel.

»Ein Massenmörder, der sich bei den *masas* zurückhält, was für ein Paradox!« Wieder mixte Richwitz die Sprachen, den spanischen Begriff für »süße Teilchen« einflechtend.

Armin Pelkhofer (alias Armin Dadieu) löste sich aus der Gruppe rund um den Präsidenten, kam durch einen Berechnungsfehler genau vor dem Paria-Paar vorbei und konnte nicht umhin, sie zu grüßen. Seine Tochter sei mit einem Auschwitz-Überlebenden verlobt, hieß es. Ein Luxus, den sich ein Ex-Pilot und Experte für Raketentreibstoffe erlauben konnte, der jetzt zusammen mit Kurt Tank an der Entwicklung der Pulqui-Jagdflugzeuge arbeitete.

»Grüß Gott!« Armin hob die Hand.

»Jaja, du mich auch!« Richwitz hob das Glas.

Und Klement sah zu, wie er an ihnen vorbeiging. Vorbeigehen tat auch Armin Schoklitsch, Klements Vorgesetzter, allerdings auf dem Weg zu dem peronistischen Grüppchen, wo er überschwänglich von Franz Sterzinger begrüßt wurde – dem Einzigen, der etwas von hydroelektrischen Projekten verstand, weil er unter Befehl Albert Speers für diesen Bereich zuständig gewesen war – und von Herbert

Hagel, Ex-Sekretär des Gauleiters von Linz, der Stadt, die Klement als Polizeichef regieren wollte, falls sie den Krieg gewonnen hätten.

Während er sein Glas leerte und den Groll darüber, dass man ihn ignorierte, einen Moment beiseiteließ, dachte Klement ein wenig traurig, was für eine nette Gruppe all diese hier versammelten Männer noch einmal abgeben könnten, hätten sie nur über eine Mission verfügt, die sie wieder vereinte, einen klaren Feind, ein gemeinsames Ideal. Aber ein jeder kämpfte nun die kleinliche Schlacht des individuellen Überlebens, und es brachte nichts, sie zu etwas anderem zu zwingen. Aus der Einheit entstand die Kraft, nicht andersherum.

»Er lacht immer noch«, kommentierte Richwitz und deutete mit dem Kinn Richtung Perón. »Wenn der Witz gut ist, lacht sogar der, auf dessen Kosten er geht.«

»Wer zuletzt lacht, lacht am besten«, sagte Klement, um überhaupt etwas zu sagen und damit man ihm nicht anmerkte, dass er nicht verstanden hatte.

»Sehr witzig, dass du ein *Massenwort* so gern magst.«

Richwitz schien sich über seinen spontanen Kalauer mit *Sprichwort* und *Massenmord* köstlich zu amüsieren und damit vom Thema abzukommen, und Klement, den nervte, wie der andere sich interessant machte (und dass er sein eigenes Interesse nicht komplett unterdrücken konnte), musste ungeduldig nachfragen, damit sein Gesprächspartner die nötige Erklärung lieferte.

»Hast du dich nie gefragt, worüber unser Präsident lacht?«, fragte Richwitz.

»Er ist nicht mein Präsident.« Jetzt war es an Klement, sich interessant zu machen.

»Nein? Und wer ist dann dein Präsident? Adenauer?«

Klement zog es vor, nicht auf die Provokation zu antworten, obwohl er doch gern hätte wissen wollen, worüber Perón der Meinung des anderen nach die ganze Zeit lachte.

»Hast du nicht die Wandschmierereien gegen seine Frau gesehen, als sie krank war? Die mit ›Hoch lebe der Krebs!‹? Hahaha! Das nenne ich weißen schwarzen Humor, soll heißen schwarzen Humor der Oberklasse.«

—

»Sie werden es vermissen.«

Klement zog länger als gewöhnlich an seiner Zigarette, nur um seine Rührung zu unterdrücken. Was Doktor Claudio Denis ihm prophezeite, war allzu wahr. Das Jahresende hatte die Ereignisse beschleunigt, und in Ermangelung einer Arbeit, oder besser gesagt der Mittel zum Überleben, musste er sich überstürzt von diesem Ort, den er in jedem Fall allmählich zu verlassen vorgehabt hatte, verabschieden. Schon in den einsam verbrachten Jahren war er hier sehr glücklich gewesen, als er mit seinem *El Bravo* über das Aconcagua-Massiv ritt, zuweilen unter freiem Himmel schlief und Tiere für seine Mahlzeiten jagte, fast ohne sich je einmal freizunehmen, damit er sparen und seine Familie nachholen konnte. Umso schwieriger war es, das Gefühl zu beschreiben, das in ihm gekeimt hatte, seit sie endlich wieder alle unter einem Dach vereint waren. Erst recht, wenn man bedachte, dass Klement von Kriegsbeginn an von seiner Frau und den Kindern getrennt gelebt hatte, als er neuerlich nach Berlin beordert worden war und Vera lieber in Prag hatte bleiben wollen. Selbst die Ärmlichkeit dieses Unterschlupfs in Tucumán war letztlich relativ: Die Jungs vermissten den elektrischen Strom, wetteiferten jedoch darum, wer am schnellsten Wasser von der Zisterne holen konnte, und wenn Vera auch gern ein Städtchen in einer Entfernung gehabt hätte, die der grottenschlechte Zustand der Straßen nicht unendlich scheinen ließ, genoss sie es doch, zwei vom Unternehmen bezahlte Dienstmädchen zu haben, die vom Kochen bis zum Haarefärben alles für sie erledigten.

Die prekären Verhältnisse des Provinzlebens in Argentinien unterschieden sich außerdem in einem von denen in den österreichischen Provinzen: Sie waren dauerhaft. Während man im Europa der Nachkriegszeit wusste, dass alles besser werden würde, dass man es mit einer Armut zu tun hatte, die selbst ebenfalls prekär war, war es hier vollkommen klar, dass sich nichts verändern würde, zumindest nicht in einem vernünftigen Zeitraum. Es würde noch Jahrzehnte dauern, bis die Messungen, die Klement regelmäßig bei Professor José Darmanín von der Universität Tucumán vorbeibrachte, ihre Umsetzung in Staudämmen und Wasserkraftwerken finden und ein wenig Fortschritt in die Region bringen würden, und diese Zukunft eher futuristischer Färbung beruhigte paradoxerweise die Sorgen, die man in Europa sehr wohl empfand, da sie der Gegenwart, so mager diese auch sein mochte, eine Bedeutung verlieh.

»Und wie«, bestätigte Klement inmitten melancholischer Rauchschwaden. »Meine Frau und ich lieben besonders die Natur, wo der Blick frei schweifen kann, auf tausend unerwartete Ecken trifft. Der erdige Taugeruch, das Vogelgezwitscherkonzert, das Auf- und Untergehen der Sonne sehen können …«

Um der Nostalgie zu entfliehen, die diese Gegenwart bereits jetzt in ihm hervorrief, erzählte Klement Doktor

Denis, dass ihn sein Chauffeur in Berlin an jedem Tag mit mehr oder minder klarem Himmel habe wissen lassen, wann es noch fünfzehn Minuten bis Sonnenuntergang waren, damit er in seinen Mercedes steigen, innerhalb von zehn Minuten bis zum gewohnten Beobachtungsplatz fahren und dann fünf Minuten das Schauspiel des glutroten Untergangs der Lebensspenderin genießen konnte.

»Fünf Minuten alleine; Ruhe; stilles Genießen. Wissen Sie, was das mitten im Krieg wert war?«

Und genauso vor dem Krieg, in Wien, wo er einfach nicht die Kraft aufbrachte, sich morgens an seinen Schreibtisch zu setzen, sofern er zuvor nicht auf den Kahlenberg gestiegen war, um den angehenden Tag zu schauen. In seiner Anfangszeit in Berlin, als man ihm noch keinen Wagen zugeteilt hatte – Klement versetzte sich immer weiter in der Zeit zurück –, ging er, statt in Berlin-Britz die Tram 21 zu nehmen, ein wenig früher los und lief ein paar Kilometer, nicht wegen der Körperertüchtigung an sich, sondern weil er dann an einem Sägewerk vorbeikam, wo es einen Baum gab, dessen gründunkles Rauschen und Raunen für ihn die Wälder des Mühlviertlerlandes in Oberösterreich symbolisierte.

»Drei Jahre lang hielt ich Zwiesprache mit diesem Baum, er kannte all meinen Kummer«, bekannte Klement. »Es war eine Fichte, ich weiß nicht, wie man die auf Spanisch nennt.«

»Ich glaube, *abeto rojo*«, stammelte Doktor Denis, um gleich darauf begeistert nachzusetzen: »Auf Deutsch lässt uns der Name an einen Philosophen denken und auf Spanisch an die Bolschewistenplage.«

»Je mehr man in das Geschehen der Natur hineinhorcht, desto weniger Unrecht findet man in den Forderungen der Regierungen«, vervollständigte Klement die Wende im Gespräch, wobei er insgeheim glaubte, es gäbe gar keine Abweichung. »Von ihrem Standpunkt aus hatte jeder von ihnen recht. Der Selbsterhaltungstrieb ist stärker als jede sittliche Forderung. Die Ameisen, die Bienen, alles, von den Bazillen bis zum Planetensystem, lehrt uns mit bezwingender Logik die Unterordnung unter dieses grausame Gesetz, von dem nur das Kranke und das Entartete eine Ausnahme bilden. Man hat zu gehorchen, damit eine größere Gemeinschaft besser leben kann und man selbst in ihr. Vor der eisigen Kälte der Gesetzmäßigkeit muss persönliche Herzenswärme kapitulieren. In diesem Sinne habe ich die Befehle meiner Vorgesetzten getreu dem Eide ausgeführt, den ich meinem Vaterland geleistet hatte. Und aus diesem Grund muss ich mich hier in der Natur nicht verstecken; sie verurteilt mich nicht, sie weiß, dass das, was ich getan habe, das meiner Position Entsprechende war, es war das Natürliche.«

Es entstand ein Moment der Stille, oder eher zwei, denn er wurde mitten durchtrennt von dem einzelnen Muhen einer Kuh auf dem benachbarten Feld. Doktor Denis war einer der wenigen, die Klement nie nach seiner Vergangenheit gefragt hatten, sicherlich weil er ahnte, dass sie düster war, wie die fast aller Deutschen, die in diesem nicht weniger düsteren Unternehmen arbeiteten, das gerade Konkurs angemeldet hatte, nachdem die Landesregierung wegen der Wirtschaftskrise alle Verträge gekündigt hatte. Klement war ihm vor allem dankbar, dass er ihm nicht die Millionenfrage stellte; genau die hatte nämlich vor wenigen Tagen der unverschämte Heinz Lühr auf den Tisch gebracht, von dem er nicht einmal wusste, wo genau er Dienst geleistet hatte, auch wenn er mit allen hohen Befehlshabern der Partei zu tun gehabt zu haben schien. Dieser Mann mit schleppender Stimme und übertrieben höflichen Umgangsformen hatte ihn monatelang umschwänzelt, nur um im passenden Moment die Frage loszuwerden, die ihn ganz offensichtlich von Beginn an beschäftigt hatte; zu allem Überfluss hatte er ihn dabei auch noch – ihm war nicht klar, ob um ihm zu schmeicheln oder um sich lustig zu machen – mit dem höchsten Rangtitel der SS angesprochen, der ihm zwar gegen Ende des Krieges mündlich in Aussicht gestellt, aber nie wirklich verliehen worden war:

»Standartenführer, darf ich Sie fragen, wie groß die Gesamtzahl der Juden war, die wir endgelöst haben?«

Klement hatte bereits den Fehler begangen, seinen Kollegen Wilhelm Höttl und Dieter Wisliceny gegenüber – Ersterer ein Landsmann aus Österreich, Gefährte in Tausenden bürokratischen Schlachten, Zweiterer ein ehemaliger Vorgesetzter, der zu seinem nächsten Untergebenen geworden war, fast ein Protegé – allzu präzise Statistiken zu zitieren, und beide hatten die Zahlen vor den Richtern in Nürnberg wiederholt, diese »fünf oder sechs Millionen«, die jetzt in aller Munde waren und derentwegen nach seinem Kopf geschrien wurde. Klement erinnerte sich noch, dass sein Name auf der ersten Kriegsverbrecherliste, die er in der Feindespresse gefunden hatte, einen bescheidenen siebten Platz eingenommen hatte, aber seit jenen Gerichtsverfahren und dem Tod seiner Vorgesetzten war er sicherlich auf den ersten vorgerückt, eben wegen dieser Millionen Leichen Vorsprung. Den Letzten beißen die Hunde, wie es so schön hieß, und so war es für ihn zum Pech geworden, dass er sich Leben und Freiheit bewahrt hatte.

Auch dieses Mal hielt er sich nicht zurück, Heinz Lühr die Frage zu beantworten, auch wenn er beschloss, die Ziffer auf eine halbe Million zu senken, mal sehen, ob das auch diesmal irgendeinem Richter zu Ohren kam und sie letztlich einen Durchschnitt errechneten. Angesichts der enttäuscht-überraschten Miene von Lühr, der nur die Zahl hatte hören wollen, die alle kannten, kam Klement auf die Idee, ihm den Unterschied mit dem Argument zu erklären, das er von nun an gegenüber jedem lästigen Fragesteller wiederholen würde: Die Millionenzahl, die er den Verrätern gegenüber erwähnt hatte, umfasste alle Reichsfeinde, die von der Endlösung in ihren aufeinanderfolgenden Phasen erfasst worden seien: forcierte Auswanderung, Deportation in die Lager und physische Vernichtung der nicht Arbeitsfähigen. Wie in der sprichwörtlichen Definition, was ein Genie ausmacht (1% Inspiration, 99% Transpiration), wurde der Teil, der das größte Interesse weckte, von dem geringsten Prozentsatz repräsentiert.

Aber Doktor Denis hätte es niemals gewagt, ihm eine derartige Frage zu stellen, auch wenn sie das Thema einige Male berührt hatten, wenn sie über Artikel aus der Zeitschrift *Der Weg* diskutierten. Den viel kommentierten über »Die Lüge von den sechs Millionen« zum Beispiel, in dem klipp und klar erklärt wurde, dass die subtile, vom jüdischen Gold ausgeübte Macht mit der der Tabakunternehmen vergleichbar war, welche ebenfalls die schutzlose Menschheit zu fast freiwilligen Sklaven eines üblen Lasters machten. Diese Diskretion hatte ihm Klements Freundschaft eingetragen, der nun gekommen war, um sich zu verabschieden. Und ganz nebenbei seine Unschuld zu verkünden sowie etwaiges Ungemach über vergangene Unklarheiten zu verscheuchen.

»Sehr schade, dass Sie gehen müssen«, sagte Doktor Denis noch einmal, wieder in Identifikation mit Klement, der weiter über einem Kommentar brütete, der der Dramatik der Situation angemessen wäre.

Neben der Sprache, die der Argentinier in seinen Studienjahren in Europa gelernt hatte, hatte sie von Anfang an ihre Vorliebe fürs Bauen verbunden. Denis arbeitete zwar als Arzt, steckte aber ein Großteil seiner Zeit in den Bau von einer Art venezianischem Palast mit einer Rundbogengalerie im vorderen Bereich und einem hohen Aufsichtsturm an der Seite, auf einem weitläufigen Gelände, das er unweit des Ortseingangs von La Cocha gekauft hatte. Klement, der nach Abbruch der weiterführenden Schule eine Ausbildung zum Mechaniker gemacht hatte, wiederum ohne es bis zum Abschluss zu schaffen, verspürte ebenfalls eine starke Neigung, Dinge zu erbauen; seine Vorgesetzten hatten es verstanden, daraus einen Nutzen zu ziehen, wenn die Umstände es verlangten. Während des Krieges hatte er zum Beispiel in einem Wald in Brandenburg eine kleine Barackensiedlung errichtet, als Ausweichquartier für die Angestellten aus den bombardierten Büros der Gestapo, später hatte er für die Familie seines Vorgesetzten, Heinrich Müller, einen Privatbunker entworfen, worin sie die Bombardierung ihres Hauses überlebte. Und um sich zu beweisen, dass er seine Projekte auch ohne den Einsatz von Sklaven durchführen konnte, hatte er nach dem Krieg die Gehege für seine Legehennen selbst gebaut. Niemand war also besser in der Lage als Klement, Doktor Denis und sein Projekt zu verstehen, inmitten dieser Einsamkeit ein Gebäude zu errichten, das um ein Vielfaches größer war als das einzig offiziell ansehnliche, nämlich die Dorfkirche, in der sie sonntags zuweilen mit ihren jeweiligen Familien zufällig aufeinandergetroffen waren. In ähnlicher Regelmäßigkeit besuchten sie gemeinsam das Palais von Denis, diskutierten mögliche Verbesserungen und Alternativen ebenso wie Finanzierungsmodalitäten, denn der Doktor baute schon seit mehr als zehn Jahren an dem Palais und hatte aufgrund fehlender Mittel Schwierigkeiten, das Gebäude fertigzustellen. Doch eines Tages stellte Klement eine grundlegende Frage, die erste, die jemandem in den Sinn gekommen wäre, der das Bauen nicht allein um seiner selbst willen liebte.

»Und wofür wollen Sie das Gebäude nutzen?«

»Es soll ein Ruheort für Personen mit geistigen Gebrechen werden.«

Klements Überraschung wäre nicht größer gewesen, hätte Denis ihm gesagt, er wolle diesen Klotz zu einer neuen Insel Huemul machen, wo man die Kernenergie entwickeln konnte, die der Scharlatan Ronald Richter Perón versprochen hatte. Es war insofern verständlich, dass er an eine Einrichtung innerhalb dieses Betätigungsfelds dachte, als der Mann Arzt war; aber warum wollte er sich ausgerechnet auf eine Art von Krankheit spezialisieren, für die es keine Heilung gab, abgesehen von der vorbeugenden Sterilisation ihrer potenziellen Verbreiter?

Es entspann sich eine Diskussion. Während Klement sich verblüfft zeigte, einem Fachmann erklären zu müssen, was dieser besser als jeder andere wissen sollte, nämlich dass die Natur ihre missgebildeten Exemplare abstieß und daher nichts der ursprünglichen Ordnung stärker widersprach, als Ressourcen auf biologisch untaugliches Leben zu verschwenden, erzählte Denis ihm etwas von Mitgefühl und Nächstenliebe, als trüge er eine Soutane unter seinem Arztkittel. Für Klement war das einzig Befriedigende an diesem Wortwechsel die Feststellung, dass er seine Frau zwar ihrem Wunsch gemäß immer wieder in die Messe begleitet, der Dorfpriester ihm aber dennoch seine Weltanschauung nicht ruiniert hatte, wie es allem Anschein nach diesem armen Mann geschehen war.

Damals gingen sie im Streit auseinander, und da Klement später in ein anderes Dorf zog, schien die Entfremdung endgültig. Endgültig, bis Vera vor einigen Wochen ihm gegenüber bemerkt hatte, sie habe gehört, Denis habe eine Schwester, die ziemlich *loca* sei, wobei sie das spanische Wort, zur Untermalung jedoch die deutsche Geste für plemplem benutzt hatte. Selbst wenn eine persönliche Tragödie es nicht rechtfertigte, reaktionäre Positionen einzunehmen – auch er hatte vonseiten seiner Stiefmutter jüdische Verwandte und war dennoch nicht in eine zu nichts führende Gefühlsduselei verfallen –, beschloss Klement, dem Arzt seine Schwäche zu verzeihen und unter dem Vorwand seines baldigen Abschieds die Freundschaft wieder instand zu setzen, bevor die über tausend Kilometer weite Entfernung nach Buenos Aires sie für immer entzweite.

»Das ist die Geschichte meines Lebens«, stieß er zum Schluss mit einem langen Seufzer hervor, der alles umfasste: von seiner Tätigkeit als Reisevertreter bei der Erdölgesellschaft Vacuum Oil – die er gern durch den Aufbau eines Tankstellennetzes erweitert hätte – über den Tag, als er zehntausend Volksdeutsche in Rumänien vor den Russen zu retten hatte – und ihm nur die Befreiung einiger Dutzend gelang, die zur Erholung in einem Feldlazarett an der ungarischen Grenze gewesen waren –, bis hin zu seiner letzten Mission in den österreichischen Alpen, als man ihm mitten in den Vorbereitungen für den letzten Widerstand verbot, auf die westlichen Kräfte der Alliierten zu schießen. »Jedes Mal, wenn ich irgendwo etwas anfange, muss ich es vorzeitig aufgeben. Alles, was ich mache, wird nur halb fertig.«

Er war sich sicher, dass es Denis mit diesem Projekt, das Klement eher als psychotisch denn als psychiatrisch betrachtete, ebenso ergehen würde und dass der erste Bewohner des Hauses, so ihm die Fertigstellung denn gelänge, er selber sein würde. Das betonte die Gemeinsamkeiten der beiden Männer noch. Trotzdem weigerte sich Klement, sich vor der Baustelle fotografieren zu lassen – in Farbe, wie der Arzt in dem Glauben, dieses Detail würde das Angebot unwiderstehlich machen, beharrlich wiederholte, wohingegen es tatsächlich Klements Bedenken nur vergrößerte, der schon einige Male den eitlen Fehler begangen hatte, sich auf seinem Schimmel oder in einen Poncho gehüllt ablichten zu lassen. Fast gerieten sie wieder in Streit, denn Denis glaubte, er verweigere sich aus Koketterie, bis Klement diesem frivolen Gedanken nachgab und als Erklärung nannte, sein einheimischer Führer habe ihm beigebracht, diese Apparate raubten einem den Geist.

»Ah, wenn es aus Glaubensgründen ist, respektiere ich das.«

»Nehmen Sie es nicht persönlich.«

Eine Woche später, am Vorabend der Abreise, musste Klement wieder an Doktor Denis denken, als er beim Ordnen einiger Papiere auf die neue Fassung seiner Memoiren stieß, die wieder unvollendet geblieben war. Es waren dieselben Geschichten, die er in seiner Zeit als Hühnerzüchter zu Papier gebracht und später verbrannt hatte, nur dass er diesmal die Romanform gewählt hatte, er wusste selber nicht so recht, warum. Vielleicht, um sich nicht zu wiederholen, oder weil er sich jetzt weniger an die Welt und mehr an seine Söhne wandte. Ihnen wollte er erklären, was ihr Vater getan hatte, in einem Format, das sie nicht langweilte, und vor allem wollte er erklären, was er *nicht* getan hatte, während dieser Jahre, in denen sie ihn sporadisch, wie einen Onkel, gesehen hatten. Und eben wie ein Onkel, wie sein eigener Bruder, hatte er sich in die Rolle hineinversetzt, seine Missgeschicke noch einmal zu durchleben, ohne sie beschönigen zu wollen, aber auch nicht in der Absicht, sie hässlicher zu gestalten, wie seine Feinde es in ihren Berichten vornehmlich taten.

Zu seiner Überraschung stellte er fest, dass der Versuch, die Wirklichkeit so zu erzählen, als wäre sie Fiktion, ihn zwang, sehr viel präziser und verantwortlicher zu sein, als wenn er sich einfach von seinen Erinnerungen leiten ließ, diesen kleinen Inseln mehr oder minder stilisierter Erlebnisse, die im großen Delta des Vergessens trieben. Über Dinge, über die er nicht gut informiert war oder widersprüchliche Informationen erhalten hatte, musste er in absolut gewissem Ton sprechen, wenn er nicht das gesamte fiktionale Gerüst ins Wanken bringen wollte, während ihm zugleich der Luxus des Zauderns oder des Herunterspielens dessen, worüber er nur zu gut Bescheid wusste, verwehrt blieb. Die Erinnerung war eine Vergangenheit unter vielen, doch der Roman war eine ganze Welt. Natürlich konnte er durchstreichen und neu schreiben, doch jedes Mal, wenn er das tat, schloss sich das Papier wie eine Haut, und die Vergangenheit war wieder ein kompakter, undurchdringlicher Körper.

Klement hätte seinen Roman gern *Kritik der bürokratischen Vernunft* betitelt, denn bei der Arbeit daran hatte er gelernt, dass Fiktion und Bürokratie sich glichen: Bei beiden handelte es sich um ein geschlossenes System, in dem etwas nachgestellt wurde, was jenseits der menschlichen Reichweite lag, nämlich das *Ding an sich,* auch wenn dies in seinem Fall nicht mit Nostalgie geschah, wie sein geliebter Kant sie empfunden hatte, sondern um es endgültig an diesem unerreichbaren Ort festzuzurren und es so fernzuhalten. Er hatte auch an *Flucht auf Ratten* gedacht, in Anspielung auf seine Einreise nach Argentinien auf der Rattenlinie, doch schließlich hatte er sich für *Memoiren eines Ortskundigen* entschieden, nachdem er erfahren hatte, dass die Etymologie des spanischen Wortes *baquiano* für »ortskundig« auf die spanischen Konquistadoren zurückging, die auf dem Kontinent geblieben waren und denen, die später kamen, als Führer gedient hatten. Das war die Rolle, die er seinen Söhnen gegenüber einzunehmen wünschte, die ihm willensschwach vorkamen, ja sogar gänzlich desinteressiert oder geradezu verloren. Seine Memoiren sollten ihnen als Wegweiser dienen, auch wenn sie den Weg in umgekehrte Richtung gingen. Eine fremde Vergangenheit als zu verwerfendes Zukunftsmodell, mit dem Ziel, sie vom militärischen und politischen Leben fernzuhalten. Der Wegweiser selbst, Klement, orientierte sich seinerseits am imperativen Prinzip der Uhr mit Füßen aus Königsberg: Sollten es ihm alle seine Kameraden nachtun, würde die Zukunft kategorisch friedlicher aussehen.

Doch jetzt, wo dieses Kind so vieler Schreibstunden zu einem weiteren Bündel geworden war, das es mitzuschleppen galt, fragte Klement sich, ob das Schreiben über sich selbst in der dritten Person und als Schlüsselroman nicht dafür sprach, dass der Autor in ein Irrenhaus wie jenes eingesperrt werden sollte, welches Denis gerade in dieser irrationalen Ecke der Welt erbaute, ein irres Irrenhaus. War es nicht das Vernünftigste, das Geschriebene wieder zu vernichten?

IV B 4

DER KANINCHENZÜCHTER

»Hat die Calle Chacabuco ihren Namen von einem Ort oder von einer Person?«

»Von einem Ort, noch dazu einem, an dem eine berühmte Schlacht stattgefunden hat.«

»Ach so, wie Waterloo.«

»Oder Stalingrad. Was übrigens der Name eines Orts *und* einer Person ist.«

Klement nahm an, dass das Geld, das Pedro Geller in den paar Jahren verdient hatte, ihm das Recht gab, derartig geschmacklose Kommentare von sich zu geben. Seinerzeit hatte er diesem ehemaligen Angehörigen des SS-Panzerkorps die Schiffspassage auf der *Giovanna C* für die Reise nach Argentinien bezahlt. Heute hatte er sich hingegen an Geller wenden müssen, damit dieser mit seiner Hauptstadtvilla in der besten Lage dafür bürgte, dass Klement ein Häuschen auf dem hinteren Teil eines Grundstücks in der am wenigsten schmucken Gegend des Vorortviertels Olivos mieten konnte. Sie hatten gleichzeitig bei der CAPRI zu arbeiten begonnen, doch während Klement in den Bergen seine Messungen durchgeführt hatte, war Geller schnell innerhalb des Unternehmens aufgestiegen und hatte Einfluss in Peróns Umfeld gewonnen, weshalb sie drei Jahre später auf zwei sehr weit voneinander entfernten Sprossen der sozialen Leiter standen. Der ökonomische Fortschritt dieses Ex-Nazis entsprach in gewisser

Weise dem Fortschritt Deutschlands, wo das mit Anleihen des Feindes erzielte Wirtschaftswunder der Bevölkerung ebenfalls das Recht zu geben schien, respektlos gegenüber der eigenen Vergangenheit zu sein, ja diese sogar zu verleugnen. Nicht dass Klement sich nicht über die Erfolge freute, die man in seinem Vaterland erlebte, doch daran nicht teilzuhaben, weder in physischer noch in ideologischer Hinsicht, löste bei ihm ein Gefühl der Bitterkeit aus, das durch den überheblichen Ton von Abtrünnigen wie Geller noch verschärft wurde.

Er warf die Zigarette weg, schaute jedoch weiter seiner neuen Nachbarin von gegenüber dabei zu, wie sie den Bürgersteig mit einem Ausmaß an Sorgfalt fegte, das sich umgekehrt proportional zum dauerhaften Nutzen ihrer Arbeit verhielt, denn die Straße war nicht geteert und die Bäume warfen unaufhörlich weiter Blätter ab. Immerhin war es hier weniger windig als auf der Flussseite, wo sich die großen Grundstücke mit den weitläufigeren Häusern befanden, manche davon geradezu Paläste. Es war kaum zu glauben, dass es sich um ein und dasselbe Viertel handelte. Diesseits der Avenida Maipú gab es mehr leere als bebaute Flächen, und die Gebäude an sich waren eher bescheiden, aber zumindest hatten sie Leitungswasser, Strom und Toiletten mit Sickergruben. Ihr Häuschen mit dem Giebeldach nahm den hinteren Teil eines Grundstücks ein, auf dem vorn ein größeres Chalet stand, jedes Haus hatte eine jeweils eigene Zufahrt von der Straße her. Hinter dem Haus gab es einen kleinen Garten, den sie nutzen durften und der bestimmt ausgezeichnet für den Anbau von Gemüse taugte; hier in dieser feuchten Erde mitten in der Pampa musste alles ganz wunderbar gedeihen.

Die ältere Nachbarin sah auf einmal in ihre Richtung. Klement wandte den Blick sofort ab und machte sich Vorwürfe wegen seiner Indiskretion. Neugierde vertrug sich nun mal nicht mit dem Wunsch, anonym zu bleiben.

Die beiden Männer überließen es Vera und den Jungs, das frisch bezogene Haus weiter einzuräumen, und stiegen in Gellers Auto, einen Maserati. Klement lobte den Wagen, auch wenn er nicht an den Mercedes herankam, der ihm als hohem Offizier der SS zur Verfügung gestanden hatte. Das tat er weniger, um zu prahlen, als um das Regime in gutem Licht dastehen zu lassen. Protzen für die Krone, sozusagen.

Ziel ihrer kurzen Fahrt war das Restaurant »Zur Eiche« im benachbarten Viertel Florida, jenseits der Umgehungsstraße, die die Stadt Buenos Aires von der gleichnamigen Provinz trennt. Sie bekamen einen Tisch vor den großen Fenstern, die nach hinten auf den Garten hinausblickten. Das Bild wurde vollends von dem arroganten Baum beherrscht, der dem Etablissement seinen Namen gab, wenngleich Kamerad Skorzeny zu scherzen beliebte, man habe es wegen seines erfolgreichen Unternehmens mit selbigem Namen so genannt, bei dem ihm gegen Kriegsende die Befreiung Mussolinis geglückt war. Eigentlich hätten Geller und Klement lieber direkt unter dem Baum Platz genommen, auf dem Schotter, der vom nicht vorhandenen Rasen ablenkte, denn die Sonne strahlte und es war angenehme zehn Grad warm; doch für Buenos Aires war das winterlich, und keiner wäre auf die Idee gekommen, Tische und Stühle unter freiem Himmel aufzustellen. Sowohl der lichte Wintergarten als auch die dunkle Stube gegenüber waren mit Holz ausgekleidet, Gardinen hingen an den Fenstern und bestickte Tischdecken lagen auf den massigen Tischen. An den Wänden zeigten die Bilder Alpenpanoramen, und über der Theke, von der aus ein korpulenter Mann mit Hosenträgern das Treiben überwachte, baumelten riesige Biergläser. Alles war also wie in einem bayrischen Wirtshaus, die Anwesenheit von argentinischen Touristen inbegriffen. Ein einheimischer Kellner, der sie jedoch mit einem überzeugenden *Grüß Gott!* in Empfang nahm, servierte ihnen als Vorspeise kleine mit Leberwurst und Gewürzgurken belegte Brote und nahm ihre Bestellung auf: Schweinebraten mit Sauerkraut für Geller, Gulasch mit Spätzle für Klement, Bier vom Fass für beide. Während sie warteten, sprach Geller schon von den Nachspeisen und versicherte seinem Gast, das bedauerliche Fehlen von Kaiserschmarren (es sei eben ein deutsches und kein österreichisches Restaurant) würde durch den Apfelstrudel wieder wettgemacht, seiner Meinung nach der beste im ganzen Land, wenn er auch nicht mitteilte, welchen Landes.

»Die argentinischen Äpfel sind hervorragend«, sagte Klement.

»Ganz meine Meinung«, stimmte Geller zu, und da gerade ihr Warsteiner kam, hob er sein Glas. »Auf ein schnelles Einleben in Ihrem neuen Viertel. Prost!«

»Auf Deutschland, auf Österreich und auf Argentinien, Prost!«, antwortete Klement mit halb erhobenem Glas und dachte sich, dass dies ein schöner letzter Satz wäre, bevor man ihn hängte (sein am häufigsten wiederkehrender Traum, seit er keine Uniform mehr trug).

Sie nahmen einen langen Zug, wohl wissend, dass derjenige, der sein Bier zuerst wieder auf dem Bierdeckel absetzte, auch als Erster das Wort ergreifen müsste. Als sie sich fast unisono geschlagen gaben, verlängerte Geller die Feuerpause, indem er seinem Gegenüber Zigaretten aus seinem versilberten Etui mit passendem Feuerzeug anbot.

»Warum ziehen wohl so viele Deutsche in diese Gegend?«, fragte er, der lieber woanders wohnte, schlicht weil er es sich leisten konnte.

»Wir mögen die Städte nicht, und zugleich können wir nicht ohne sie auskommen«, meinte Klement mit seiner schrillen Stimme, die in einem verglasten Raum besonders unangenehm widerhallte.

»Sowohl Deutsche wie auch Juden«, ergänzte Geller seine Beobachtung und blickte vieldeutend auf die Großfamilie, die in diesem Moment hereindrängte und an einem langen Tisch Platz nahm, den man am anderen Ende des Wintergartens für sie reserviert hatte.

Klement reichte ein kurzer Blick, um ebenfalls der Meinung zu sein, dass diese Leute nichts anderes sein konnten, obgleich es ihm schwergefallen wäre, sein Urteil zu begründen. Man spürte das einfach und empfand sofort eine reflexartige Abneigung. Vielleicht war es die Beschaffenheit ihrer Mäntel oder der Geruch nach muffigem Schrank, der sich im Raum verbreitete, als sie diese ablegten; hinzu kam sicherlich die Art, wie sie die Stühle herumrückten und dabei unnötigen Lärm machten, allgemein diese unverschämte Art, Raum einzunehmen, ohne um Erlaubnis zu bitten. Es wäre gar nicht erst nötig gewesen, dass die Ältesten mit ihren Sprösslingen auf Deutsch zu reden begannen und diese wiederum mit ihren eigenen Nachkommen in einer Mischung aus Deutsch und Spanisch und zuletzt die Kinder untereinander auf Spanisch, was so in einem einzigen Synchronbild die Degeneration einer Sprache und einer Kultur veranschaulichte.

»*Jeckes,* in der Tat«, verdeutlichte Klement und glänzte dabei mit seinen Jiddisch-Kenntnissen.

Er zog lange an seiner Zigarette und hielt den Atem

an, da er spürte, wie der andere darauf brannte, ihn zu fragen, ob er wirklich, wie es hieß, in Palästina zur Welt gekommen sei. Dabei wollte er im Grunde wissen, ob das tatsächlich in der Kolonie deutscher Siedler in Sarona gewesen war und nicht doch im Schoß einer jüdischen Familie, wie böse Zungen behaupteten. Klement stieß den Rauch heftig durch seine großen Nasenlöcher aus und fügte hinzu:

»Ich erinnere mich noch an den jüdischen Rechtsanwalt, der mir sagte, er trage den gelben Stern mit Stolz. Der Mann imponierte mir. Er war ein Idealist. Ich ließ ihn dann auch auswandern. Und im entgegengesetzten Fall bin ich ebenso verfahren.«

Geller drückte schnell die Zigarette auf dem Bild der Münchner Frauenkirche in dem riesigen Aschenbecher aus, um klar zu signalisieren, dass er beschäftigt war, während er auf die Erklärung wartete, was das Gegenteil eines stolzen Juden war. Etwa ein reuevoller Nazi?

»Ein SS-Oberscharführer, aus dessen Ahnentafel sich ergab, dass er Jude war, *Vollblutjude«,* rückte Klement die Dinge ins rechte Licht. »Im Allgemeinen gab ich mich mit solchen Einzelfällen nicht ab, aber diesen Mann ließ ich mir kommen, um über seine Zukunftspläne zu sprechen. Es freute mich, dass er nicht bedrückt war, sondern nur sagte: Pech gehabt, Sturmbannführer! Es war eine schöne Zeit, aber es ist nun mal so, und da kann man nichts machen. Nach einiger Zeit suchte er mich nochmals auf und teilte mir mit, dass er in die Schweiz gehen wolle, um dort als Musiker eine Kapelle zu gründen. Er hatte selber Geld, sonst hätten wir es ihm gegeben. Er bekam einen Reisepass, die Grenzübertrittsstellen wurden von mir angewiesen, ihn durchzulassen. Als er aber an die Schweizer Grenze kam, muss er irgendwie misstrauisch geworden sein und versuchte, über die grüne Grenze zu gehen. Man befahl ihm, stehen zu bleiben. Er tat es nicht. Man schoss auf ihn. Er starb.« Er machte eine Pause – zu kurz, um einem deutschen Soldaten die Ehre zu erweisen, zu lang, um an einen Juden zu erinnern. »Später veranlasste ich, dass der Vorfall untersucht wurde, und es stellte sich eindeutig heraus, dass die Grenzstellen keine Schuld traf. Sie hatten ihre Pflicht erfüllt. Solche SS-Männer mit jüdischem Blut waren und blieben unsere Freunde, sie hatten bei den Streitereien der Vergangenheit gegen die Roten auf unserer Seite gestanden. In ihnen hatte sich das Jüdische zurückgezogen und der Kameradschaft Platz gemacht, der arischsten aller Tugenden.«

Klement nahm einen Schluck Bier, verschlang ein Leberwurstbrot, trank sein Glas aus und fügte hinzu, dass die Anzahl der Usurpatoren in der Hauptstadt, in den Stadtteilen Belgrano und Villa Crespo, soweit er wusste, sehr viel höher sei, woraufhin Geller, sich die Hand vor den Mund haltend, um keine Brotbröckchen auszuspucken, konterte, schon einer allein reiche, um ein ganzes Viertel zu verseuchen, wobei er sicher übermäßig optimistisch davon ausging, dass sein eigenes judenrein bleiben würde. Sie fragten sich gerade, warum die Deutschen und die Juden in derselben Gegend einer fernen Stadt wohl wieder aufeinandertrafen, ob das Schicksal war oder eine Provokation, als das Essen kam und das Gespräch auf das Essen selbst brachte, mit langen Pausen schluckender Stille, verunreinigt durch das unverdauliche Geschrei des Makkabäerstamms. Klement hatte lange nicht mehr an einem derart gut gedeckten Tisch gesessen und Leckerbissen dieser Güte verspeist. Genauer gesagt war das letzte Mal gewesen, als Horst Carlos Fuldner und Rodolfo Freude, die seine Flucht aus Europa organisiert hatten, ihn zur Feier seiner Ankunft im schicken Restaurant des kürzlich eröffneten *Claridge Hotel* in der Innenstadt auf das größte Stück Grillfleisch eingeladen hatten, das ihm in seinem ganzen Leben je vorgesetzt worden war. Auch damals war es lange her gewesen, dass Klement sich von so viel Luxus umgeben gesehen hatte, genauer gesagt seit seinem Aufenthalt in Budapest, wo er sich von den lokalen Machthabern hatte verwöhnen lassen, während er die Deportation der Unerwünschten organisierte.

Erst als sie den Nachtisch bestellten, entschied Geller sich, das Thema anzuschneiden, das ihn allem Anschein nach dazu bewogen hatte, Klement zum Essen einzuladen und, schon zuvor, ihm beim Umzug in sein neues Haus beizustehen und als Bürge einzutreten.

»Und, wie läuft es mit der Wäscherei?«, fragte er und blies Rauch in Richtung der relativ alten Holzdecke (zwanzig argentinische Jahre entsprachen zweihundert deutschen), die mit unnötigerweise brennenden Lampen bestückt war, als wollte sie sich mit dem schlecht verteilten und noch schlechter eingesetzten Reichtum des Landes brüsten.

Der Plan war aus der Notwendigkeit heraus entstanden, ihr Erspartes zu investieren, bevor die Inflation es auffressen konnte, und so an Einkünfte zu kommen, ohne sich wieder in ein Abhängigkeitsverhältnis fügen zu müssen. Klement hatte sich dazu mit zwei weiteren Deutschen zusammengetan, die ebenfalls ehemalige Angestellte der in den letzten Zügen liegenden CAPRI waren. Die Branche wiederum hatten sie aufgrund einer Beobachtung gewählt, die die drei bezüglich des gepflegten Erscheinungsbildes der Argentinier gemacht hatten: Deren Eitelkeit ging sogar so weit, dass sie das Hinsetzen lieber vermieden, um sich nicht damit die Hose zu verknittern, oder ein Hemd wegwarfen, weil es noch Spuren eines nicht beizeiten entfernten Flecks aufwies. Nicht ohne Grund gab es Legionen von Schuhputzern, die an den Straßenecken saßen und durch die Cafés zogen, und nicht ohne Grund bedienten sich alle der stark riechenden Pomade, mit der sie sich das Haar an die Kopfhaut klebten, als fürchteten sie, es könne ihnen entfliehen und dabei irgendeine Idee mitnehmen. Bei Leuten, die sich derart von Kopf bis Fuß dem Ideal von Glanz und Glätte verschrieben hatten, würde es ihnen nie an Arbeit mangeln, lautete ihr Fazit. Seit ihrer Rückkehr aus Tucumán waren sie nun damit beschäftigt.

»Gut«, sagte Klement, obwohl das einzig Gute beziehungsweise Genehme an der Arbeit für ihn war, die Waschmaschinen zu reparieren, wenn sie einen Defekt hatten. »Das Problem ist, dass diese Branche von den Japanern dominiert wird, und wir versuchen, ihnen gerade klarzumachen, dass wir auf derselben Seite kämpfen, wie im Krieg.«

»Genau darüber wollte ich mit Ihnen sprechen.«

Hastig, als hätte Klement alles so hinausgezögert, dass ihm nun nur noch wenige Minuten blieben, erzählte Geller, dass Evitas Bruder tot in seiner Wohnung aufgefunden worden sei. Er habe Selbstmord begangen, nachdem Perón gedroht hatte, alle Korrupten ins Gefängnis zu werfen, selbst wenn das seinen eigenen Vater träfe.

»Eine seltsame Drohung«, scherzte Geller, »wenn man bedenkt, dass der Vater des Generals schon vor Jahrzehnten gestorben ist.«

»Ist er nicht einbalsamiert worden, wie seine Frau?«, fragte Klement mit dem Bierdeckel spielend.

»Haben Sie sie gesehen? Wenn Sie möchten, kann ich dafür sorgen, dass man Sie ins Gewerkschaftsgebäude der CGT lässt, dann können Sie einen Blick auf sie werfen.«

Klement lehnte das Angebot mit einer entsetzten Geste ab, nicht nur weil er in seinem Leben schon genug Leichen gesehen hatte, sondern auch weil ihn schon im Voraus die Größe des Gefallens erschreckte, um den man ihn gewiss gleich bitten würde, wenn im Gegenzug diese Entlohnung ins Spiel gebracht wurde. Wie jeder Mann, der auf einem hochrangigen Posten Macht ausgeübt hatte, wusste er aus Erfahrung, dass heikle Aufträge in den obersten Kreisen nicht mit Geldscheinen, sondern mit exklusiven Privilegien vergütet werden, die man für Geld nicht kaufen kann. In seinen Zeiten als Zar der Juden, wie er sich gern nennen ließ, war er es müde geworden, Bestechungsgelder zurückzuweisen, oder hatte sie allenfalls für die Reichskassen eingestrichen, denn persönlich konnte er einfach keine Begeisterung für Geld empfinden. Nur eine gute Geschichte, eine große Geste, selbst ein angebrachtes Schweigen – jede Handlung, hinter der der ewigwährende Glanz eines idealistischen Herzens zu erahnen war – konnten sein Wohlwollen erwecken.

»Es ist wirklich ganz phänomenal«, beharrte Geller. »Sie sieht lebendiger aus als zu Lebzeiten.«

»Wie dieser Sänger, der besser singt, seit er tot ist, wie hieß der noch?«

»Carlos Gardel. Mögen Sie Tango?«

Klement schüttelte wieder den Kopf. Was ihm als Vorschuss für den Auftrag, dem er nur schwer würde entgehen können, dann doch gefallen hätte, so dachte er, wären zwei Karten fürs Parkett im *Teatro Colón* gewesen, zusammen mit den Galakleidern, die unabdinglich waren, um Einlass in dieses Mekka der klassischen Musik zu erhalten.

»Wie ich schon sagte«, sprach Geller weiter, »Evitas Bruder wurde tot aufgefunden, und die Opposition glaubt,

Raúl Apold, Peróns Staatssekretär für Presse, besser bekannt als *el nazi,* sei für den Selbstmord verantwortlich.«

»Soll der Spitzname eine Beleidigung sein?«

»Scheinbar. Wie auch immer, er ist tatsächlich Peróns Goebbels.«

»Dann geht es ihm genau andersherum als uns«, schweifte Klement ab, wenn man es denn als Abschweifung betrachten konnte, dass er auf das zurückkam, was seine Obsession und sein Daseinszweck gewesen war. »Indem die Juden nicht gegangen sind, als noch Zeit dafür war, haben sie uns gezwungen, zu tun, was sie in Wirklichkeit ganz sich selbst zuzuschreiben haben. Es war Selbstmord, sah am Ende aber aus wie Tötung.«

»Genau«, sagte Geller mit einer Miene, als hätte er den Ausflug in die Geschichte nicht verstanden, weil er zu sehr auf die Gegenwart konzentriert war. »Die Sache ist hier, dass diese Hypothese, also die, dass er ermordet wurde, nicht bekannt werden soll.«

»Sie können diesbezüglich auf meine völlige Diskretion zählen.«

»Das Problem sind nicht Sie, mein lieber Ricardo, sondern der Haushälter von Evitas Bruder. Er hat ihn heute Morgen tot aufgefunden, als er ihm das Frühstück bringen wollte. Sein Name ist Inajuro Tashiro, offensichtlich ein Japaner.«

Wenn alle in Argentinien lebenden Japaner als Haushälter statt in Wäschereien arbeiten würden, wäre dem Unternehmen der drei Deutschen der Weg geebnet gewesen, überlegte Klement. Dann begriff er, warum sein neuer Tätigkeitsbereich ihn als den perfekten Spion auswies, um herauszufinden, was in der Nippon-Gemeinde geredet wurde, und er beeilte sich noch einmal, die Ehre auszuschlagen.

»Ich habe nicht ein Wort darüber gehört. Machen Sie sich keine Sorgen.«

»Man müsste ein wenig nachforschen.«

»Ich arbeite nicht mehr für den Nachrichtendienst, Geller«, erklärte Klement, wobei er kurz über die Möglichkeit nachdachte und sie dann sofort wieder verwarf, ergänzend hinzuzufügen, dass er diese dreckige Arbeit auch nie habe machen wollen; an allem sei eine unglaubliche Verwechslung schuld, denn er habe sich damals nur für den Sicherheitsdienst des SS-Chefs beworben, weil er glaubte, es ginge dabei um die Eliteeinheit, die für Himmlers persönliche Sicherheit zuständig war: Er hatte davon geträumt, einer dieser eleganten, furchterregenden Männer zu werden, die er auf Bildern in Illustrierten auf dem Trittbrett von Himmlers offiziellem Automobil hatte mitfahren sehen und die das genaue Gegenteil des dunklen und langweiligen Archivs repräsentierten, in dem er schließlich gelandet war. »Ich bin jetzt Wäscher.«

Es war besser, Klartext zu sprechen, sagte sich Klement. Auch wenn er nostalgisch an die Zeiten zurückdachte, in denen sein tägliches Tun einen Sinn hatte, der ihn überstieg und ihm etwas zurückgab, Zeiten, als seine kleine Gegenwart die Zukunft der Welt schmiedete. Nun war er fern dieser Gefilde und wollte nicht auf diese Art dorthin zurückkehren. So konfus seine Anfänge auch gewesen sein mochten, letztlich hatte er es verstanden, sich seinen Weg bis fast zum Standartenführer zu bahnen; er war nicht bloß irgendein Unteroffizier, den man als Maulwurf losschicken konnte, um eine bedeutungslose Bande in einem von der Landkarte gefallenen Land auszuspionieren. Außerdem hätte es für ihn, um sich für den Peronismus begeistern zu können, irgendeiner großen epischen Erzählung bedurft, wie andere argentinische Regierungen im vorigen Jahrhundert sie gelebt hatten, als sie ihr Gebiet erfolgreich bis zu den Anden ausgedehnt und es von den Indios gesäubert hatten. Er wollte lieber weiter ein Niemand sein, ehe er sich dem Scheitern eines Regimes im Niedergang anschloss, mit dem er nicht einmal irgendwelche Triumphe zu erzielen genossen hätte.

»Ich halte trotzdem die Ohren auf«, versprach er dennoch, als er sah, dass Geller die Rechnung verlangte, ängstlich besorgt, dieser könne ihn sonst zahlen lassen.

Bevor *la dolorosa,* die Schmerzliche, kam (diesen Ausdruck für Rechnung würde er mitnehmen, falls er irgendwann wieder in seinem Land leben könnte), trat ein anderer Mann an ihren Tisch und begrüßte Geller überschwänglich. Er war ungefähr in Klements Alter, allerdings noch mit vollem Haar; er hatte einen dichten, tiefschwarzen Schnurrbart, seine Haltung und die sonnengebräunte Haut erinnerten an einen Sportler, und seiner Kleidung nach war er allzeit bereit, für eine beliebige öffentliche Funktion einzuspringen. Begleitet wurde er von einem sechs- oder siebenjährigen, sehr blonden Mädchen mit klugen Augen, das offensichtlich bei seiner Mutter am Tisch hätte bleiben sollen, aber von der Neugierde mitgerissen dem Vater gefolgt war.

»Das ist Wim Sassen, Journalist, er schreibt für *Der Weg* und den Dürer-Verlag«, stellte man ihn vor. »Er hat die Bücher für Hans-Ulrich Rudel geschrieben.«

»Das ist ein Geheimnis!«, beschwerte der Dandy sich eitel.

»Unter uns gibt es keine Geheimnisse«, sagte Geller, und als er die Unruhe desjenigen sah, der es bitter nötig hatte, im Geheimen zu bleiben, fügte er hinzu: »Wim ist

SS-Unterscharführer, er hat als Kriegskorrespondent für uns gearbeitet. Er musste auf einem Küstenfrachter aus Holland fliehen.«

»Aus Irland«, korrigierte ihn der Flüchtige.

»Aber in Holland bist du vor Gericht gestellt worden, richtig?«

»So ist es.« Er stand stramm. »Verurteilt *in absentia* zu zwanzig Jahren Gefängnis, und hier haben Sie mich … *in praesentia!*«

Eine Stille entstand, unterbrochen durch die Kleine, die wissen wollte, was *absentia* bedeutete. Der Vater erklärte es ihr, indem er ihr auftrug, sich schleunigst zu absentieren, andernfalls bekäme sie kein Essen. Anschließend nutzte er den überstürzten Abgang der Juden vom Nebentisch, bei denen es anscheinend für den Nachtisch nicht gereicht hatte, nahm Platz, ohne dass man ihn dazu aufgefordert hätte, und fing an, von seiner Zeitschrift zu erzählen. Sie hatte bereits eine Auflage von fünfundzwanzigtausend Stück erreicht, wovon die Hälfte einem Verbot zum Trotz in Deutschland vertrieben wurde, und der Rest gelangte bis in die hintersten Winkel der Erde, einschließlich Südafrika und Tibet. Die herausragendsten Federn »ihrer Seite« trugen Artikel bei, teils unter ihrem echten Namen und teils unter einem Pseudonym *(»in absentia!«),* momentan verhandelte man mit Ezra Pound und den Erben von Knut Hamsun, damit sie sich »der Sache« anschlossen. Die beschränkte sich allerdings nicht auf das bedruckte Papier, stellte er klar, während er sich eine Zigarette anzündete, sondern wurde als kulturelle und politische Zuflucht verstanden, um das demokratische Unwetter vorbeiziehen zu lassen, bis die Stunde der Rückkehr käme, fast wie eine Exilregierung. Tatsächlich hatten sie im vergangenen Jahr eine Umfrage unter ihren Lesern mit der Frage gestartet, ob diese wirklich glaubten, eins der beiden Deutschlands sei Nachfolgerin des Reichs, und ob es nicht vorzuziehen gewesen wäre, diese Rolle den wirklichen Erben im Exil zuzuweisen, so wie die Kroaten es mit ihrem Staatsführer Ante Pavelić getan hatten, der ebenfalls nach Argentinien geflohen war.

»Ich erinnere mich an einen Artikel aus Ihrer Feder, in dem Sie uns mit Odysseus vergleichen«, sprach Klement, als der andere endlich seinen Wortschwall unterbrach. »Ithaka wäre Deutschland, wo die Freier unser Hab und Gut verprassen, unsere Mägde missbrauchen und unsere treuen Diener verderben. Aber nicht alle, o nein, denn auch wir haben unsere Wunderkinder, unseren Telemachos. Noch stehen wir vor der kalten Mauer unseres eigenen Hauses, sehen zu, wie die Invasoren, Agelaos Adenauer und seine Gefolgsleute, sich an dem erfreuen, was aus natürlichem Recht uns zusteht. Aber an unserer Seite haben wir Philoitios, den treuen Bauern, und Eumaios, den Waffenschmied. Früher oder später werden wir in den Saal einbrechen, werden die Freier verjagen und unsere Penelope wieder küssen.«

Sassen nickte schweigend, sichtlich gerührt von seinen eigenen Metaphern, noch dazu zitiert aus dem Mund eines seiner Helden. Man spürte, dass er seit Langem auf diese Begegnung gewartet hatte (hatte Geller das eingefädelt?) und seine großen damit verbundenen verlegerischen Pläne nur unter größter Anstrengung nicht augenblicklich herausposaunte. Die Aussicht, mittels eines eigenen Buchs wieder ins Licht der Öffentlichkeit zu treten, begeisterte Klement. Langsam war er es müde, als anonymer, »Unterseeboot« fahrender Wanderer zwischen den Welten zu leben.

»Nun, ich muss gehen«, sagte er dennoch und streckte beim Aufstehen die Hand aus. »Eine immense Freude, Sie kennengelernt zu haben.«

—

»Vater, wie erkennt man eine Jüdin?«

Sie saßen barfuß und mit nacktem Oberkörper am Ufer des Río de la Plata auf Felsen. Hinter ihnen zielten im Hafen von Olivos die Kräne, die den Sand von den Wasserfahrzeugen abluden, mit ihren furchterregenden Schatten auf die Hafenmole voller Angler – ein regelrechter Schwarm dicht gedrängter Ruten rund um drei Bäume, die sich zu einer allumfassenden Krone vereinten. In Richtung des Tigre-Deltas lag die sogenannte *Judenwiese,* wo die Juden ihren Freizeitklub hatten, und im Süden zeichnete sich das Profil des Stadtkerns von Buenos Aires ab, einschließlich der Kräne des stadteigenen Hafens. In dem sanften torfmoorbraunen Wasser plantschten Kinder wie Erwachsene, manche sogar weit draußen im Fluss, obwohl ihnen das Wasser nur bis zur Taille reichte, so seicht war der Grund, als erstreckte sich die Pampa auch nach dieser Seite hin. Weiter weg schaukelten die Segelboote, ein bevorzugter Zeitvertreib von Klement, doch dafür hätte er Mitglied im Ruderklub Teutonia werden müssen, was er sich finanziell nicht erlauben konnte. Am Horizont, wo das Süßwasser salzig wurde und seinen Namen änderte, trieb friedlich-unbewegt ein graues Schiff, vielleicht ein Kriegsschiff. Es war einer von jenen sehr heißen, doch dank eines Lüftchens angenehmen Sommernachmittagen, an denen Klement fast dankbar war, dass er sein Land hatte verlassen müssen, zumindest für eine Weile.

»In welcher Hinsicht, mein Sohn?«

Bevor er antwortete, wollte Klement sich vergewissern, dass es keine Fangfrage war, eine von denen, die auf einen Witz hinauslaufen. Wobei die Schüchternheit, mit der Klaus sie stellte, für echte Neugierde sprach. Erst hatte er die Frage in der langen Stille hin und her gewendet, die auf den Moment gefolgt war, als Vera und die Jüngeren zum Baden Richtung Fluss gegangen waren. Auch Klement hatte mit achtzehn Jahren nicht gewusst, was ein Jude war, erst allmählich erfuhr er von der Geschichte und den Bräuchen dieser seltsamen Rasse, und zunehmend, als er in repressiver Absicht ihre Eigenarten individuell herausarbeitete. Später hatte er das Thema dann sogar so sehr vertiefen können, dass er heute kein anderes hätte nennen können, über das er mehr wusste, auch wenn es auf den ersten Blick widersprüchlich wirken mochte, dass diese ganze Gelehrsamkeit darauf abgezielt hatte, ihren Forschungsgegenstand zu vernichten. Doch abschließend konnte man sagen, dass niemand eine Sache je besser kennenlernt als der mit der Absicht, sie zu besiegen.

»In der Hinsicht, dass … ich weiß nicht«, stammelte Klaus. »Sie heißt Silvia. Silvia Hermann.«

Klement hatte in seinem Leben zu viele jüdische Nachnamen gehört, als dass er je bei einem ausschließen würde, dass er jüdisch sein konnte, nicht einmal ein so vollkommen deutscher wie dieser. Die Nürnberger Gesetze hatten die Anzahl der mosaischen Nachkömmlinge so beträchtlich erweitert wie ihre Identifizierung erschwert, da sich das Übel nun hinter fast jedem Namen und allen möglichen physischen Zügen verbergen konnte. Klement hatte die Rassenkarte mit den entsprechenden Regeln, wer mit wem ein Paar bilden durfte, nie ganz im Kopf behalten können; jedes Mal, wenn er sich nicht sicher war, musste er von Neuem nachlesen und anfangen zu rechnen. Aber er verstand, dass es vorzuziehen war, die Anzahl der Verdächtigen zu erhöhen, bis sie fast mit der Gesamtbevölkerungszahl übereinstimmte, statt zuzulassen, dass ihnen aus Bequemlichkeit oder Schlampigkeit einer durch die Lappen ging. Die Ausrottung musste sein wie die, von denen in der Thora erzählt wurde, oder es wäre zu nichts nütze gewesen, denn aus ein paar Überlebenden konnte sich die gesamte Rasse erneuern. So betrachtet hatten die Gesetze nichts weiter getan, als die Strategie der Assimilierten zu zerschlagen, die ihr Blut reinzuwaschen suchten und dabei eben genau die Deutschen als Seife verwendeten.

»Und was lässt dich den Verdacht hegen, deine Freundin könnte dem auserwählten Volk angehören?«

»Wer sagt, dass sie meine Freundin ist?«

Klement lächelte gewieft. Auch er hatte damals seinen Vater um Erlaubnis gebeten, sich verlieben zu dürfen, als die Zeit dafür gekommen war. Wie er diese Phase seines Lebens vermisste, und wie ihm sein Vater fehlte! Er konnte ihm nicht einmal Briefe übers Wetter schreiben, aus Angst, dass diese abgefangen werden und seinen Aufenthaltsort verraten könnten. Bald wäre es eine Dekade her, dass sie sich zuletzt gesehen und miteinander gesprochen hatten – ein zu langer Zeitraum, wenn man schon älter ist, vielleicht ebenso lang, wie wenn man noch ein ganz junger Bursche ist. Er sollte einmal ernsthaft darüber nachdenken, ob es nicht an der Zeit war, das Risiko einzugehen und den Kontakt wieder aufzunehmen. Bei den Problemen, die die Israelis mit den Arabern hatten, zusätzlich zu dem, was auf Kuba und allgemein dank dem Kalten Krieg los war, sollte und konnte sich doch niemand mehr allzu sehr dafür interessieren, einen einfachen Bürokraten zu suchen, der das Pech gehabt hatte, für einen in Ungnade gefallenen Arbeitgeber tätig gewesen zu sein.

»Mit ihr warst du doch gestern in der Disco tanzen, stimmt's? In diesem komischen Gebäude, das du mir gezeigt hast, wie heißt das noch mal?«

»Fantasio.«

»Und was sagt ihr Vater dazu?«

»Ihr Vater war in Dachau.«

Die Erwähnung des KZs drängte all die spärlich bekleideten Körper, die am Flussufer unterwegs waren, zusammen, bis sie schließlich einen reglosen Haufen vollkommen nackter Leichen in einem großen Massengrab bildeten. Klement nahm sich die Brille mit dem dicken Rahmen ab, fuhr sich mit der Hand übers Gesicht, wobei er beim linken Auge haltmachte, das zu zucken begonnen hatte, und setzte sich die Brille wieder auf die Nase. Seltsam, diese unzeitgemäße Erinnerung; er war nie im Lager Dachau gewesen.

»Und du, woher weißt du, was dieser Name bedeutet? Ich erinnere mich nicht, jemals mit dir einen Ausflug ins Umland von München gemacht zu haben.«

»Silvias Vater hat es mir erklärt.«

»Du kennst schon ihren Vater, aber deine Freundin ist sie nicht …«

»Er sagt, in den Konzentrationslagern wurden Leute umgebracht.«

Klement atmete tief die Luft ein, von der man aufgrund der Weite dieses Gewässers erwartet hätte, dass sie nach Meer roch, die tatsächlich aber süßlich schmeckte, natürlich nicht wegen des Flusswassers, sondern wegen der fahrenden Händler mit Liebesäpfeln und kandierten

Erdnüssen, die auf dem Küstenweg aufgereiht standen. Er fragte sich, ob es nicht eine gute Idee wäre, denen, die den Matetee satthatten, frische Fruchtsäfte zu verkaufen.

»In Dachau wurde niemand umgebracht«, sagte er dann. »Selbstverständlich starben manche, so wie überall Menschen sterben. Aber dieser Hermann ja offensichtlich nicht. Er sollte froh sein, statt üble Verleumdungen über das Volk zu verbreiten, das ihn länger beherbergt hat, als er es verdiente.«

Seine ohnehin schon durchdringende Stimme war einige Dezibel höher auf ein Niveau geklettert, das, hätten sie sich nicht im Freien befunden, schädlich für ihr Gehör gewesen wäre. Klement wurde hysterisch bei dem Gedanken, dass sein Sohn unter den Einfluss der revanchistischen Geschichtsschreibung geraten könnte, ebenjener, für die er mit seinem Exil bezahlt hatte und die weiterhin drohte, ihn den Kopf zu kosten. Den Krieg zu verlieren, war nicht das Schlimmste gewesen (gegen Ende hatten sich alle danach gesehnt), sondern weiterhin diesem posthumen Frieden unterworfen zu bleiben, ähnlich dem unmenschlichen Versailler Vertrag, dem Samen des nächsten Konflikts. Zweimal hatte Deutschland sich erhoben, und zweimal war es gefallen, doch seine Feinde wollten einfach nichts daraus lernen. Sie bestanden darauf, es zu demütigen und seine Rassenwürde zu strapazieren. Aber sie sollten sich vorsehen: Aller guten Dinge waren schließlich drei.

Klement bereute, dass er Klaus nicht schon im Voraus alles erklärt hatte, was er wissen musste, um sich nicht von den Siegern täuschen zu lassen – schlimmer noch: von den zufälligen Nutznießern eines Kampfes, den sie nicht einmal den Mumm gehabt hatten selbst auszutragen. Wenn ein Russe ihm von den KZs erzählte, *bueno,* der hatte sich das mit Waffengewalt erkämpft, aber ein Jude? Ein Jude sollte zufrieden damit sein, dass er überlebt hatte und davon erzählen konnte – was er dann aber gefälligst nicht zu tun hatte. Die Angst, der Junge könne sich verplappern, hatte ihn dazu gezwungen, nur das Mindeste zu sagen: dass er in der Armee gewesen war, dass er an der Lösung des größten Problems der Deutschen und Europäer mitgewirkt hatte und dass er bedauerlicherweise nicht genug Zeit gehabt hatte, dieses Problem gänzlich aus der Welt zu schaffen. Würde er mehr enthüllen, konnte das auch für Klaus gefährlich werden, nämlich falls man ihn verhören würde, wie man es auch schon mit Vera getan hatte. Trotzdem fürchtete Klement nun, dass selbst diese wenigen Informationen, mit denen er die natürliche Neugierde seines Sohnes (und seinen nicht weniger natürlichen Vaterstolz) zufriedenzustellen versucht hatte, zu viel gewesen sein könnten.

»Wie kamt ihr denn mit dem Vater deiner Nichtfreundin auf das Thema Dachau?« Er wollte herausfinden, wie viel zu viel.

»Ich weiß nicht«, stammelte der Junge wieder. »Wir haben Tee getrunken und sie haben mich nach meiner Familie gefragt …«

»Hast du ihnen von mir erzählt?«

»Nein, ja, also … ich habe ihnen von meinem Vater erzählt … War das schlecht?«

Klement stieß einen entmutigten, aber gleichwohl anmutigen Seufzer aus.

Zwei Jahre, nachdem der Krieg zu Ende war, hatte seine Frau versucht, ihn für tot erklären zu lassen, um so die Witwenrente zu kassieren und nebenbei die Suche nach ihm offiziell zu beenden. Beschuldigt wurde er der

»Verbrechen gegen die Menschheit«, wie es in den Zeitungsausschnitten hieß, die Vera aus Europa mitgebracht und ihm voll Grauen gezeigt hatte – als hätten diese philosemitischen Schmähschriften mit ihrer Neigung zu derart übertriebenen Formulierungen, dass sie schon als Kitsch gelten konnten, mehr Gewicht als das Wort ihres Mannes. Ihr Antrag war abgelehnt worden, nachdem ein gewiefter Nazijäger namens Wiesenthal herausgefunden hatte, dass die von Vera vorgestellten Zeugen ihre eine Schwester und der Mann ihrer anderen Schwester waren. Auch wenn das Klement davon abhielt, als lebender Toter in Deutschland zu bleiben, störte ihn das Scheitern der List nicht, im Gegenteil.

Ein Jahr zuvor hatte eine europäische Zelle der »israelischen SS« – so nannte er die *Hagana,* die die Juden in Palästina beschützte und nun, mit britischen Polizeiuniformen verkleidet, als Rachekraft in Europa waltete – seine Frau und seinen Bruder bei ihren Besuchen bei Freunden der Familie verfolgt, die in einem abgelegenen Häuschen wohnten. In dem Glauben, es handele sich um das Versteck von Klement, hatten sie es überfallartig gestürmt und vorgehabt, den Bewohner hinzurichten. Und das taten sie auch, obwohl der Mann ihnen die Verwechslung erklärte, war er doch ein vormaliges Mitglied einer der berüchtigten Einsatzgruppen der Sicherheitspolizei. Wieder einmal empfing Klement die Nachricht seiner Erschießung *in absentia* mit tiefer Zufriedenheit.

Der Grund für seine Teilnahmslosigkeit war einfach: Sosehr es ihm auch zupasskommen würde, wenn man ihn für tot hielt, wollte er doch weiter lebendig sein, körperlich wie konzeptuell. Auf welcher Grundlage konnte er also seinem Sohn Vorwürfe machen? So nachteilig sich seine

Indiskretion nun auf die Sicherheit der ganzen Familie auswirken konnte – war es nicht ein Akt der Sohnesliebe gewesen, dass er den Befehl missachtet hatte, die Existenz seines Vaters zu vergessen?

»Natürlich war das schlecht«, sagte er trotzdem (womit er pädagogischen Zielen folgte, die mehr galten als seine persönliche Eitelkeit) und setzte scharfsinnig nach: »So wirst du es nie schaffen, dass dein Schwiegervater deine Verbindung mit seiner Tochter mit wohlwollenden Augen betrachtet.«

Klaus wandte ihm das Gesicht zu, auch wenn er wegen der gegenüberstehenden Sonne die Augen zukneifen musste, und zeigte seinem Vater ein unschuldiges, dankbares Lächeln. Dieser Junge wusste nichts von der Rassenschande, die er begehen würde, falls er eine Jüdin heiratete, dachte Klement, und er ahnte auch nicht, welchen Dienst er andererseits der Welt erweisen könnte, wenn die Beziehung fruchtete und schließlich halbjüdische Kinder hervorbringen würde, die nach einer guten Heirat wiederum vierteljüdische Enkel bekommen würden und so weiter, bis keine Spur mehr von ihrem Ursprung bliebe. Nachdem die Option der physischen Vernichtung gescheitert war, schien die der genetischen Verwässerung der einzig gangbare Weg, obgleich das eine vorübergehende Verschmutzung der eigenen Rasse bedeutete. Auch er hatte mit dem Feind intim werden müssen, um seine Ausrottung von der Erde beschleunigen zu können.

Doch in Klaus' Lächeln lag keine Unschuld, sondern purer Zynismus: Silvias Vater könne ihn weder mit wohlwollenden Augen noch sonst wie betrachten, erklärte er, denn er sei blind. Anscheinend war er nicht von Geburt an blind gewesen, sondern es infolge der Folter, die er in seiner Zeit als Häftling in Dachau erlitten hatte, geworden. Klement schloss daraus, dass er ein politischer Häftling gewesen sein musste, denn die Juden wurden nicht gefoltert, im Gegenteil, sie wurden recht gut behandelt, vor allem eingedenk der Nöte, die das deutsche Volk mitten im Krieg durchlebte, man gab ihnen schließlich Essen und einen Platz zum Schlafen.

»Ein bolschewistischer Jude«, schüttelte er den Kopf. Er fragte sich, welche Schlüsse hier wohl jener Straßburger Professor gezogen hätte, der bei ihm Schädel bolschewistischer Juden zu Forschungszwecken angefordert hatte. Die er ihm dann auch schicken ließ, frisch aus ihrem fleischernen Kleid gelöst.

Klaus meinte, der Mann scheine keinerlei politischer Partei anzugehören, und bestand noch einmal darauf, dass Silvia nicht seine Freundin sei und auch nichts Vergleichbares. Er gab aber zu, dass dies nicht auf seiner eigenen Entscheidung beruhte, sondern auf ihrer, denn sie war anscheinend entsetzt über einige Dinge gewesen, die sie ihn über Juden hatte sagen hören. Klement wollte wissen, was für Dinge denn genau, aber Klaus erinnerte sich nicht, bedeutungsloses Zeug, sagte er mit den Achseln zuckend, nichts jedenfalls, was er nicht tausendmal zu Hause am Esstisch gehört habe.

Es brachte nichts, weiterzubohren, schloss Klement. Der Schaden war bereits angerichtet, da Klaus mit seinem echten Nachnamen geprahlt hatte. Falls dieser Hermann ihn bislang noch nicht erkannt hatte, würde er den Namen früher oder später in einer der moskowitischen Zeitungen abgedruckt sehen, die er sicherlich las (oder die man ihm, besser gesagt, vorlas), und er würde seine Schlüsse über diesen angeblichen Onkel ziehen, mit dem sich die

Mutter des Verehrers seiner Tochter zusammengetan hatte. Falls er dann auch noch wusste, wem er seine Entdeckung mitteilen musste, was bei einem geschäftstüchtigen kommunistischen Juden, der es geschafft hatte, aus Dachau zu entkommen, nicht in Zweifel stand, dann waren Klements Tage gezählt.

Und wieder beängstigte ihn diese Aussicht gar nicht so sehr, vielmehr war sie irgendwie eine Erleichterung.

Nachdem er fast ein Jahrzehnt lang durch den Dschungel gewandert war, in der ständigen Angst, eine Schlange könnte ihn beißen, war nun genau dies geschehen; und zwar auf besonders unmetaphorische Weise, da es sich um ein gleich doppelt schlangenhaftes Wesen handelte. Jetzt konnte er endlich das entsprechende Gegengift suchen.

Unverhofft fiel ihm eine riskante Strategie ein: Er konnte die Schlange selbst als Gegengift nutzen. Wer würde schon einem blinden Mann glauben, der behauptete, er habe ihn gesehen? Seine Aussage könnte dazu beitragen, die südamerikanische Spur zu begraben, sodass man ihn weiterhin im Mittleren Osten vermuten würde, wo er sich unter dem Schutz des Großmuftis von Jerusalem versteckte.

»*Hay que tener paciencia*«, wiederholte er seinen Lieblingsspruch auf Spanisch, der zur Geduld ermahnte. »Es ist völlig unmöglich, dass eine Jüdin sich letztlich nicht in einen Arier verliebt, der ihr den Hof macht. Hast du sie schon ins Kino eingeladen? Nimm sie hier ins *York* mit, bei der Matinee zeigen sie drei Filme zum Preis von einem. Und im Dunkeln …«

Klement verstand noch nicht so recht, warum Klaus darauf verzichtet hatte, mit seinen Brüdern schwimmen zu gehen, und lieber bei ihm geblieben war, um ihn etwas zu fragen, was er bereits wusste. Doch darauf erwiderte Klaus, dass er sich eigentlich gar nicht so sicher sei, da die Mutter des Mädchens keine Jüdin war und sie auch nicht als solche erzogen worden sei, was auch immer das bedeutete.

»Sie hat auch keine große Nase«, fügte er hinzu, »ihre Augen sind aber schon klein, ein bisschen wie Schlitzaugen, und die Stirn ist etwas breiter als normal.«

Klement erinnerte sich an eine theoretische Diskussion, die er mit einem der Vertreter der jüdischen Gemeinde in Wien geführt hatte, mit Berthold Storfer, einem Mann, mit dem er zusammengearbeitet hatte und den er besonders schätzte, der jedoch Pech gehabt hatte und in Auschwitz gelandet war (er selbst war gerade abwesend gewesen, und sein Stellvertreter hatte ohne Rücksprache mit ihm gehandelt). Dieser Kenner des Judentums hatte ihm die Augen für ein interessantes Paradox geöffnet: Während die Nazis jeden als Juden ansahen, der mindestens ein Großelternteil dieser Rasse hatte, schauten die Juden selbst nur auf die mütterliche Herkunftslinie (berücksichtigend, dass man nur eindeutig wissen kann, wer die Mutter eines Kindes ist, der Vater ist nie völlig sicher), und somit waren es die Nazis gewesen, die die Zahl ihrer Feinde exponentiell vervielfältigt hatten, bevor sie sie zum Auswandern zwangen. Obwohl Klement weder der Ideologe und noch nicht einmal der Verfasser der Nürnberger Gesetze war, hatte er seinem Gesprächspartner erklärt, vermutlich sei deren Zweck, die arische Rasse besonders gründlich zu säubern, worauf der Jude sich zu erwidern erlaubt hatte, auf diese Art ließen sie sich das zuschulden kommen, was man in der Linguistik Hyperkorrektur nennt, ein ebenso schwerer wie unnötiger Fehler, der sie in diesem Fall dazu brachte, ihre eigenen Landsleute zu verfolgen. Warum kennzeichneten die Juden dann nur die Männer durch das Beschneiden der Vorhaut?, wollte Klement wissen. Und warum nahmen die Nazis dann nicht die Beschneidung als einziges Kriterium für die Zugehörigkeit zur hebräischen Rasse?, konterte der andere.

Die Debatte hatte unentschieden geendet. Aber jetzt, zu Ehren dieses Mannes von Format, der es gewagt hatte, ihm zu widersprechen, was genau die Haltung war, die er an seinen Mitarbeitern am meisten schätzte (die allzu ergebenen waren für ihn nicht so ergiebig), erklärte Klement seinem Sohn die auf matriarchalischen Grundsätzen basierte Selbstdefinition der Juden. Dennoch sei es paradox, das Mädchen als Arierin anzusehen, indem man die Kriterien der Rasse anwandte, der sie angeblich *nicht* angehörte. Diese Strategie würde ihr ohnehin nur wenig nützen, falls sie in der Judenfrage die falsche Partei ergriff.

»Der Halbjude von heute ist der Vierteljude von morgen und der Deutschblütige von übermorgen«, schloss er in Erinnerung an den Spruch, mit dem man die Aufnahme von Mischlingen in die Hitlerjugend gerechtfertigt hatte – selbstverständlich nur, wenn sie weder beschnitten noch religiös waren. »Sie soll demnächst mal zu uns nach Hause kommen, damit ich sie kennenlerne.«

Vera und die Jungs kamen aus dem Wasser zurück. Zu Fuß machten sie sich auf den langen Heimweg, wobei sie eine andere Strecke nahmen als beim letzten Mal und die Häuserblocks zählten, damit sie eines Tages vielleicht herausfänden, welcher Weg der kürzeste war.

Am Abend, wieder von den Bildern jenes Ortes bedrängt, an dem er nie gewesen war, entkorkte Klement eine Flasche billigen Resero-Rotwein. Er trank ein paar Gläser zum Essen und den Rest zum Verdauen, während er im Garten unter den Sternen rauchte, denselben Sternen. Der Alkohol betäubte die Erinnerungen, die ihm von seinem

Vorgesetzten im Reichssicherheitshauptamt aufgezwungen worden waren. Dieser hatte ihm befohlen, vor Ort in Augenschein zu nehmen, wie die Vernichtungsarbeiten vorangingen, obwohl Klement ihn gebeten hatte, ihn von dieser Aufgabe freizustellen. Dem Pech, einen sadistischen Chef wie Heinrich »Gestapo« Müller abbekommen zu haben, verdankte er nun diese Grube voller Leichen in seinem Kopf, die er in Minsk gesehen hatte. Immer noch so nah, dass sein Hirn mit den Hirnstückchen befleckt zu sein schien, die seinen mit Bärenfell gefütterten Ledermantel verdreckt hatten, nachdem ein Soldat einer Sterbenden mitsamt ihrem Säugling den Gnadenschuss gegeben hatte. Dasselbe Pech, durch das er auf jenem Laster in Kulm weiterfuhr, auf den man ihn eingeladen hatte, damit er aus der Nähe miterleben konnte, wie die menschliche Fracht durch das aus dem Auspuffrohr ins Innere des Laderaums geleitete Gas allmählich an Existenz verlor. Das verdammte Pech schließlich, das ihn nun zwang, noch immer die mit Brennstoff übergossenen Leichen zu riechen, die der Kommandant von Auschwitz, Rudolf Höß, vor ihm hatte anzünden lassen, um ihm die neue Methode zum Spurenverwischen zu zeigen, nachdem man festgestellt hatte, dass die Erde die begrabenen Körper wie ein übersättigtes Tier wieder ausspie.

Zum damaligen Zeitpunkt bekämpfte Klement diese Bilder mit ähnlichen Erinnerungen entgegengesetzter Prägung. Er erinnerte sich zum Beispiel an den ungarischen Soldaten, den er an einem Heiligabend erfroren in einem Auto gefunden hatte, das die Straße versperrte und ihn zwang, eine andere Route zu nehmen, weil er nicht wagte, ihn anzufassen. Oder an das bei einem Bombenangriff schwer verletzte deutsche Ehepaar, das ihn um den Gnadenschuss bat, ein Wunsch, dessen Gewährung er – mit Wasser übergossen, um die von dem brennenden Haus ausstrahlende Hitze zu ertragen – einem Feldwebel befohlen hatte, der es jedoch ebenfalls nicht über sich brachte, diesen Auftrag des Erbarmens zu erfüllen. Oder, noch allgemeiner, an den Geruch verbrannten Fleischs, der nach jedem Luftangriff der Alliierten über Berlin hing.

Doch heute funktionierte das Gegengift, auf vom Feind verursachtes Grauen zurückzugreifen, nicht mehr. Das Trinken half anfänglich, das hervorzubringen, was er »willentliche Schizophrenie« nannte, doch nahm die Wirkung mit jedem Glas weiter ab, bis sie sich umkehrte und ihm das Vergessene mit noch größerer Kraft entgegenschleuderte, genau wie ein Grab, das seinen Gast wieder ausspuckt. Die Erinnerungen erinnerten ihn daran, dass er das Gesehene schon damals durch Alkoholkonsum hatte vergessen wollen, wenn auch seinerzeit nicht mit Rotwein, sondern mit »Türkenblut«, wie sie ihr Rotwein-Sekt-Gemisch damals nannten. Wenn er es geschafft hätte, das rechte Maß zu trinken, hätte er vielleicht wieder eine Balance gefunden, aber in dem Eifer, diesen Punkt zu erreichen, hatte er ihn bereits hinter sich gelassen, sodass ihm nun keine andere Möglichkeit blieb, als fortzufahren bis zur Bewusstlosigkeit.

Dass es so weit nicht kam, lag nur an seiner Strategie der umgekehrten Vorratshaltung, nämlich nie mehr als eine Flasche Wein im Haus zu haben. Sich selbst davor zu bewahren, einen über den Durst zu trinken, war für Klement eine Verantwortung, die der Kunst des guten Trinkens innewohnte, genau wie ein Don Juan sich nicht von seiner Frau erwischen lassen sollte. Während des Krieges besoff er sich nicht nur selber nicht, er verbot es auch seinen Untergebenen. Als er die Aufgabe bekam, die unselige letzte Verteidigungsschlacht in den österreichischen Bergen zu organisieren, übernachteten sie in einer Herberge in Kremsmünster, wo seine Soldaten ein Weinfass fanden. Damit sie es nicht austranken und anschließend zu nichts mehr zu gebrauchen wären, befahl Klement, das Fass mitten auf der Straße aufzustellen. Innerhalb von Minuten hatten die Dorfbewohner und Passanten es bis auf den letzten Tropfen geleert. Abstinent zu bleiben war eins der Dinge, die Klement nach dem Krieg am schwersten gefallen waren. In den verschiedenen Gefangenenlagern hatte er es zunächst in Ermangelung von Alkohol bleiben müssen (auch wenn es ihm im ersten gelungen war, seinen Füllfederhalter und seine Uhr gegen ein paar Eier und einige Krüge Bier einzutauschen) und später, weil er sich bei den überall lauernden Nazijägern nicht den Luxus erlauben durfte, auch nur eine Stunde unachtsam zu sein. Erst als er in Argentinien angekommen war, hatte er sich gestattet, die alte Gewohnheit wieder aufzunehmen, wenngleich er auch nicht die Vorsicht verlor, sich selbst ein Übermaß zu verbieten.

Nun jedenfalls wankte er ins Ehezimmer und weckte Vera in der Absicht, sie zu penetrieren, obwohl er sich bald eingestehen musste, dass er in dieser Nacht dazu nicht imstande sein würde, sosehr er seine Vorstellung auch anstrengte, diesen in die Jahre gekommenen, in die Breite gegangenen Körper durch die schlanken und festen zu ersetzen, die er am Flussufer bewundert hatte. Um das vor Vera zu verbergen und um das Bild ebenjener Körper zu verscheuchen, die wieder anfingen, in der Grube seines Hirns zu verfaulen, kniete er sich selbst vor das Bett. Seine Frau, die das Signal kannte, eilte auf Zehenspitzen in die Küche und kam mit der größten Mohrrübe zurück, die sie immer gleich nach dem Einkauf aussortierte und bereits geschält in einer Ecke zurückbehielt. Sie bestrich die Möhre mit dem Schmalz aus tierischem Fett, das sie in einer Handcremedose aufbewahrte (Klement hatte als junger Mann davon geträumt, Handelsvertreter für Motoröl zu werden, und jede auf Erdölbasis hergestellte Creme erinnerte ihn an dieses Scheitern), und führte sie ihm ein. Zuerst drückte sie mit einer Hand, dann mit beiden und schließlich mit dem Becken gegen beide Hände, selbst nachdem er sie unter Schmerzensstöhnen bat aufzuhören, es sei genug, denn keins dieser Worte war das, welches sie für den Fall vereinbart hatten, wenn es wirklich genug war.

Bedeuteten die Worte also das Gegenteil? Klement hätte es nicht zu sagen vermocht. Der körperliche Schmerz verdeckte die Schmerzen anderer Art, erlöste ihn sogar von denen, die er selber verursacht haben mochte, und das verlieh ihm eine Art Lustgefühl, das sich zwischen den Beinen bemerkbar machte, wenn auch nicht ausdrücklich, eine schlaffe Befriedigung. Empfand er also Schuld? Zurück von den makabren Ausflügen, auf die Müller ihn geschickt hatte, brachte er diesem gegenüber stets seine Sorge über den schlechten Einfluss zum Ausdruck, den eine so langsam und personalisiert durchgeführte Vernichtung langfristig auf die eigenen Soldaten ausüben könnte, die sie zu einem guten Ende zu führen hatten. Auf diese Art zu töten, wird uns zu einem Volk von Sadisten machen, sagte er zu diesem unerschütterlichen Mann, den er für seinen Freund hielt, weil sie jeden Donnerstag bei ihm zu Hause Schach spielten. Zum Glück kamen später die Gaskammern und die Öfen in den Krematorien, deren Einrichtung er in Auschwitz persönlich mit Höß besprochen hatte. Das war die beste Lösung für alle. Und als solche hatte sie sich tatsächlich erwiesen. Denn obwohl Deutschland den Krieg verloren hatte, erlangte es den ökonomischen Wohlstand, nach dem es sich immer gesehnt hatte, ohne dass diesmal die Juden das Geld einstrichen, die ihrerseits ihr ersehntes Eretz Israel bekamen, abgesehen von der skandalösen Wiedergutmachung. Alle waren also zufrieden, aber er sollte Schuld empfinden? Schuld wofür eigentlich, das sollte ihm doch bitte mal jemand erklären.

Mit einem heftigen Austreten (ein Tritt war streng genommen das Mittel, das Klement am häufigsten verwendete, um der genussvollen Qual ein Ende zu machen) warf er seine Reiterin ab und schiss, mit den eigenen Händen nachhelfend, das Gemüse aus. Bevor er ins Bad ging, reichte er Vera die Rübe und küsste sie sanft auf die Stirn. Die Liebe, die diese Frau ihm entgegenbrachte, war in derselben Form gegossen worden wie seine Liebe zum Vaterland, eine Liebe, die im Grunde eine Mission war, denn alles, was danach gekommen war, war die notwendige Folge daraus.

Er schlief mit dem Gedanken ein, dass es alles in allem ein schöner Tag gewesen war, doch er hatte gewaltvolle Träume mit Verfolgungsjagden, in denen er sich seine Frau und seine Söhne töten sah, damit die israelischen Paramilitärs sie nicht mitnahmen. Die Albträume weckten ihn mehrfach auf, und nur zufällig kam der letzte rechtzeitig, um den Bus in die Fabrik FV für Sanitäreinrichtungen im Vorort Pilar zu nehmen. Nach dem gescheiterten Abenteuer mit der Wäscherei (einschließlich der romanhaften Weiterspinnung durch den Fall mit dem japanischen Haushälter) war er zur Arbeit in einem Abhängigkeitsverhältnis zurückgekehrt. Seine neue Aufgabe als Transportleiter bestand darin, den Versand von Waren in Lastwagen zu verschiedenen

Punkten der Stadt und im ganzen Land zu organisieren. Damit hatte er die Bestätigung, dass es sehr wohl Arbeiten gab, bei denen man seine Erfahrung zu schätzen wusste, und das tat ihm wohl. An diesem Montag herrschte außerdem gute Laune unter den Angestellten, weil Deutschland in einem dramatischen Finale gegen Ungarn den Sieg bei der Fußballweltmeisterschaft errungen hatte.

Ungarn! Wie gut war es ihm in Budapest gegangen, einer Stadt, die mit ihren Offiziellen umzugehen verstand! Dort hatte er gutes Essen, Feste, Frauen genossen. Klement erinnerte sich sogar liebevoll an den Lausbuben, der in seinem Garten Kirschen gestohlen hatte. In Ungarn hatte er versucht, die Befreiung von einer Million Juden im Austausch gegen zehntausend Lastwagen auszuhandeln, also zur Rate von einem Fahrzeug für jeweils hundert Personen. Es war ein Zeichen seines guten Willens und Kooperationsgeistes gewesen, das wieder einmal auf die Unnachgiebigkeit und Undankbarkeit der Hebräer gestoßen war. Zur Vergeltung hatte er später all seine Deportationsrekorde gebrochen, diesmal auch mit Fußmärschen, da die Alliierten die freche Idee gehabt hatten, die Eisenbahngleise zu bombardieren.

An solche Dinge dachte Klement, während er die Lieferpläne anfertigte, nicht an dumme Sportwettkämpfe, die Zögerlingen wie seinem Kameraden Pedro Geller ein Gefühl von Über-alles-in-der-Welt gaben. Dieser sportliche Sieg trug bestenfalls Epik zum finsteren Wirtschaftswunder in dieser Portion des Landes bei, das weiterhin von dem fügsamen Verräter Konrad Adenauer regiert wurde.

—

Klement nahm eins der dicken Kaninchen auf den Arm und streichelte es, während der Fotograf die Aufnahme vorbereitete. Er hatte einen besonders nichtssagenden Hintergrund gewählt, irgendeinen Baum und die windschiefe Hütte, die als Lagerraum diente, einsam und allein zwischen dem weiten Feld und dem blauen Himmel, damit das Foto aussah wie irgendwo auf der Welt entstanden, zum Beispiel im Mittleren Osten, woher diese Kaninchen ja ursprünglich stammten. Er hatte sich vor einiger Zeit überlegt, dass es keinen Sinn mehr hatte, weiter vor den Kameras wegzulaufen, die inzwischen immer kleiner und allgegenwärtiger wurden. Daher hatte er beschlossen, selbst das Bild anfertigen zu lassen, das andere ihm gern abgerungen hätten. Sein Plan mit der halbjüdischen Nichtfreundin von Klaus, der Tochter des blinden Hermann, hatte hingegen nicht funktioniert. Sosehr Klaus den Einsatz auch verdoppelt hatte, indem er sie zu sich nach Hause einlud, damit sie seinen Nazivater kennenlernte, hatte sie sich doch geweigert. Schließlich zog sie mit ihrer Familie fort, in einen Ort mitten in der Pampa, ohne seinem Charme verfallen zu sein.

Auch Klement war ins Landesinnere umgezogen, allerdings nicht ganz so weit weg, nur ein paar Stunden Zugfahrt in Richtung des anderen Endes der Hauptstadt, sodass er die Wochenenden mit seiner Familie verbringen konnte. Die Idee, wieder Tiere zu züchten, hatte er immer im Hinterkopf behalten. Sie hatte wieder an Schwung gewonnen, nachdem sein Freund Juan Richwitz in die Provinz Córdoba abgewandert war, um dort dasselbe zu tun (und zwar ebenfalls mit Angorakaninchen). Konkretisiert hatte sie sich aber erst, als einer der Aktionäre der Fabrik FV für Sanitäreinrichtungen seine *granja* in Joaquín Gorina zum Verkauf anbot, weil er nach Deutschland zurückkehren wollte, um dort, so munkelte man, von dem Gold zu leben, das er bei Kriegsende aus der Zentralbank des Reichs geplündert hatte. Gemeinsam mit seinen neuen Geschäftspartnern war Klement in die Natur und in die Unabhängigkeit zurückgekehrt – zwei Wörter, die für ihn schon wie Synonyme klangen und zusammen ein Antonym zu seinem vorherigen Leben bildeten.

Die Ranch, über die er nun gebot, war unendlich viel größer als der Hof, den er damals in der Nähe des KZs Bergen-Belsen improvisiert hatte, und sein Geld machte er diesmal nicht primär mit Eiern, sondern mit weichem Fell und Exkrementen zum Düngen. Fünftausend Hühner und tausend Kaninchen (50 und 10 mal 100, jeweils, nach Klements Berechnungen) hatte die Ranch *Siete Palmas* (obwohl es dort nur drei Palmen gab, und die waren winzig). Die Arbeit in dieser neuen Unternehmung war nicht sonderlich anders, wieder galt es, den Tieren Futter zu geben, ihre Kacke wegzumachen und anschließend ihre Produktion zu vermarkten, doch dabei wurde Klement von einem Verwalter und dessen Frau unterstützt, außerdem noch von verschiedenen Profis – Tierärzten, Scherern, Schlachtern –, die in regelmäßigen Abständen für besondere Aufgaben kamen. Den Unterschied machten die Kaninchen, die nicht von morgens früh um fünf an krakeelten und so weich anzufassen waren, wenn es auch viel weniger unterhaltsam war, ihnen zuzuschauen als den Hühnern mit ihren ständigen Kämpfen. Der Boss in diesem Konzentrationslager für Tiere zu sein, entsprach dennoch nicht seinem Ideal eines Farmers; Klement hätte lieber Rinder gezüchtet, da er dann zu Pferde über sein Land hätte reiten können. Aber nur jemand, der die Lektion mit der Wäscherei nicht gelernt hatte, hätte so töricht sein können, den Argentiniern bei dem fast Einzigen, von dem sie etwas verstanden, Konkurrenz machen zu wollen.

Wovon sie ebenfalls etwas verstanden, war das Kartenspiel *Truco,* das heißt Trick, und in diesem Bereich wagte er es durchaus, es mit ihnen aufzunehmen. Obwohl er in seiner Zeit als Holzfäller kein Interesse an den Skatpartien seiner Arbeitskollegen gezeigt hatte – auf der Ebene der Offiziere spielte man Schach oder Bowling, Kartenspiele waren für das gemeine Fußvolk –, hatte er sich hier von den neuartigen Zeichnungen des spanischen Blatts und der ungewöhnlichen hierarchischen Ordnung faszinieren lassen, in der Schwert und Knüppel gegen Könige und Ritter gewannen und in der das Gold, auch wenn es einen hohen Wert hatte, weniger wertvoll war als der gut geschärfte Stahl. Die Hauptattraktivität des Spiels lag jedoch darin, dass es gänzlich um Betrug und Lügen aufgebaut war. Ein Spieler konnte den laufenden Spielzug verlieren, obwohl er die beiden *anchos* hatte (womit die *mano,* die Hand, bestimmt war) oder über eine ausreichende Punktzahl für den *envido* verfügte, der vor dem *truco* entschieden wurde (und bei dem die Werte der Karten sich komplett veränderten, als hätten sie selbst zwei Gesichter), weil er dennoch nicht die Mindestzahl Punkte erzielte, während man mit schlechteren Karten, aber größerer List oder Dreistigkeit die ganze Partie gewinnen konnte. Darin lag der Trick des *Tricks,* nämlich die Gegenspieler je nach Lage glauben zu machen, man habe mehr oder weniger als sie – und sie anschließend in der Ungewissheit zu lassen, denn niemand war verpflichtet, seine Karten zu zeigen, wenn der andere beschloss, die eigenen nicht zu spielen.

Das Ausmaß an Irreführung war jedenfalls sehr viel höher als beim Pokern. Es gehörte direkt einer anderen Größenordnung an. Sogar schlicht und ergreifend zu betrügen, hierzulande *matufia* genannt, schien zum Spiel zu gehören, denn wer den Betrug entdeckte, wurde belohnt, als handelte es sich nur um eine weitere kleine Lüge. Manchmal musste man den eigenen Spielpartner täuschen, indem man ihm falsche Zeichen bezüglich der Karten gab, die man angeblich auf der Hand hatte, damit die Gegenspieler das sahen und daraus falsche Schlüsse zogen. Mit dem ganz eigenen Vokabular des Spiels, von dem Klement insbesondere das Konzept der *flor,* der Blume, sehr poetisch fand, wurde jede Partie zu einem kleinen Theaterstück, bei dem die Schauspieler nicht für ein Publikum spielten, sondern für oder, besser gesagt, *gegen* die anderen. Es war ein Spiel der totalen Manipulation, ein ständiger psychologischer Krieg. Klement schien wie für dieses Spiel geschaffen zu sein, das er auf seine Art schon mit den Karten gespielt hatte, die er die Neuankömmlinge in Auschwitz schreiben ließ und auf denen er sie zwang, mitzuteilen, die anderen könnten ohne Furcht in die Züge steigen, denn dies sei ein wunderbarer Ort. Daher nannten ihn seine Mitspieler, die seine Nationalität mit Ordnung und ehrlicher Arbeit assoziierten, schnell nicht mehr *den Deutschen,* sondern wechselten zu dem Spitznamen *der falsche Deutsche.*

Sein Talent lag darin, jedes Mal auf andere Art zu lügen, und zwar fast gegen seinen Willen – als würde er im Grunde Wahrheiten sagen, die die sture und begriffsstutzige Wirklichkeit nur nicht eingestehen wollte. Sich aufs Lügen zu verstehen, wurde bei diesem Spiel als größte Geschicklichkeit eines Spielers gefeiert, mehr noch als sein Glück, das Klement nicht einmal bei dieser so nebensächlichen

Beschäftigung hold zu sein schien. Wie gern hätte er die Gesichter seiner Mitspieler gesehen, wenn sie erfahren würden, dass selbst der Name, unter dem sie ihn kannten, eine Täuschung war!

»Sind Sie bereit?«

»Wann immer Sie es sind.«

Der Plan war, auf die Rückseite des Fotos den Namen irgendeiner Stadt in Syrien zu schreiben; seine Frau sollte es in ihrem Portemonnaie aufbewahren, für den Fall, dass man sie in seiner Abwesenheit noch einmal verhörte. Über die Deutschen musste er sich keine Gedanken mehr machen. Erst vor Kurzem hatten Vera und die Jungen in der Botschaft ihre Pässe erneuert und dabei ihre echten Namen verwendet, und niemand hatte unbequeme Fragen gestellt. Im Gegenteil, der Botschafter hatte ihm sogar Grüße ausrichten lassen, »an den Onkel Ricardo«, mit einem verschwörerischen Zwinkern. Aber seit der Revolution vor einigen Monaten konnte Klement sich nicht mehr so sicher sein, dass die argentinische Polizei sich nicht mit den Kräften der internationalen Synarchie zusammentun würde, um auf seine Person den rachsüchtigen Hass auf die *goi* auszuüben, den der Jude seit biblischen Zeiten mit sich herumschleppte. Er bereute es sogar, den Stromzähler in der Calle Chacabuco auf seinen Namen registriert zu haben, selbst wenn es sein falscher Name war.

Obschon vorhersehbar, hatte ihn Peróns Sturz in seiner Heftigkeit überrascht, mit Bombardierungen aus der Luft und toten Zivilisten mitten in der Stadt – eine Kriegsszenerie, wie er sie aus Berlin kannte. Und dasselbe galt für die anschließend entfesselte Hexenjagd, die von der Ächtung der peronistischen Partei bis hin zu dem Verbot unter Gefängnisandrohung reichte, auch nur den Namen des abgesetzten Generals zu nennen. Warum nur begingen alle Sieger denselben Fehler? Merkten sie etwa nicht, dass sie, wenn sie eine derart populäre Person zu demütigen trachteten, zugleich einen Großteil der Bevölkerung demütigten? Diese *revolución libertadora* oder Befreiungsrevolution würde für Argentinien schließlich dessen Versailler Vertrag werden, das war Klement sofort klar. Die drakonischen Bedingungen, die der besiegten Seite auferlegt wurden, konnten nur zu ihrer heimlichen Stärkung führen, bis der Moment käme, wieder die Macht zu übernehmen, prophezeite er mit der Gewissheit eines Statistikers, auch wenn das bedeutete, das deutsche Volk an die Stelle der *cabecitas negras* zu setzen, der eigentlichen Juden der Gleichung. Während sie den Peronismus töten wollten, würden sie doch nur erreichen, dass er sich fortpflanzte, und nun nicht mehr nur in den populären Schichten, sondern im ganzen Spektrum der Gesellschaft, auch bei den Kindern derer, die jetzt diesen Umschwung unterstützten. Klements Meinung nach würden nicht mehr als zwanzig Jahre vergehen – wie die zwischen dem Ende des Ersten Weltkriegs und dem Beginn des Zweiten –, bis diese gedemütigte und gekränkte Generation wieder zu den Waffen greifen würde, wie die seine es unter Befehl ihres eigenen Führers getan hatte.

Er dachte darüber nicht nur rein theoretisch und uneigennützig nach. Schließlich hatte er drei Söhne, die hier im Land lebten, und in der vergangenen Woche hatte seine Frau einen vierten zur Welt gebracht, den ersten echt argentinischen. Dieser Schlag hatte ihn wirklich völlig unerwartet getroffen, natürlich nicht im Moment der Geburt, sondern als Vera ihm mitteilte, dass sie schwanger sei. Sie hatte es erst ziemlich spät bemerkt, im fünften Monat, denn ihre Monatsblutung hatte schon alle Regelmäßigkeit verloren, und aufgrund ihres Alters (sechsundvierzig) und dazu noch der Hitzewallungen, die sie seit einiger Zeit überkamen, hatte sie einfach gedacht, sie sei in die Wechseljahre gekommen. Die, wenn auch verkürzten, Monate des Wartens waren für Klement von einer gewissen Sorge geprägt gewesen, denn er fürchtete die Komplikationen für seine Frau, die zum letzten Mal vor über zehn Jahren ein Kind zur Welt gebracht hatte. Seine eigene Mutter, an die er merkwürdigerweise keinerlei Erinnerung bewahrte, obwohl er bei ihrem Tod schon neun Jahre zählte, war in Folge der fünften von ihr durchlittenen Geburt gestorben, und Klement gelang es nie, das Schuldgefühl loszuwerden, an dieser Gewalttat teilgehabt zu haben, wenngleich er auch in diesem Fall nichts anderes getan hatte, als dem erhaltenen Befehl zu gehorchen (geboren werden), und auch nicht eigenmächtig gehandelt hatte, sondern als eins von vielen Rädchen im Getriebe des Unglücks.

Die Vorstellung, mit seiner Frau könne sich die Tragödie wiederholen, die er schon von seiner Mutter kannte, hatte seine Nächte auf der Ranch unruhig gemacht, weshalb er sich besonders darum bemühte, sie möglichst nicht allein zu verbringen. Diesen Freiraum unter der Woche zurückzugewinnen, den er zuerst in Berlin während des Krieges erprobt hatte, brachte für ihn die Bestätigung mit sich, dass die Frauen überall auf der Welt der beste Teil der Menschheit waren. Offen gestanden hielt er es für besser, dass sie die Zügel des Planeten übernahmen, da sie in Wahrheit die Erhalter und Bewahrer des Lebens waren und man zu ihrem Können auf diesem Gebiete jedenfalls mehr Vertrauen haben konnte als zu den abgenutzten diesbezüglichen Künsten der Männer. Es heiße, das weibliche Geschlecht lasse sich von den Gefühlen leiten – sagte Klement sich und in seinem ungelenken Spanisch sogar zu den Frauen –, wohingegen wir Männer uns den Vernunftstandpunkt zu eigen machen wüssten, doch abgesehen davon, dass er von der Vernunft auf dem Gebiete der Politik ohnedies bis jetzt nichts gemerkt habe, blieb die Frage, was dagegen spräche, wenn weibliche Gefühlsbestimmtheit einmal den männlichen Unvernunftstandpunkt auf diesem Gebiete ablösen würde, wenn es schlechter und schlimmer im Grunde genommen niemals werden konnte.

Er hatte nicht das Glück gehabt, dass die Natur ihn mit einer Tochter gesegnet hätte, nicht einmal bei dieser so spät kommenden Gelegenheit, aber trotzdem empfand er Stolz, ja Euphorie, nun, da die Gefahr vorüber war, denn diese Nachkriegsniederkunft, die für ihn fast postapokalyptisch war, interpretierte er als ein Symbol des Lebens, das über die Kräfte triumphierte, die danach gestrebt hatten und immer noch danach strebten, ihn zu vernichten. Deshalb schmerzte es ihn immer noch, dass er dem neuen Häschen nicht seinen Nachnamen geben konnte, sondern ihn wie ein uneheliches Kind unter dem der Mutter eintragen lassen musste. Zum ersten Mal dachte er über die Möglichkeit nach, seine Bedenken beiseitezuschieben und sich ein Dokument mit seinem Geburtsnamen ausstellen zu lassen, wie es im Übrigen etliche hierzulande lebende Kameraden getan hatten. Letztlich entschloss er sich nicht dazu, gab seinem Sohn dafür aber den Namen Ricardo, noch ergänzt um Francisco, zu Ehren des Priesters in Genua, der ihm das Visum ausgestellt hatte.

»Fertig, *don.*«

»Na endlich!«

Die Ewigkeit, die der Fotograf gebraucht hatte, um das Bild anzufertigen, wurde durch die gegen null gehende Zeit wettgemacht, die der Apparat zum Entwickeln benötigte. Es war wie ein Wunder. Er hatte diesen Mann einerseits aus der Hauptstadt herbestellt, weil er niemandem vertraute, der die Negative behalten würde, andererseits aber auch, weil er eine dieser neuen Sofortbildkameras in Aktion hatte sehen wollen. Technik im Dienst der Individualisierung und der Selbstversorgung hatte ihm schon immer gefallen. In Budapest hatte er sich, motiviert von der Niederlage in Stalingrad und die Kenntnisse auffrischend, die er in den paar Jahren auf der Technischen Hochschule für Mechaniker in Linz erworben hatte, an den Entwurf eines Geräts gesetzt, das einen bewaffneten Soldaten für mehr oder weniger kurze Wegstrecken durch die Luft transportieren könnte. Er hatte sogar Kontakt zu einer Koryphäe auf diesem Gebiet aufgenommen, Professor Flettner, Erfinder des gleichnamigen Rotors und in diesem Moment damit befasst, Kleinhubschrauber zu konstruieren, die zusammen mit den U-Booten operieren sollten. Aber die bürokratische Arbeit, die er leider voranzubringen hatte, und dazu noch die zunehmende Heftigkeit der Bombennächte, die ihn nicht gut schlafen ließen, sorgten dafür, dass auch dieses Projekt leider unvollendet blieb.

Das Bild entwickelte sich wie von Zauberhand selbst. Klement betrachtete es mit einigem Schrecken (in Ermangelung eines Spiegels hatte er sein Gesicht seit geraumer Zeit nicht mehr gesehen, das auf dem Papier genauso asymmetrisch wirkte wie in der Realität) und zahlte den vereinbarten Preis, den er schon in der Tasche bereitgehalten hatte, nicht ohne sich vorher noch einmal zu vergewissern, dass diese Polaroid kein Negativ in ihrem Bauch zurückbehielt.

Er sah zu, wie die Voiturette des Fotografen sich auf der weiten Ebene verlor. Dabei streichelte er wieder mechanisch das Kaninchen, das zwar immer noch Angst hatte, sich aber nicht einmal traute, ihm auf die Kleider zu pinkeln. Vielleicht meinte es, der Strafe dafür entkommen zu können, dass es – wenn auch unwillentlich und sogar unbewusst – Zeuge eines Geheimnisses geworden war, wenn es sich gut benahm. Doch entkommen war nur der Fotograf, für das Kaninchen hatte Klement schon den Eimer bereitgestellt, in dem er es ertränken würde – wo er es genau in diesem Moment zu ertränken begann –, verborgen hinter dem Werkzeugschuppen, denn auch das musste ein Geheimnis bleiben. Die Kaninchen waren nicht für den Verzehr bestimmt, nur ein paar der Hühner, und auch die nicht für diejenigen, die sie heranzogen, erst recht nicht, ohne zu bezahlen. Aber wie lange schon hatte er kein Kaninchen mehr gegessen! Hier konnte niemand verstehen, was das für Klement bedeutete, denn niemand an diesem verlorenen Ende der Erde wusste, was es hieß, so tief gefallen zu sein, wie er gefallen war. Auch wenn er nun schon längere Zeit in dieser Unsicherheit lebte, als er im Überfluss verbracht hatte, ließ die Sehnsucht nicht nach – vor allem, was das Essen anbelangte (und das Auto mit Chauffeur). Außerdem hatte er gerade kurz vor seinem fünfzigsten Geburtstag einen Sohn bekommen. Seinem fünfzigsten! Sollte ihm jemand sagen, dass das kein ausreichender Grund zum Feiern war.

Das Tier zappelte nicht länger zwischen seinen Händen, aber Klement hielt es trotzdem noch eine Weile in den Eimer gedrückt, für den Fall, dass es simulierte; übermäßig unterwürfigen Wesen darf man nie trauen, grummelte er innerlich in Erinnerung an den unerwarteten Aufstand im Warschauer Getto. Geplant war, das Kaninchen in der Kasserolle zu kochen. Natürlich würde er das nicht selbst tun, sondern die Frau, die ihn an diesem Abend besuchen kommen würde, Celia, eine Witwe aus dem Nachbarort Ringuelet. Allerdings musste er es davor – jetzt gleich, ganz vorsichtig – noch häuten; das Fell wollte er gerben und seiner Frau zum nächsten Hochzeitstag schenken.

IV B 4 a

BUNKER FREIHEIT

Wie konnten sie bloß in dieser Hölle leben?

Klement hatte gerade fast rennend die erste Hälfte der Avenida 9 de Julio überquert, mitten durch ein Automeer, das langsam, aber beständig über die Fußgänger und die aus verschiedenen Richtungen einfallenden Ströme von noch mehr Autos und Bussen und Straßenbahnen hinweg vorwärtsrollte. Ein vollkommen chaotisches Chaos, in dem nicht zwei Elemente parallel gemäß einer ebenen und vorhersehbaren Straße fuhren. Jeder Abschnitt dieses Prachtboulevards – den Argentiniern zufolge der breiteste der Welt, und kein Ausländer, der ihn je zu Fuß überschritten hat, hätte sie der Angeberei beschuldigt –, jeder baumbepflanzte Grünstreifen wurde für den Schiffbrüchigen zu einer Insel, von der er am liebsten per Hubschrauber gerettet worden wäre. Doch da war nichts zu machen, früher oder später musste man sich wieder in das Hupkonzert stürzen und mit jedem Fisch des Metallschwarms neu verhandeln, vorbeigelassen zu werden, bis man das gegenüberliegende Ufer erreichte.

Buenos Aires war anscheinend die einzige Megalopolis der Welt, die immer noch auf den Verkehr regelnde Ampeln verzichtete, es gab nicht mal an den gefährlichsten Kreuzungen wie dieser hier welche, nur wenige Blocks vom – übrigens von Deutschen aufgestellten – Obelisken entfernt. Nicht die Automobilisten widersetzten sich der

Einführung der organisierenden Artefakte, es waren vielmehr die Fußgänger, um weiterhin das Vorrecht genießen zu können, die Straßen ganz nach Lust und Laune an beliebiger Stelle zu überqueren. Eine für Klement unverständliche Haltung, obgleich er sie selbst zu unterstützen schien, da er diesen Übergang wählte, anstatt noch ein paar Blocks weiter bis zur Avenida Corrientes zu gehen und in den Tunnel der (ebenfalls von Deutschen erbauten) U-Bahn hinabzusteigen, der die Klippe unterirdisch umschiffte. Er wollte vorher noch bei einem Zigarrenladen in der Calle Florida diesseits der Avenida Corrientes vorbei, rechtfertigte er sich seinem Gewissen gegenüber, während er einem Motorrad mit Beiwagen auswich, das seinerseits einem Mann mit vorstehender Wampe auswich, der zeitungslesend ganz gemächlich über die Straße spazierte. Doch im Grunde wusste er, dass die wahre Erklärung für seinen Unwillen, den Kurs zu ändern, einfach nur bei den paar zusätzlichen Häuserblocks lag, die er auf dem Hin- und Rückweg bis zur Avenida Corrientes hätte laufen müssen. Dank der fast gänzlichen Abwesenheit jeglichen Gefälles gab es wohl kaum eine angenehmere Stadt für Fußgänger als Buenos Aires, und doch wollte niemand dort auch nur zehn Meter zu viel laufen, es wirkte wie ein ständiger Wettkampf, um herauszufinden, wer mit der geringsten Schrittzahl an ein und denselben Ort gelangte. Was die fußgängerische Faulheit anging, war Klement schon ein richtiger *porteño* geworden.

Er erreichte den Bürgersteig der anderen Seite mit dem Gefühl, die Anstrengung, die Anspannung und die herrschende Schwüle hätten ihm den Schweiß unter den Achseln ausbrechen lassen, und blieb stehen, um diese heimlich zu belüften, den einen Arm in die Hüfte gestemmt und den anderen wie Ausschau haltend erhoben, als hätte er auf der anderen Seite der Avenida etwas vergessen. Eine Avenida, die, wie er nun von der Hitze leicht abgestumpft dachte, nicht nur nach dem Unabhängigkeitsdatum des Landes benannt war, sondern gleich selber, mit all dem Aufruhr und ihren Gefahren, wie eine Dramatisierung jenes waghalsigen Emanzipationsweges wirkte, wie ein improvisierter Themenpark. Und proportional gesehen waren es wirklich nur wenige, die in dem Kampf fielen, niedergewalzt von einem Auto oder einem Bus; die meisten kamen, ganz wie das Land, triumphierend wieder hervor und bekräftigten nebenbei noch den Ruf der Argentinier als gute Autofahrer. Ein Ruf, der auf einem weiteren Klement skandalös erscheinenden konzeptuellen Fehler beruhte: Nach Überzeugung der Argentinier hieß gut fahren nicht, die Regeln zu beachten und respektvoll mit den Passanten umzugehen, sondern gute Reflexe zu haben, in millimeterbreitem Abstand zu überholen, so schnell wie möglich zu fahren und immer erst im letzten Moment zu bremsen. Solange Juan Manuel Fangio weiter als Ehrenbürger ihres Landes galt, würden sie nur schwerlich aufhören, ihre Kriterien als vollends gerechtfertigt zu betrachten.

Die Calle Florida wurde ab drei Uhr nachmittags zur Fußgängerzone, aber es war Viertel nach drei und es fuhren weiter Autos hinein. Die engen Gehwege waren jedenfalls so voll mit Menschen, dass die Fahrbahn vergleichsweise der sicherere Ort war, um beim Laufen mit niemandem zusammenzustoßen. Auf beiden Seiten der Straße, die Hüte verschiedenster Arten und Farben einrahmend, die wie Schiffchen den schwarzen Ozean pomadig glänzender Haare durchkreuzten, folgte ein Geschäft aufs nächste, ohne irgendwelche Branchen zu respektieren, neben einem

Laden für Haute Couture konnte sich einer für Sanitäranlagen befinden, und gleich darauf kamen ein Friseursalon und dann eine Bank. Jeweils nach einer gewissen Anzahl Meter wurde die Kette inkompatibler Glieder vom breiten Eingang zu einer Einkaufspassage durchbrochen, wo die Promiskuität sogar noch größer war, oder vom schlichten Zugang zu einem Gebäude, in dem unweigerlich ein Hausmeister in Arbeitskleidung faulenzte und auf einem Zahnstocher kaute. Es gab keinen Laden, der nicht seine Markise ausgefahren hätte, selbst die nicht, die nichts Schattenbedürftiges in den Schaufenstern hatten; Klement schien das wie eine unbewusste Hommage an die *toldos,* wie in der Landessprache die Markisen, jedoch auch die Zelte der indianischen Ureinwohner hießen. Es war der einzige (semantische) Überrest, der von ihnen in dieser Stadt noch geblieben war.

Das Pech wollte es, dass der Zigarrenladen wegen eines Trauerfalls geschlossen hatte, wie ein handgeschriebenes Schild erklärte, vor dem Klement eine ganze Weile lang stehen blieb, ohne zu wissen, was er nun tun sollte, wie er, so erinnerte er sich, auch vor dem Grab Theodor Herzls in Wien stehen geblieben war, ohne gleich zu wissen, was er nun mit dieser Erinnerung tun sollte. Er lief wieder los, aber nun nicht mehr durch die Calle Florida, sondern durch die Singerstraße, auch wenn die beiden sich absolut nicht glichen, mal abgesehen von dem einen oder anderen Gebäude und seinen kommerziellen Spuren. In dieser zusammenhanglosen Überlagerung lagen weder Nostalgie noch Kummer, ganz im Gegenteil, sie wirkte wie eine Art Stimmungsspritze, als wäre sein Körper plötzlich von einer sehr viel dichteren Markise überdacht, einem Anzug aus Kälte, der ihn vor der Sommersonne schützte. Vielleicht war die Verbindung dann gar nicht so ganz ohne Überschneidungen, sie mochte sehr wohl derselben Stunde desselben Tages desselben Monats entsprechen, nur auf der anderen Seite des Äquators. Klement kam zu dem Schluss, dass es sich um eine Art prospektive Erinnerung gehandelt haben musste, um es irgendwie zu nennen, bei der das Gedächtnis nicht im Dienste der Vergangenheit, sondern der Zukunft arbeitete.

Die Zukunft war seine unmittelbar bevorstehende Verabredung mit Doktor Helmut Gregor, wie er ihn sich zu nennen zwang, solange dieser ihm nichts anderes bedeutete, und das war ebenso unwahrscheinlich wie dass sie zum Duzen übergehen würden; das Schicksal hatte sie in diesem Land zusammengebracht, doch nichts würde die Tatsache auslöschen, dass sie aus ganz verschiedenen Gesellschaftsschichten kamen. Gregor war in eine wohlhabende Familie hineingeboren worden, seinem Vater gehörte eine große Fabrik für Landmaschinen und er war sogar einmal Kandidat für das Bürgermeisteramt in seiner Stadt gewesen. Nach seinem Universitätsstudium – Medizin und Anthropologie – hatte Gregor seinen Doktor gemacht. Vom Einsatz als Truppenarzt an der Front war er mit einer Verletzung und zwei Eisernen Kreuzen zurückgekehrt; bei seiner Arbeit als leitender Lagerarzt in Auschwitz hatte er große Fortschritte bei der Zwillingsforschung gemacht, wenn er diese auch nicht hatte veröffentlichen können. Hier lebte er nicht weit von Klement entfernt, im guten Teil des Viertels, in einem Anwesen mit Park und Swimmingpool gleich am Fluss. Es schien lächerlich, dass sie sich in der Innenstadt trafen, insbesondere weil das Treffen von Wim Sassen arrangiert worden war, der ebenfalls in derselben Gegend wohnte wie sie. Doch Klement lebte nun schon seit Jahren in Buenos Aires, und sie waren sich nie über den Weg gelaufen, nicht einmal bei den luxuriösen Festen, die der Ex-Pilot und aktuelle Metallmagnat Dieter Menge in seinem Landhaus in der Pampa veranstaltete, zu denen sich Klement das eine oder andere Mal in der Erwartung, Gregor kennenzulernen, hatte mitschleppen lassen.

Gregor kennenzulernen? Eigentlich wollte er, wenn er ehrlich mit sich war, dass Gregor ihn kennenlernte. Und nicht nur das: Er wollte einen guten Eindruck auf ihn machen, ihm gefallen. So ging es ihm im Übrigen mit allem und jedem, einschließlich der Vertreter der jüdischen Gemeinde in Wien, wo ihn sein Gedächtnis nun schon einmal in diese Stadt zurückversetzt hatte. Selbst mit den Häftlingen von Auschwitz, sagte er sich in Erinnerung an die Gefangene, die ihn nach ihrem Ehemann gefragt hatte, einem der Anführer des Ältestenrats in Theresienstadt, und der Klement geantwortet hatte, dem gehe es sehr gut und er werde ihm gern einen Brief von ihr überbringen. Jedem, der das glückliche Gesicht der Frau gesehen hätte, als sie sein Angebot annahm, wäre klar gewesen, dass es eher pervers, und zwar unnötig pervers, gewesen wäre, ihr zu sagen, dass ihr Ehemann gerade wenige Meter von dem Fleck entfernt, wo sie standen, vergast worden war. Ebenso musste es Doktor Gregor mit seinen Zwillingsexperimenten gegangen sein, die nun dem guten Ton gemäß als unmenschlich bezeichnet wurden, wo es doch nur unmenschlich war, die Gelegenheiten nicht zu nutzen, die sich dem Forscher eröffnen, um sein Scherflein zum Fortschritt der Wissenschaft beizutragen.

Er bog auf die Calle Lavalle ab und sah bereits das einer Almhütte nachempfundene Dach des Restaurants »A.B.C.«. Es war das allerdeutscheste von allen hier in

Buenos Aires, wie Sassen es bewarb, vermutlich weil es als Einziges in jeder Ausgabe von *Der Weg* Anzeigen schaltete. Innen unterschied es sich vom »Zur Eiche« hauptsächlich durch seine Größe – gerade mal ein breiter Gang, der in der Küche endete und den die übermäßig vielen Spiegel an den Wänden kaum größer wirken ließen. Der andere Unterschied war die Klimaanlage, die den Garten hinter dem Haus überzeugend ersetzte, trotz des abgehangenen Rauchs, der die Atmosphäre bestimmte. Ein riesiges Ölgemälde am Ende des Raums ließ die Wappen der Länder an den Seitenwänden winzig erscheinen, auch dadurch, dass darauf eine Burg auf einem Berggipfel zu sehen war, die zwar in fast jeder dieser deutschen Regionen hätte stehen können, vielleicht aber auch in keiner davon – Klement dachte gern, dass sie sich eigentlich in Österreich befand.

Sassen hatte ihm gesagt, er würde Gregor an seinem Schnurrbart erkennen, doch der Schnurrbart war hinter einem Exemplar der von Goebbels' Ex-Referenten Wilfred von Oven herausgegebenen *Freien Presse* verborgen. Aufgrund einer berufsbedingten Verformung neigte Klement auch heute noch dazu, die liberale (semitische) Konkurrenz zu lesen, nämlich das *Argentinische Tageblatt,* auch wenn er versuchte, nicht dafür zu zahlen. Im Café Múnich an der Costanera Sur hingen immer ein paar Exemplare, hier sicher nicht.

»Endlich begegnen wir uns persönlich, Herr Doktor«, sagte Klement, obschon die Zeitung sie immer noch voreinander verbarg.

Langsam, wie geistesabwesend, ließ Gregor das Blatt sinken und streckte erst einige Sekunden später die Hand aus, jedoch nicht, um ihn zu begrüßen, sondern um ihm zu bedeuten, dass er Platz nehmen könne. Er trug ein Jackett aus feinem beigem Leinen, ein augenscheinlich brandneues weißes Anzughemd mit gestärktem Kragen und um den Hals ein rotes Seidentuch. Klement hatte seinen für Wochenenden reservierten Anzug an und befürchtete, trotzdem nach Kaninchen zu riechen. Nach Kaninchenkötteln.

»Sassen hat mir viel von Ihnen erzählt«, sagte Gregor in vorwurfsvollem, ja angewidertem Ton. »Er sagt, Sie seien der letzte Zeuge, der uns noch gegen die Verleumdungen der Sieger bleibt.«

»Sie sind auch noch da, Doktor«, erwiderte Klement und wusste dabei selbst nicht, ob das schmeichelnd oder anklagend gemeint war.

»Ach, ich weiß nichts, ich war mit meinen Versuchskaninchen beschäftigt«, klagte Gregor und streichelte seinen Schnurrbart, der weniger auffällig war als die Lücke zwischen seinen mittleren Schneidezähnen, groß genug, um ein Restaurant wie das A.B.C. darin unterzubringen. »Haben Sie jetzt nicht auch mit Kaninchen zu tun?«

Mit Kaninchen und mit Versuchen, dachte Klement, sagte es aber nicht. In der Absicht, die Produktion zu steigern, hatten sie mit Experimenten zu Kreuzungen zwischen Rassen begonnen, und da sie nicht die erwarteten Ergebnisse erzielten, hätte er die Gelegenheit nutzen und den ihm gegenübersitzenden Arzt um Rat fragen können, wobei er fürchtete, dass der ihm das übel nehmen würde. Und doch hatte Gregor mit Juden und Zigeunern experimentiert, als wären es Ratten, und das waren sie in Rassenbegriffen ja auch, sodass er gar nicht weit weg gewesen war von einer Tätigkeit als Tierarzt.

»Wir haben schon seit einiger Zeit Angorakaninchen« – er war selbst überrascht, als er ausrechnete, dass er bald ebenso viele Jahre auf dieser Ranch verbracht haben würde wie damals auf der anderen. Vielleicht war er für diesen Beruf bestimmt, wenngleich er befürchtete, nicht einmal mit diesen Tierchen, die Glück bringen sollten, selbst einmal welches zu haben. »Und Sie, Herr Doktor, ein Pharmaunternehmen, wenn ich recht informiert bin.«

Gregors Geschäft bestand eigentlich darin, bei sich zu Hause Abtreibungen vorzunehmen – tatsächlich war er deswegen vor einiger Zeit vorübergehend festgenommen worden, angeblich wegen einer falschen Beschuldigung. Sassen, der als guter Journalist mit allen Informationen des Zirkels hantierte, hatte ihm gesagt, was das hieß: Er machte heimliche Abtreibungen, das war allgemein bekannt, aber diese spezielle Abtreibung, an der ein Mädchen gestorben war und wegen der man ihn angezeigt hatte, hatte er nicht gemacht und war daher nach wenigen Tagen wieder laufen gelassen worden, freigesprochen und unbescholten. Selbst die göttliche Gerechtigkeit konnte zuweilen fehlschlagen.

»Na ja, das mit dem Pharmaunternehmen ist noch in den Anfängen. Das sind Geschäfte meines Vaters, der mich hier besucht hat«, bekannte Gregor. »Er hat sich auch in eine Ofenfabrik eingekauft. Gasöfen, natürlich.«

Der Kellner kam und sie bestellten Kaffee (Klement hätte lieber einen Schnaps gehabt, wusste aber, dass Gregor nicht trank). Die Unterbrechung erlaubte ihm, die Anspielung auf die Kammern zu ignorieren, die er geschmacklos und noch dazu misslungen fand, denn das eine Gas hatte mit dem anderen nicht viel zu tun. Er verstand, dass diejenigen, die sich vor der Justiz von Schuld hatten entlasten wollen, ihn mit diesem Aspekt der Vernichtung in Zusammenhang gebracht, ja sogar zu verstehen gegeben hatten, er habe Zyklon B als das passende Gift für die zu erledigende Arbeit ausgewählt; dass jedoch genau derjenige diese Gemeinheit aus reinem Genuss wiederholte, der selbst dafür zuständig gewesen war, an der Ankunftsrampe die Selektion vorzunehmen, wer zur Zwangsarbeit und wer zu den Schornsteinen ging, erschien ihm nachgerade wie eine Provokation. Was wollte Gregor mit dieser Bemerkung bezwecken? Jeder von ihnen hatte seine Aufgabe erfüllt, es war nicht nötig, etwas draufzuschlagen oder wegzustreichen, weder bei einem selbst und erst recht nicht bei den anderen.

»Kannten Sie diesen Professor aus Straßburg, der die Schädel von Bolschewisten untersuchte?«, machte Klement den Wechsel zu diesem Thema dennoch mit, denn letzten Endes war das ja alles, was sich in ihrem Leben je wirklich ereignet hatte.

»Ich habe seinen Landsmann Eduard Pernkopf kennengelernt.« Gregor ließ Klement nicht mit seinen Beiträgen zur Wissenschaft prahlen. »Hatten Sie Gelegenheit, seinen *Atlas* des menschlichen Körpers zu sehen? Der vollständigste und schönste, den es je gab, dank dem praktisch fast noch lebendigen Material erster Güte, mit dem er arbeiten konnte.«

»Vielleicht habe ich …«

»Alles politische Gefangene«, schnitt Gregor ihm wieder jegliche Gelegenheit zur Selbstdarstellung ab. »Pernkopf war einer dieser Genetiker, die wirklich an die Rassentheorie glaubten, die, wie wir ja alle wissen, so wenig wissenschaftlich ist. Er sagte, meine Forschungen taugten nichts, weil sie an einer niederen Rasse durchgeführt seien. Aus diesem Grund habe ich meine Entdeckungen nie publik gemacht.«

»Welche Entdeckungen?«, wollte Klement wissen und bereute es sofort, der Arroganz des anderen damit das Feld zu bereiten.

»Die wichtigste ist eine Diät, die einen Tag dauert und aus zwei Verboten besteht«, sagte Gregor im Ton desjenigen, der dies nur einmal erklärt. »Angewandt im richtigen Moment der Kindheit, würde sie es erlauben, im Vorhinein eine Unmenge Krankheiten auszuschließen, wodurch Millionen Leben gerettet würden – wie eine Art Impfung, aber ohne Gewalt.«

»Wie interessant.« Klement biss die Zähne zusammen, er fühlte sich einem großen Geheimnis auf der Spur.

»Richtig, aber es liegt nicht in meinem Interesse, das zu verbreiten. Solange die Welt meine Methoden als zweifelhaft betrachtet, werde ich ihr deren zweifelsfreien Nutzen vorenthalten. Ich habe es Perón bei unseren Treffen nicht gesagt. Ich habe es nicht einmal meinem Vater gesagt.«

Klement wollte gern denken, er sei mit diesem Racheakt einverstanden, überraschte sich jedoch stattdessen bei der Vorstellung, wie sein Leben im Exil aussähe, wenn sein Vater ihn auch besuchen kommen könnte, ganz egal ob sie Geschäfte zusammen machten oder nicht. Manchmal glaubte er, es wäre besser, in einem deutschen Gefängnis einzusitzen, wo es zumindest diese Möglichkeit gäbe, anstatt frei, aber in Argentinien zu sein.

»Ich verstehe Ihre Haltung, obgleich ich sie bedauere, vor allem wegen unserer Kinder«, sagte er.

»Ich beneide Sie, dass Sie Ihre Kinder hier haben.« Gregor stellte unter Beweis, dass er von seinem Sichtpunkt, oder halt Nichtsichtpunkt, aus dasselbe wie Klement gedacht hatte. »Meinen Sohn habe ich jetzt in der Schweiz zum ersten Mal seit vielen Jahren wiedergetroffen, er ist schon dreizehn, ein richtiger junger Mann.«

In der Schweiz? Er konnte einfach so nach Europa reisen? Sassen hatte ihm erzählt, dass Gregor für eine neue

Heirat (mit der Frau seines toten Bruders!) den Pass mit seinem wahren Namen in der Botschaft hatte erneuern lassen, was bei Klement bereits Neid hervorgerufen hatte, aber dass Gregor dann auch noch den Ozean überqueren konnte, ohne festgenommen zu werden, war eine Neuigkeit, die ihn wütend machte. Es war kein Groll, Klement wünschte keinem seiner ehemaligen Kameraden Schlechtes, er beklagte nur die unsägliche Ungerechtigkeit, die es bedeutete, der Sündenbock aller Exildeutschen zu sein, das schwarze Schaf noch unter den schwarzen Schafen.

»Stimmt es, Herr Doktor, dass Sie das System der hundert Wörter pro Tag benutzt haben, um diese teuflische Sprache zu erlernen, die hier gesprochen wird?« Er wechselte abrupt das Thema, auch wenn er es am liebsten noch stärker gewechselt und ihn gefragt hätte, ob es stimmte, dass er sich nicht die Blutgruppe in die Achselhöhle habe tätowieren lassen, wie es allen SSlern vorgeschrieben war, und falls ja, ob das gewesen sei, weil er die Niederlage und die spätere Verfolgung durch die Alliierten vorhergesehen habe oder weil er als guter Arzt seinen Kollegen nicht traute und für den Fall, dass er das Bewusstsein verlöre, lieber sterben würde als zuzulassen, dass andere Entscheidungen auf Grundlage dieser Information trafen.

»Sie sind auch ein Befürworter der Karteikarten?«, gab Gregor sich überrascht, auch wenn er ihn ganz offensichtlich für eine Archivratte hielt.

»Das habe ich in der Schule gelernt«, rechtfertigte sich Klement, und obwohl er sich geschworen hatte, mit dieser zufälligen Begebenheit nicht zu sehr anzugeben, fügte er schnell noch hinzu: »Ich weiß nicht, ob Sie es wissen, aber ich war in Linz auf derselben Realschule wie der Führer.«

Es entstand eine Stille wie die, die dem Volksmund nach eintritt, wenn ein Engel vorübergeht, nicht nur am Tisch, sondern im ganzen Raum, der um diese Zeit halb leer war – kaum drei Gäste saßen strategisch verteilt, um sich nicht gegenseitig Gesellschaft zu leisten. Im aus der Küche herüberschallenden Radio, aus so weiter Ferne, dass es wie Deutsch klang, gab es eine kurze Unterbrechung zwischen den Ankündigungen und dem nächsten Tango; die Klimaanlage schaltete gerade in eine ihrer Pausen, als müsste auch sie erst einmal wieder zu Atem kommen; sogar die Fliegen, die genau in der Mitte des Raums umherflogen, schienen ihre Motoren abzuschalten und eine Spur warmer Luft zum Gleitflug zu nutzen.

»Nein, das war mir nicht bekannt«, brach der Mann das Schweigen, der eben genau *der Todesengel* genannt wurde, mit einem verächtlichen Klang in der Stimme, als ob die Information, die seinem Wissensschatz nun unwillentlich hinzugefügt worden war, eher etwas Dummes oder Ablenkendes wäre, jedenfalls das Gegenteil von etwas Wissenswertem.

»So ist es«, beharrte Klement, auch wenn es dem anderen nicht gefiel, oder nun eher *gerade weil* es dem anderen nicht gefiel. »In *Mein Kampf* erzählt er von unserem Geschichtslehrer, Herrn Pötsch.«

»Sie haben *Mein Kampf* gelesen?«, fragte Gregor mit unendlicher Ungläubigkeit, es war nicht ganz klar, ob deswegen, weil er das Buch für unlesbar hielt oder Klement für unfähig, ein Buch zu lesen.

»Nicht komplett«, gab Klement zu und zündete sich eine Zigarette an. »Mich hat immer mehr interessiert, was der Feind schrieb. Sie hatten keine anderen Waffen als ihren Intellekt. Den musste man ihnen wegnehmen.«

Gregor stimmte nachdenklich zu, allem Anschein nach nicht über die These an sich sinnierend, sondern über die Wahrscheinlichkeit, dass dieser Gesprächspartner sie hatte formulieren können, derart überraffiniert war sie selbst für jemanden, der bis zum Abschluss auf der Schule, die besucht zu haben er behauptete, geblieben wäre. Durch eine Reihe etwas gezwungener, jedoch auch nicht sonderlich schwer zu rekonstruierender Assoziationen erinnerte Klement sich seinerseits an das Mal, als ein Vorgesetzter, Karl Wolff, interveniert hatte, um einen Juden vor der Deportation zu bewahren. Er selber hatte die Bitte kategorisch abgelehnt, der andere aber darauf bestanden, indem er ihm in Erinnerung rief, dass er ranghöher sei, und Klement hatte dem Streit ein Ende gemacht, indem er ihn zum Duell forderte. Damals hatte Himmler sie davon abgehalten, ihre Meinungsverschiedenheit auszufechten, aber jetzt war Himmler tot.

Gregor blickte auf die Zeitung, die er aufgeschlagen auf den Tisch gelegt hatte, und gab damit zu verstehen, dass er lieber wieder zu dem zurückkehren würde, was er getan hatte, bevor Klement ihn unterbrach. Dieser senkte ebenfalls den Blick und legte, als er eine Schlagzeile über die neuerliche Abwertung des argentinischen Peso las, los und erzählte von seinen Wechselkursabenteuern in Wien, von denen Gregor auch nichts zu wissen schien. Um die Auswanderung effektiver zu gestalten – auch in der Hinsicht, dass das Reich mehr Effektives einstrich, denn es war ja nicht empfehlenswert, dass die Juden aus Europa weggingen und ihren unseligen Reichtum mitnahmen, dieses andere Arsenal, über das sie neben ihren Büchern verfügten –; um die Säuberung in jeder Hinsicht zu *effektivieren,* erzählte Klement, habe seine Strategie darin bestanden, den

Wechselkurs der Reichsmark für die Devisen zu ändern, die von internationalen jüdischen Organisationen zur Unterstützung und für die Vorzeigegelder eintrafen, welche die Emigranten an ihre zukünftigen Aufnahmeländer zu zahlen hatten, jeweils zu gegenläufigen Kursen.

»Das heißt«, er räusperte sich und legte die Zigarette im Aschenbecher ab, um sich mit beiden Händen erklären zu können, »die Reichsmark war das Dreifache wert, wenn sie sie kaufen mussten, und ein Drittel, wenn sie sie verkauften. Wir haben ihnen von ihrer eigenen Medizin gegeben, um es kurz und schmerzlos zu sagen.«

Durch die Modifizierung des Werts, erklärte er weiter, wobei er aufmerksam auf Gregors Miene des Nichtverstehens achtete (verstand er die Strategie nicht, oder verstand er das Unstrategische daran nicht, ihm überhaupt davon zu erzählen?), erhielt das Reich Devisen zu einem Preis, der zehn- oder zwanzigmal unter dem Marktwert lag, ohne dafür neue Gebühren oder Steuern kassieren zu müssen, von denen es schon genug gab und die immer Proteste hervorriefen. Natürlich hätten sie den Juden auch einfach so alles wegnehmen können, stellte Klement hastig seine eigene Argumentation infrage, doch man musste die Form wahren, vor allem wegen der Auswirkungen im Ausland. Jahre zuvor, schweifte er ab, habe er ein Gesuch eingereicht, damit ein Rabbiner ihm Hebräisch beibrachte, natürlich im Gegenzug für entsprechende Bezahlung (»Ich glaube, es waren drei Mark pro Stunde« – wenn es wollte, zeigte sein Gedächtnis sich großzügig); ein Gesuch, das abgelehnt worden sei, dachte er nun laut, da er nicht vorgeschlagen habe, eben diesen Rabbiner ins Gefängnis zu stecken und zu zwingen, ihn kostenfrei zu unterrichten. Aber so zu denken, widersprach er sich, hieße, die Vergangenheit gefährlich zu nivellieren. Was auf uns aus der Ferne wirkte, als sei es von einem Tag auf den anderen geschehen, war streng genommen ein langer Prozess gewesen, Tage und Wochen und Monate und Jahre hatte es gedauert, bis man hin zu dem gekommen war, was jetzt, durch einen Perspektivfehler, von Anfang an wie ein und dasselbe aussah. Wie auch immer, die Wechselkursidee sei für ihn nicht kostenfrei geblieben, wenn er ihm das Wortspiel erlaube. Jemand aus der Regierung argwöhnte, dass er damit absichtlich die nationale Währung zu destabilisieren versuche, die Angelegenheit war bis in die höchsten Sphären gedrungen und er musste Erklärungen liefern, um nicht selber in einem Konzentrationslager zu landen.

»Es hat schon seinen Grund, dass sich bei mir zu Hause meine Frau um das Geld kümmert«, rundete er die Anekdote mit einem Lächeln ab, das an Gregors ungerührtem Gesicht abprallte.

Klement wartete nicht, bis seine eigene Heiterkeit erlosch, sondern nutzte diese als Schwung und sogar als Verbindungsglied, um zur nächsten Anekdote zu springen, aus der Zeit, als er eine kleine Truppe zur Teilnahme am letzten Gefecht in Altaussee befehligte, ein nur wenige Tage währendes Abenteuer, zu dem er in seinen Erinnerungen aber immer zurückkehrte, vielleicht weil es im Grunde genommen bis heute andauerte. Bei einem der Zwischenhalte der Truppe auf dem Weg ins sogenannte Tote Gebirge fanden sie einen Koffer voll Geld, welches er, nachdem das Manöver abgeblasen worden war, zu gleichen Teilen unter den Soldaten verteilte, natürlich nach vorheriger Unterschrift auf der entsprechenden Empfangsquittung, denn mit Geld spielte man nicht einmal in endzeitlichen Situationen. Und obwohl viele das mit der Quittung witzig gefunden hatten, sei das wirklich Witzige gewesen – Klement zwang sich wieder zu einem Lächeln, wobei er sich anstrengte, damit es möglichst gezwungen aussah –, dass das Geld Falschgeld war.

»Obersturmbannführer Dörner war der Erste, der mir von den jüdischen Fälschern erzählte, die in den KZs wie die Könige lebten«, er versetzte sich zum wahren Anfang der Geschichte zurück, die er schon mehr als einmal aufgeschrieben und verbrannt hatte. »Sie wurden mit allen Annehmlichkeiten gehalten, damit sie, wenn die Zeit reif war, Geld in großem Ausmaß fälschten. Die Idee war, Juden mit tonnenweise unbrauchbarem Papiergeld in die feindlichen Länder zu schicken und so deren Währung zu destabilisieren. Es war sogar davon die Rede, die Geldscheine mit Flugzeugen abzuwerfen. Aber man sieht, dass am Ende nur einige wenige Muster angefertigt wurden, die das Reich nie verließen.«

Gregor dachte wohl, er erzähle ihm von Geld, weil er selbst keins habe, dachte Klement, wobei der andere weiterhin ein Gesicht aufsetzte, als dächte er überhaupt nichts. Also ging Klement dazu über, ihm von den Plänen zu erzählen, mit denen er sich gerade trug, nämlich sich von den Einnahmen aus seiner Ranch ein Grundstück zu kaufen. Genauer gesagt davon und in Raten und mit einem Hypothekarkredit, und ein Grundstück, das von geringem Wert war – in einem Überschwemmungsgebiet, etliche Kilometer nördlich der Hauptstadt, zwar neben einer Bundesstraße und einer Zughaltestelle, aber dennoch fast mitten im Nirgendwo gelegen. Dort plante er, sich seinen Traum vom Bau eines eigenen Hauses zu erfüllen. Er würde es allein errichten, natürlich mithilfe seiner Söhne, von den Fundamenten und dem Brunnen bis zur letzten

Wandleuchte, wenn es denn endlich der elektrische Strom bis zu ihnen schaffte. Momentan gab es noch überhaupt nichts, das Gelände wurde nicht einmal von einem Drahtzaun umgrenzt. Es war jedenfalls groß genug, um Obstbäume anzupflanzen und einen anständigen Gemüsegarten anzulegen – Selbstversorgung statt Expansion, das war der Schlüssel.

»Obacht, dass dieses Haus Ihnen nicht zum Verhängnis wird«, sagte Gregor und sah ihm dabei zum ersten Mal in die Augen. »In unserer Lage bleibt man besser immer in Bewegung.«

»Meinen Sie?« Klement zog die Schultern nach unten, als wollte er sie zwingen, besonders entspannt auszusehen. »In Österreich ist gerade eine Amnestie erlassen worden, die zweite. Mir scheint, sie haben uns schon vergessen.«

»Das Gedächtnis ist trügerisch, Klement«, Gregors Augen nahmen plötzlich einen sonderlichen Glanz an, irgendwas zwischen sanft und satanisch. »Ich erinnere mich zum Beispiel an das Gesicht einer Jüdin auf der Selektionsrampe. Sie war lächerlich kleinwüchsig und begleitete ihre Mutter, eine blinde Alte, die ich sofort zu den Duschen schickte. Und wissen Sie, was diese Bodenbeule macht? Sie läuft ihr nach! Ohne dass ich ihr das befohlen hätte! Dann passierte etwas völlig Paradoxes: Ich gab ihr einen Tritt, damit sie sich in die Reihe mit den Arbeitsfähigen stellte. Kapieren Sie, was ich Ihnen da gerade sage? Ich habe diese dumme Kuh gerettet, genau wie ich so viele Leute mit meiner Entdeckung retten könnte. Aber ich bereue es. Denn jetzt habe ich das Gefühl, dass sie noch am Leben ist und frei, und ich bin es nicht. Jeden Abend, wenn ich die Augen schließe, erinnere ich mich an dieses Gesicht, eine Sekunde bevor ich mit meinem Stiefel hineintrete.«

Aus Angst, auch sein eigenes fragiles Gedächtnis könne ihm derart übel mitspielen, schob Klement einen Termin vor und verabschiedete sich ebenso abrupt, wie er aufgetaucht war, nicht ohne zuvor einen Geldschein auf den Tisch zu blättern, der ziemlich viel mehr bezahlte als die beiden Kaffees, und das, obwohl er die hiesige Angewohnheit, das Trinkgeld auf dem Tisch liegen zu lassen, nicht mochte, er fürchtete immer, jemand könne es stehlen, diesmal angefangen bei Gregor selbst.

Er kam wütend aus dem Lokal (und aus dem Gespräch), allerdings ärgerte er sich mehr über sich selbst und darüber, wie er die Rolle des eingebildeten Scharlatans gespielt hatte, als über Gregor, der ihn durch sein verächtliches Schweigen erst dazu gebracht hatte. Wie ein Boxer, der sich mehr durch Geschick als durch Stärke auszeichnet, hatte Gregor den ersten Schlag ausgeteilt, aber nur, um Klements Ego zu wecken, dann hatte er sich von Klement prügeln lassen, bis dieser erschöpft war, und hatte ihn dann mit einem Haken auf die Leber fertiggemacht mit dieser Anekdote, die Gregor fast wie einen Wohltäter der Menschheit aussehen ließ. Klement verfluchte den Moment, in dem er es sich in den Kopf gesetzt hatte, er müsse die Gunst dieses Abtreibungspfuschers erobern, und schwor sich, ihn nie wieder zu treffen oder das Wort an ihn zu richten.

Nach dem misslungenen Treffen war er derart erhitzt, dass ihm die erhöhte Außentemperatur zum ersten Mal erträglich vorkam und er lange durch die Innenstadt und die südlichen Viertel spazierte. Er hatte plötzlich das Bedürfnis, Leute, Autos, Bewegung zu sehen, und sei es auch nur, um danach wieder so richtig Lust zu haben, aufs Land zurückzufahren. Auf dem Rückweg durch die Hafengegend kam er am *Luna Park* vorbei, dem mythischen Stadion, das die

Partei gefüllt hatte, um den *Anschluss* zu feiern. Für heute war ein Kampf zwischen Pedro Benelli und Mario Lopiano angekündigt. Klement erwog gerade die Möglichkeit, sich noch mehr Zeit zu nehmen und den Kampf anzuschauen, als ein schlecht gekleideter und noch schlechter riechender Mann, allerdings mit perfekt pomadisiertem Haar, zu ihm trat. Der Mann bat ihn zuerst um eine Zigarette, um ihm gleich darauf eine Eintrittskarte anzubieten, nicht für diesen Kampf der Fliegengewichte, sondern für den legendären Mono Gatica persönlich.

»Es ist gleich hier um die Ecke, in dem Stadion, das wir *Sol Park* nennen.« Und er zeigte seine karieszerfressenen, dunkel verfärbten Zähne, was Klement daran erinnerte, dass er, bevor er mit dem Bau seines Hauses begann, selbst Geld in neue Zähne investieren musste.

Als der Verkäufer sah, dass der kryptische astrologische Scherz mit Sonnen- und Mondpark bei seinem potenziellen Kunden nicht zündete, ging er dazu über, ihm zu erklären, dass man Gatica nach dem Sturz von Duweißtschonwem (ein weiteres Lächeln, das an der unerschütterlichen Miene des Ausländers abprallte, der dem Mann gern mit der ersten Phase seiner Mundreparatur geholfen hätte, indem er ihm mit einem Faustschlag die verfaulten Zähne ausschlug) die Lizenz zum Boxen aberkannt habe, daher konnte er es nur noch an geheimen Orten tun und musste auf wenig orthodoxe Werbemethoden zurückgreifen. Jetzt kämpfte er nicht um irgendeinen offiziellen Titel, er kämpfte ums Überleben und darum, seine Familie durchzubringen, schloss der Mann seine Rede mit verschämtem Pathos, und das Bild traf einen Nerv bei Klement, der schließlich auch nicht mehr für eine größere Sache kämpfte, sondern nun für sich und alle, die in Ungnade gefallen waren.

»Zwei Mächte grüßen sich«, sagte der Verkäufer wie einst Gatica zu Perón und streckte Klement, nachdem er sein Geld weggesteckt hatte, die Hand entgegen.

Nachdem er in der Avenida Corrientes in einem Lokal, wo es mehr Fotos und Poster und Wimpel von Sportvereinen zu geben schien als freien Platz dafür an den Wänden, im Stehen ein Abendessen aus Pizza und Bier eingenommen hatte, rief Klement Vera von einem öffentlichen Telefon aus an und sagte ihr, sie solle nicht mit dem Abendbrot auf ihn warten. Er tat das in dieser Reihenfolge und nicht andersherum, weil sie ihm immer vorwarf, dass er sie nicht zum Essen ausführte, und er wollte ihr sagen können, ohne der Wahrheit untreu zu sein, dass er bereits gegessen und es daher keinen Sinn habe, weiter über das Thema zu diskutieren.

Da der Kampf ziemlich spät stattfand, überlegte er sich, vorher ins Teatro Colón zu gehen; er war vielleicht selbst für eine billige Karte im sogenannten Paradies etwas zu schlecht angezogen, hingegen aber viel zu gut für einen Boxkampf in irgendeiner Klitsche ohne Zulassung. Die seltsame Logik dieses Kompensationsmechanismus konnte er nicht überprüfen, weil das Theater aufgrund eines Gewerkschaftsprotests geschlossen war, sicher in Verbindung mit irgendeinem Problem zwischen Peronisten und Nichtperonisten. Alles in Argentinien schien sich um diesen Unterschied zu drehen, von dem Klement noch immer nicht genau wusste, worin er bestand, und von daher auch nicht, auf welche Seite er sich schlagen sollte. Die unverzeihliche Undifferenziertheit, die gut als kriminelle Indifferenz durchgehen könnte, erinnerte ihn an die der Holländer in der Judenfrage. Während man ihm in Ungarn die Juden wie saures Bier übergeben hatte und die SS in

Rumänien die Leute bremsen musste, damit sie sie nicht aus reiner Begeisterung mitten auf der Straße totprügelten, machte man in Holland keinen Unterschied zwischen jüdischen und nichtjüdischen Holländern, sondern allenfalls zwischen Holländern und Nichtholländern. Klement verstand diese Neutralität in den nordischen Ländern, wo es so wenige Juden gab, dass man von einem Problem nicht sprechen konnte, aber in Holland, wo es unter den Bewohnern so viele Israeliten gab und in den umliegenden Ländern noch viel mehr, die nur auf den passenden Moment warteten, um sich das Land und dann den Kontinent unter den Nagel zu reißen, hatte ihn diese Unnachgiebigkeit völlig sprachlos gemacht. Es war, als hätten sie keinen Unterschied zwischen Männern und Frauen oder zwischen Lebenden und Toten gemacht: Auf diese Weise trennte sie kaum etwas davon, überhaupt nichts mehr unterscheiden zu können und folglich das verstandesmäßige Denken komplett aufzugeben.

Er kam früh in den Klub, wo der geheime Kampf stattfinden sollte, in einer nahe am Riachuelo gelegenen Lagerhalle, und sah wohlgefällig, dass bereits ein Vorkampf lief. Die hohen, schmutzigen Wände, das löchrige Blechdach, das schwache Licht der Laternen, der Zigarettenrauch, das Gebrüll, das rein männliche Publikum und das in der Luft liegende Gefühl, das Rangeln im Ring könne jeden Moment auf das gesamte Gelände übergreifen, erinnerten ihn unmittelbar an die Zusammenkünfte, an denen er als junger Mann in seiner maßgeschneiderten braunen Uniform teilgenommen hatte, als die Nazis in Österreich verboten gewesen waren, und die mit Reden anfingen und unweigerlich mit Faustschlägen und Stuhlhieben gegen die kommunistischen Vettern endeten. Die Erinnerung an jene glorreichen Saalschlachten gab ihm das Gefühl, wieder jung zu sein; er hatte Lust, Nasen zu brechen, auch wenn es ohne Uniform weniger Spaß machte. Zunächst einmal stimmte er sich ein, indem er Bier kaufte, gleich zwei Gläser auf einmal. Wie konnte es sein, dass in diesem Land niemand, ob nun Peronist oder kein Peronist, gemerkt hatte, dass ein Glas mit weniger als einem halben Liter Inhalt nicht als geeignetes Gefäß für die Einnahme von Alkohol gelten konnte?

—

»*Hola,* ist Nicolás da?«

»Wer sind Sie, *po' favo'?*«

»Silvia, eine Freundin.«

Klement hörte das Gespräch vom hinteren Patio aus, wo er seit dem Klingeln die Ohren gespitzt hatte wie eine Katze. Keiner der Nachbarn, mit denen sie sich gerade einmal grüßten, wenn man sich über den Weg lief, traute sich, bei ihnen zu läuten, allenfalls der Postbote, wenn er ein Päckchen hatte, das nicht in den Briefkasten passte, was an einem Sonntagmittag jedoch unvorstellbar war. Er erinnerte sich zwar nicht an den Namen, wusste aber sofort, dass es die jüdische Ex-Nichtfreundin seines Sohns sein musste, die mit dem blinden Vater mit Nachnamen Hermann, welche Klaus nie zu erobern geschafft hatte und die irgendwann in die Pampa weggezogen war. Klement hatte seinem Sohn gesagt, er solle sie mit nach Hause bringen, wenn er wolle, aber anscheinend hatte sie nicht gewollt. Was trieb sie nur dazu, ausgerechnet jetzt nach ihm zu fragen, Jahre später, kurz nachdem Klaus seine erste Freundin aus Tucumán geheiratet hatte?

Er stand aus der Hängematte auf und ging in die Küche, wo Vera ihm mitteilte, was er sich bereits selbst zusammengereimt hatte. Klaus war Material besorgen gefahren und müsste jeden Moment zurück sein, wenn auch nur, um seinen Vater einzusammeln und mit nach San Fernando zu nehmen, wo Dieter und Horst schon auf sie warteten und seit dem frühen Morgen am Haus arbeiteten. Er war geblieben, um Vera in die Kirche an der Plaza Olivos zu begleiten. Hätte Vera das Mädchen einfach weggeschickt, hätte Klement vielleicht so tun können, als ginge ihn das Ganze nichts an, schließlich hatte sie nicht nach ihm gesucht, aber sich nach der Rückfrage seiner Frau zu weigern, sie hereinzubitten, käme einem Verkriechen gleich, und nichts war weniger klug, wenn das eigene Versteck schon einmal aufgespürt war.

Mit ein wenig Neugierde und ziemlich viel Angst, wie einer, der weiß, dass er gleich einen Fehler begehen wird, der ihn teuer zu stehen kommen kann, jedoch zugleich wohl wissend, dass die Vermeidung des Risikos direkt einer Verurteilung gleichkommt, öffnete Klement die Tür, die seine Frau angelehnt gelassen hatte, und bat den Überraschungsbesuch mit einer halb höflichen, halb drängenden Handbewegung herein, worauf das Mädchen mit Zurückweichen reagierte, als wäre auch sie erschrocken. Eine lange Sekunde lang starrten sie sich an. Eine schöne Frau, beglückwünschte er seinen Sohn innerlich. Man merkte, dass die Assimilierung ihr zum Vorteil gereicht hatte, jedenfalls wies sie keine der typischen jüdischen Missbildungen auf, vorbehaltlich vielleicht der kaum wahrnehmbaren Sommersprossen auf den Wangen. Sie trug Lackschuhe ohne Strümpfe und einen knielangen braunen Satinrock, eine bis obenhin zugeknöpfte himmelblaue Seidenbluse und ein blaues Wolljäckchen, das ihre großzügigen Brüste eher betonte als verdeckte. Sie sah erwachsener aus, als sie sein konnte, wie Klement wusste, fast wie eine Dame, vielleicht würde auch sie bald heiraten und wollte seinen Sohn zur Feier einladen, Frauen hatten diese Anwandlungen, die sie nicht einmal selbst verstanden.

»Sind Sie der Onkel von Klaus?«, fragte sie auf Deutsch, ohne sich vom Fleck zu rühren.

Klement nickte sehr langsam und dachte bei sich, dies sei, was man auf Argentinisch *macana* und auf Jiddisch *Schlamassel* nennt, und dass er dieses Mädchen eigentlich gewaltsam ins Haus zerren, sie schnellstmöglich erwürgen und ihre Leiche anschließend auf dem Grill verbrennen sollte. Aber drinnen im Haus war seine Frau, und noch dazu der kleine Ricardo, »Hasi«, der in der Wiege schlief.

»Klaus kommt bald zurück, möchten Sie reinkommen und auf ihn warten?«, sagte er für alle Fälle noch einmal.

»Ich möchte nicht stören.«

»Sie stören nicht.«

Sie starrten sich wieder an. Dieses Mal machte Klement sich keine Illusionen, dass sie ihn vielleicht ebenso attraktiv finden könnte wie er sie. Es war offensichtlich, dass das Mädchen nicht nur ihn ansah, sondern auch ein Foto von ihm von vor fünfzehn oder zwanzig Jahren, und dass sie festzustellen versuchte, ob das dieselbe Person war oder nicht. Er fragte sich, woher die Nachrichtendienste ein Foto von ihm bekommen haben könnten, wo Vera doch alle verbrannt hatte, wie er es ihr bei Kriegsende befohlen hatte, und davon abgesehen hatte er sich nicht oft fotografieren lassen, zumindest nicht in Situationen, in denen man auch noch wissen konnte, wer das da auf dem Bild war. Insbesondere nach Heydrichs Ermordung hatte

Klement sehr darauf geachtet, dass niemand seine Physiognomie festhielt, einmal hatte er sogar die Kamera eines zufälligen Fotografen zertrümmert, auch wenn er für den Schaden später aufgekommen war. Hatte man wohl irgendein Bild von ihm in einem Aktenstapel gefunden, den sie vergessen hatten, nach Theresienstadt zu schicken, um dort im Krematorium alles zu Staub zu machen? Sehr unwahrscheinlich. Darum hatten sie sich schon Wochen vor der Kapitulation gekümmert, während sie parallel neue Papiere für alle anfertigen ließen. Auch ihm hatte man eine Identität bar jeder Vergangenheit angeboten, worauf er erwidert hatte, seine Rettung würden nicht ein paar zusammengeschusterte Zeugnisse sein, sondern seine Steyr Armeepistole, die wäre seine letzte Medizin, wenn es nirgendwo mehr weiterginge. Bei dieser oder einer ähnlichen Gelegenheit war Müller so beeindruckt gewesen, dass er ihn beglückwünscht hatte: »Hätten wir fünfzig wie Sie gehabt, dann hätten wir den Krieg automatisch gewinnen müssen.«

Diese Erklärung seines Chefs, an die er sich immer mit besonderem Stolz erinnerte, wenngleich sein unseliges Schicksal ihn später dazu gebracht hatte, sich tatsächlich eine neue Identität zuzulegen (zum damaligen Zeitpunkt hatte er aus tiefster Seele gesprochen, was kam es später darauf an, ob die Überzeugung nur für eine begrenzte Zeit hielt, in moralischer Hinsicht galt sie eine Ewigkeit); diese Beinaheliebeserklärung seitens eines Vorgesetzten, dazu vielleicht noch die Erinnerung an die Schläue, mit der der Nazijäger Wiesenthal die Täuschung aufgedeckt hatte, als Vera ihn für tot hatte erklären lassen wollen, brachten ihn nun der Antwort auf die Spur: Das einzige Foto, das ihm jetzt einfiel und das irgendwelche wirklich scharfsinnigen

Geheimdienste hätten auftreiben können, war jenes, das ihn in Uniform zeigte, jung und gut aussehend und sinnlich wie ein Filmschauspieler in die Kamera blickend, das er seinen Geliebten zu schenken pflegte, damit sie ihn nicht vergaßen, während er bei anderen Geliebten war. Mit einer Mischung aus weiblicher Feigheit und männlicher Angeberei fragte er sich, welche von all seinen Frauen wohl seine Achillesferse gewesen war. Maria? Mitzi? Ingrid in Ungarn? Margrit? Von keiner von ihnen, nicht als Geliebte und erst recht nicht als deutsche Frauen, konnte er sich vorstellen, dass sie ihn aus freien Stücken ausgeliefert hätten, deshalb dachte er lieber, dass sie irgendeinem feindlichen Spion in die Hände gefallen waren, einem Romeoagenten, der ebenfalls helle und sanfte Augen hatte und mit dem sie schließlich Vertraulichkeiten teilen würden, die viel kompromittierender waren als Bettgeschichten. Wie wenig hätte er dagegen einzuwenden gehabt, selbst diese Arbeit zu tun! Innerlich vergab er ihnen allen ihre Schwäche.

»Ich muss schon wieder los«, sagte das Mädchen in losem Zusammenhang zu ihrer eigenen Ankunft eine Minute zuvor.

Klement machte eine Geste des Bedauerns und dachte sich, dass man zum Erkennen einer Person vielleicht genauso viel oder mehr Zeit brauchte, wie um eine telefonische Ortung einzurichten, und dass ihm, falls das so war, noch Zeit bliebe, nicht auf der Netzhaut dieses Mädchens eingebrannt zu werden. Aber man durfte es nicht eilig haben, man musste Ruhe vortäuschen, immer mehr Ruhe, je stärker die innere Spannung wuchs. Letzten Endes passierte ja gerade gar nichts. In diesem Moment geschah weniger als damals, wenn er seine Unterschrift unter ein Dokument setzte, in dem bestimmt wurde, um wie viel

Uhr ein Transport nach Auschwitz oder Treblinka abfahren sollte, kaum das Kratzen der Feder auf dem Papier, das zwischen den anderen Geräuschen im Büro unterging.

Jedenfalls und wider besseres Wissen schloss er die Tür schließlich ein wenig überstürzt. Das war auch verständlich, entschuldigte er sich. Jemand, der ihn nicht erkennen sollte, hatte ihn erkannt, und wer weiß, was sie nun mit dieser Entdeckung anfangen würden. Sie verkaufen, sicherlich, denn soweit er wusste, war bereits ein Kopfgeld auf ihn ausgesetzt, wenngleich der Blinde, der seine Tochter geschickt hatte, um die Identität des Flüchtigen festzustellen, wissen sollte, dass nichts schwerer werden würde, als dieses Geld zu kassieren. Falls sie ihn am Ende schnappten, würde die halbe Welt behaupten, zuerst auf ihn hingewiesen zu haben, und die Juden würden das nutzen, um niemanden zu entlohnen, nicht einmal, wenn es einer der ihren gewesen war.

Er ging in den Patio und zurück zur Hängematte und nahm das Buch wieder auf, das er gerade las oder, besser gesagt, kraft Streichungen, Unterstreichungen und Randbemerkungen zersetzte. Es war *Die letzten Tage der Reichskanzlei* von Gerhard Boldt, ein umso empörenderes Machwerk, als es von einem Kameraden geschrieben war. Klement interessierte es nur, um es Sassen gegenüber widerlegen zu können; Sassen war Holländer, einer, der im Unterschied zu seinen Landsleuten die Judenfrage sehr wohl verstand, und sie hatten endlich mit den Treffen für die Gesprächsaufnahmen begonnen, die sie in Buchform editieren wollten. Er las mit dem Bleistift in der Hand, auf der Suche nach der nächsten Dummheit, um sie am Rand mit einer saftigen Beschimpfung kommentieren zu können, doch die Konzentration fiel ihm schwer.

Er legte das Buch beiseite, zündete sich eine Zigarette an, zog Schuhe und Socken aus und begann dann, sich die Zehennägel mit der Nagelschere zu schneiden, die Vera ihm geschenkt hatte, nachdem er ihr ein Bein mit einem im Albtraum versetzten Tritt blutig gekratzt hatte. Während er behutsam die harte Hornhautkruste an den Zehen abknipste, weniger aus ästhetischer Sorgfalt als aus Angst, sich selbst zu verletzen, dachte er, dass das gerade Geschehene vielleicht gar keine so schlechte Nachricht war, zumindest nicht für sein Buch, mit dem er die Lügen nicht nur der revanchistischen Sieger geraderücken würde, sondern auch die der eigenen Glaubensgenossen, die natürlich die Schlimmsten von allen waren. Die Übereinkunft mit Sassen war gewesen, das Buch anonym zu veröffentlichen, natürlich gegen gutes Geld, doch nach diesem Vorfall könnte man darüber nachdenken, es unter echtem Namen und sogar mit seinem Porträtbild herauszubringen (das, welches er seinen Geliebten schenkte, schließlich logen alle Autoren auf ihren Autorenfotos bezüglich ihres Alters). Nichts von allem, was er bislang geschrieben hatte, hatte er je gedruckt sehen können, und nun, da die Möglichkeit sicherer schien denn je, gab es keinen Grund, warum er sich damit begnügen sollte, sein Geschriebenes ohne den eigenen Namen in die Welt zu geben. Er erinnerte sich, dass er selber seinen Sohn Klaus ermuntert hatte, diese Beziehung weiter voranzutreiben, eben genau damit irgendwann das geschähe, was nun geschehen war, und wenn er auch damals noch kein Buch im Sinn gehabt hatte, gehörte doch alles weiter zum selben Plan. Vielleicht gab es für ihn kein besseres Schlupfloch als die Blitzlichter des Ruhms.

Er konnte sich die Nägel nicht gründlich fertig schneiden wegen der Rauchwolken, die plötzlich und simultan aus den beiden benachbarten Schornsteinen in seinen kleinen Garten drangen. Wie er diese Sitte der Argentinier hasste, sonntags, oder an welchem Tag auch immer, Fleisch auf den Grill zu legen und mit ihren Feuern die Luft im ganzen Viertel zu verpesten. Wenn sie wenigstens die Schornsteine ein wenig höher gebaut hätten. Niemand verlangte von ihnen, dass sie wie die in Auschwitz waren, es hätte schon genügt, wenn sie sicherstellten, dass der Rauch seinen Weg nach oben nahm. Aber nein, es schien, als bauten sie ihre Grillöfen absichtlich so zwergenhaft, um durch den Rauch mit den Rinderstücken zu protzen, die sie stundenlang auf der Holzkohle garten. Wehe dem, der die Wäsche zum Trocknen auf der Leine gelassen hatte oder ein Mittagsschläfchen in der Sonne halten wollte. Nicht einmal eine Zigarette konnte man in Frieden rauchen bei dieser Wolke aus Monoxid und Fett, die sich an schwülen Tagen wie heute wie eine Panade auf die Haut legte. Derartige Brandopfer *(Holocausts!)* zu Ehren wer weiß welcher Ernährungsteufel nahmen Klement sogar die Lust, Fleisch zu essen, die schon ziemlich eingeschränkt war seit dem Tag, als man ihn zu einem Ausverkauf auf dem Markt von Liniers mitgenommen hatte. Dieses Schauspiel, so viele Rinder herdenweise zusammengepfercht auf den Schlachthof zutrotten zu sehen, mit diesem schieläugigen Blick verwirrter Juden, die einwaggoniert wurden, verdarb ihm den Appetit. Klement flüchtete vor dem Rauch ins Haus und dachte, dass der Vergleich nun besonders reizvoll war, da die Rinder wiederum ihn mit dem Ziel verfolgten, ihn wegen Verbrechen zu verurteilen, die inexistent waren; zumindest waren sie damals in seinem Land ebenso wenig ein Verbrechen gewesen, wie es heute in diesem eins war, Fleisch zu essen.

Er kaute gerade einen hausgemachten *alfajor* aus Maismehl mit einer Füllung aus *dulce de leche,* die einheimische Süßigkeit, die er am liebsten mochte, als Vera mit dem kleinen Hasi auf dem Arm erschien, der ganz verweint war. Klement nahm ihr den Jungen ab, hob ihn in die Luft, prustete ihm auf den Bauch, bis er lachte, setzte ihn auf dem Boden ab und teilte das letzte Stück *alfajor* mit ihm. Vera wollte es ihm mit Hinweis darauf wegnehmen, dass er noch nicht zu Mittag gegessen habe, doch Klement fiel ihr in den Rücken; wenn das das Mittagessen des Vaters war, dann konnte es auch das seines Sohnes sein. Der Junge rannte mit seiner Beute in Richtung des Rauchs weg, und Vera brach an Ort und Stelle in Tränen aus, ohne sich auch nur umzudrehen oder wenigstens das Gesicht zu bedecken. Klement hasste es, wenn sie ihm das antat, als würde sie ihn in vollkommener Stille irgendeines Vergehens anklagen, und hatte Lust, ihr eine zu pfeffern. Er hielt seine Lust nicht zurück.

»Warum schlägst du mich?« Vera fasste sich demonstrativ nicht an die gerötete Wange.

»Damit du einen Grund zum Weinen hast.« Klement nahm einen Apfel, um sein Mittagessen abzurunden.

»Ich möchte wissen, wer diese junge Frau ist.«

»Eine Freundin von Klaus, das hast du mir selbst gesagt.«

»Ich möchte wissen, wer sie wirklich ist.«

Klement dachte: Das wird die Zeit zeigen, sie könnte jedenfalls als Henkersknecht durchgehen. Auf jeden Fall war sie eine Tochter der Gerechtigkeit, denn die Gerechtigkeit war ja bekanntlich auch blind.

»Erspar mir das Theater, ich bitte dich!« Klement erfreute sich an dem Schauspiel, seine Frau ohne jeden Grund und ohne die geringste Wahrscheinlichkeit eifersüchtig gemacht zu haben; nur eine ihrem Ehemann seit über zwanzig Jahren vollkommen ergebene Gattin konnte glauben, er habe Chancen, sie mit einem Mädchen zu betrügen, das nicht einmal der bestaussehende seiner Söhne hatte herumkriegen können.

Man hörte ein Auto in der Calle Chacabuco parken, und da sie dachten, das sei wohl Klaus, beeilte Vera sich, ihr Gesicht mit der Küchenschürze abzutrocknen. Es vergingen genug Sekunden, als dass ihr Sohn durch die Tür hätte kommen müssen, ohne dass dies geschah, und Klement kam zu dem Schluss, dass es irgendein Nachbar gewesen sein musste. Oder eben die Geheimdienstler, die der jungen Frau sein Foto zur Verfügung gestellt hatten und ihn jetzt holen kamen, womöglich angeführt von Wiesenthal persönlich. Auch dies schien nicht der Fall zu sein, schloss er nach weiteren Minuten des angespannten Wartens. Die Freude, sich zumindest momentan in Sicherheit zu wissen, dazu die Zärtlichkeit, die die asymmetrische Eifersucht seiner Frau in ihm geweckt hatte, und das Schuldgefühl, weil er wusste, was an Wahrheit darin lag, wie auch die sich andeutende Gelegenheit, sich eine Weile unter einem Vorwand, der besser nicht sein könnte, nämlich seiner Frau eine Laune zu erfüllen, von dem nicht mehr versteckten Versteck zu entfernen, und zuletzt das Vertrauen, das er daraus schöpfte, bald eine Stelle bei Orbis, dem Unternehmen für Gasöfen, in das Gregors Vater investiert hatte, zu bekommen, nachdem die Sache mit den Kaninchen gescheitert war; all das zusammen brachte ihn auf eine Idee.

»Ich habe noch mal über die Sache mit Mar del Plata nachgedacht, und ich glaube, wir haben genug Geld, um uns *una escapada* zu leisten.« Er verwendete den Begriff auf Spanisch, der Ausflug als kleine Flucht, denn er fand für ihn keine direkte Entsprechung in seiner Sprache, nicht einmal für die Fälle, in denen es weniger vortrefflich passte als diesmal. »Wir können gleich morgen losfahren, schließlich muss ich bei Orbis offiziell erst nächsten Monat anfangen.«

Jetzt hörte man wirklich ein Fahrzeug bremsen, das schon wegen des gewaltigen Quietschens der Tür beim Öffnen kein anderes als Klaus' Lieferwagen sein konnte, und Klement beeilte sich, rauszugehen, damit die Mutter gar nicht erst darauf kam, dem Sohn eine kleine Stärkung anzubieten. Als er im Auto saß, zählte Klaus ihm die ganzen Materialien auf, die er auf den Namen der Mutter gekauft hatte, also auf ihren Mädchennamen, jetzt den einer Geschiedenen, denn diesmal sollte nichts Klements Wohnort mit seinem wahren Namen und nicht einmal mit seinem falschen Namen verbinden. Während Klaus von seinen Heldentaten bei der Schnäppchenjagd berichtete, fragte Klement sich, ob er ihm gegenüber den Besuch des Mädchens erwähnen sollte oder nicht – wie hieß sie noch gleich? Silvia, erinnerte er sich plötzlich. Einerseits hätte Klaus sicher gern gehört, dass sie ihn doch nicht vergessen hatte und es vielleicht bereute, seinem Werben nicht nachgegeben zu haben. Andererseits bestand die Möglichkeit, dass selbst er darauf kam, dass sie nicht aus nostalgischen Gründen zurückgekehrt war, sondern mit dem geheimen Vorhaben, herauszufinden, ob sein Nachname nicht auch der des angeblichen Onkels war, mit dem seine Mutter zusammenlebte. Sich bewusst zu werden, dass er unwillentlich seinen Vater ans Messer geliefert hatte, falls er denn zwei und zwei zusammenzuzählen vermochte, was Klement bezweifelte – er hatte schöne Söhne hervorgebracht, die aber nicht sonderlich geneigt waren, ihr Hirn anzustrengen, in dieser Hinsicht lag all seine Hoffnung bei seinem Jüngsten; allein die Möglichkeit, dass Klaus irgendwann, selbst wenn dies mithilfe anderer Personen geschähe, herausfinden könnte, dass er schuld am Verschwinden seines Vaters war, entführt im Auftrag von irgendwelchen Davids, könnte sein Dasein ruinieren, daher beschloss er, es nicht zu erwähnen. Er machte sich geistig eine Notiz, Vera Bescheid zu sagen, es genauso zu halten, natürlich ohne sie auf die Sicherheitsbedenken hinzuweisen – lediglich zum Schutz des Liebeslebens des Jungen, der ja frisch verheiratet war.

»Und wie geht es meiner Schwiegertochter?«, fragte Klement, der nur an der Nachricht interessiert war, wann er endlich Großvater werden würde.

»Sie hat *empanadas tucumanas* für uns gemacht«, nannte Klaus das Erstbeste, was er in den Wagen geladen hatte.

»Ich habe euch doch schon gesagt, dass man nicht mit vollem Magen arbeitet.«

»Nein, ja, natürlich. Die sind für danach.«

Während er durch die Windschutzscheibe des Lieferwagens zusah, wie die Stadt sich Richtung Norden in immer weniger städtisch wirkende Vorstadtgegenden auflöste, sozusagen Vor-Vorstädte, hatte Klement das Gefühl, zugleich ins Unbekannte zu fliehen und auf dem Weg zur Begegnung mit sich selbst zu sein. Ihm war, als befände sich sein letzter Unterschlupf, sein erstes eigenes Heim, jenseits der zivilisierten Welt – selbst für die Bewohner dieses schwachen Abklatsches derselben namens Buenos Aires – und wäre zugleich oder sogar schon von vornherein der Ort, an den ihn seine Verfolger bestellt hatten, um ihr Netz über ihn zu werfen, ganz so wie Gregor warnend geäußert hatte. Der Doktor war nach Paraguay gegangen, andere waren nach Chile weitergereist, er selbst hatte eine Weile erwogen, Südamerika als Sprungbrett in den Mittleren Osten zu nutzen, und doch war er jetzt hier, marschierte entwaffnet auf das zu, was sein Grab werden konnte, wie diese Juden, die er nackt, beinahe aus freien Stücken, in den Lastwagen hatte steigen sehen, wo sie der schrecklichste Tod erwartete.

Er zündete sich eine Zigarette an und wiegte den Kopf. Es gab Tage, an denen ihn alles in die Vergangenheit zurückversetzte, selbst ohne dass plötzlich jemand bei ihm zu Hause auftauchte, der ihn daran erinnerte. Es konnten Wochen und Monate vergehen, in denen er fast nicht daran dachte, bis der Moment kam, in dem alles von frühmorgens an in seinen Kopf zurückdrängte, als wäre er in einer anderen Zeit aufgewacht und die Erinnerung wäre die seltsame Gegenwart, die es zu durchwandern galt. Dass ihm dies nun häufiger geschah, musste nicht nur mit dem verdächtigen Besuch der Jüdin (oder Halbjüdin) zusammenhängen, sondern auch mit dem Buch, für das er gerade in Sassens Haus Aufnahmen machte und das ihn zwang, jede Phase seiner Arbeit im Reichssicherheitshauptamt noch einmal Revue passieren zu lassen. Dort lag die Wurzel seiner Paranoia, schloss er. Denn konkret war es so, dass er seit fast zehn Jahren in diesem Land ein ruhiges Leben ohne Schwierigkeiten führte, und das konnte ruhig noch zehn Jahre so weitergehen.

»Und wann kommt der Enkel?«, fragte er und sah sich in diesem horizontalen Schwindel altern, bei dem man alles aus kilometerweiter Entfernung sehen kann, selbst die Erde schien in der Pampa ihre Rundung aufzugeben, um den Blick nicht zu behindern. Es war der letzte Ort, an dem irgendwer versuchen konnte, sich zu verstecken, und daher das allerbeste Versteck.

»Das frage ich sie auch die ganze Zeit«, antwortete Klaus fast verschämt. »Aber glaub mir, Vater, wir versuchen es.«

Klement nickte, zufrieden sowohl mit dem Versuch als auch mit dem Beweis dafür, dass sein Sohn ihm auch als verheirateter Mann noch weiter gehorchte, genau wie er den Befehlen des Führers gefolgt war, obwohl bei ihnen zu Hause Vera das Sagen hatte. Natürlich tat er das nicht zum eigenen Vorteil, um wer weiß welche Machtgelüste zu befriedigen, die ihm völlig abgingen. Er tat es für seine Söhne, eben genau damit sie nicht das gleiche Schicksal wie ihn ereilte. Dass ihr Vater der einzige Führer in ihrem Leben war, würde ihnen all das Kopfzerbrechen ersparen, das es ihm bereitet hatte, einem anderen gehorcht zu haben.

Sie kamen zum Bahnhof Bancalari, weit im Westen des Bezirks San Fernando, wo es einen Friedhof der jüdischen Sephardengemeinde gab, eine Nachbarschaft, die Klement nicht störte, im Gegenteil, es gab schließlich keinen besseren jüdischen Nachbarn als einen toten. Sie bogen rechts auf die Ruta 202 ab, die trotz des großspurigen Namens nichts weiter als eine nur andeutungsweise geteerte Straße mit zwei Fahrbahnen war, wie diese dreistöckigen Hotels, in denen die Zimmernummern in Tausendern angegeben werden. Einige Hundert Meter weiter bogen sie wieder nach rechts auf eine unbefestigte Straße ab, ohne Bürgersteig, Laternen oder irgendein anderes konkretes Anzeichen der Zivilisation, mal abgesehen vom Namen, Calle Garibaldi, der jedoch ebenfalls abstrakt blieb, weil es kein Straßenschild gab. In der Mitte des Blocks, bei der Nummer 14 (einer ebenso idealistischen Nummerierung, da hier bislang nur zwei Baustellen waren), stand das rechteckig geformte Haus, das Klement gemeinsam mit seinen Söhnen geplant und gebaut hatte. Die Fundamente waren in einem Meter vierzig Tiefe verankert – ein Meter mehr, als für ein Gebäude dieser Größe nötig gewesen wäre –, die Wände bestanden aus einer Doppelreihe Mauersteine, eine Übertreibung, die nur an einem Ort ohne tektonische Bewegungen verzeihlich war, und darunter gab es einen hohen Betonsockel, um der Überschwemmungsgefahr zu trotzen, die vom wenige Meter entfernten Rio Reconquista ausging. Das beinahe fensterlose Bauwerk war so gedrungen und unter dem Flachdach nahezu unförmig, dass niemand darin die unverwechselbare Eigenart eines Bunkers hätte verkennen können, wäre so etwas in diesem Land nicht vollkommen unbekannt gewesen. Die Anlage wurde von einem mehrere Meter neben dem Haus stehenden Holzverschlag und einer gemauerten Kammer, die als Außenbad diente, komplettiert. Beides stand inmitten des künftigen Gartens, den eine niedrige, mit Maschendrahtzaun bestückte Ziegelmauer umgrenzte.

Ohne dass er nach ihnen rufen musste, kamen seine anderen Söhne von der Baustelle, wo sie gerade dabei gewesen waren, die Innenwände zu tünchen, und halfen beim Abladen: Säcke mit Zement, Kalk und Sand, Ziegel und Bretter und einige zusätzliche Werkzeuge als Ersatz für diejenigen, die bei der Erfüllung ihrer Pflicht schon den Geist aufgegeben hatten. Als er sah, wie weit sein Bunker schon gediehen war, sehnte Klement sich ein wenig nach den Anfängen zurück, als es hier noch nichts gegeben hatte und sie mit blanker Schaufel angefangen hatten, die Grube für das Fundament auszuheben, wodurch es eine Zeit lang sogar noch weniger als Nichts gab. Er wusste, dass jetzt der schwierige Teil kam, nicht so sehr die Konstruktion an sich, eine bloße Materialgleichung mit grundlegendem Gleichgewicht, sondern die Innenräume, die lauter subtile

Entscheidungen mit widersprüchlichen Möglichkeiten, gefährlichen Unebenheiten und Winkeln für ihn bereithielten. Nicht ohne Grund hatte Gott uns nur äußerlich nach seinem Ebenbild geschaffen; den Rest hatte er den Kriterien (und dem Glück) jedes Einzelnen überlassen.

Er brüllte einige Befehle, die auch im Flüsterton ausgesprochen ebenso laut nachgehallt hätten, und schloss mit dem seiner Meinung nach vollkommensten Beispiel eines *Massenworts:* »Arbeit macht frei.« Das war kein Zynismus: Er machte sich sofort neben seinen Söhnen ans Werk, gab ihnen sogar den Rhythmus vor. Sobald er die Ärmel hochgekrempelt hatte, merkte man nicht mehr, dass er ihr Vater war, und auch nicht, dass er die fünfzig überschritten hatte. Ihn packte eine Tatkraft, die im Verlauf der Stunden zu wachsen statt zu schrumpfen schien, und den Jungen fiel es manchmal schwer, mit ihm Schritt zu halten. Sie waren Heranwachsende, dachten an nichts als an ihr Vergnügen – er war in ihrem Alter nicht anders gewesen und hielt sie daher auch nicht davon ab, sofern sie samstags und sonntags um acht Uhr morgens bereitstanden, um Mörtel zu mischen und Stein auf Stein zu schichten.

Gegen vier fing es an zu regnen. Alle warteten darauf, dass der Architekt den Arbeitstag für beendet erklärte, doch er wies sie nur an, sich die Plastikplanen überzuwerfen, die sie nicht umsonst gekauft hatten; gäbe es nicht gerade eine Sintflut, hätten sie keinen Grund, mit dem Arbeitsablauf in Verzug zu geraten, der schon bis zum letzten Tag durchgeplant war. Der Himmel billigte ihre Entscheidung, klarte zwei Stunden später wieder auf und schenkte ihnen zum Abend ein dramatisches Wolkenspektakel auf der Seite des Geländes, die Klement für die Obstbäume und das Hühnergehege vorgesehen hatte. Nun ordnete er doch an, dass es für dieses Wochenende genug sei, und schickte sie die Schaufeln und Kellen und Eimer waschen, während er eine Zigarette rauchte, wobei er die Fortschritte betrachtend die Arbeiten für das kommende Wochenende plante. Er musste Dieter noch einmal losschicken, damit er das Blech, auf dem sie den Mörtel mischten, wirklich richtig sauber machte. Dabei gab er ihm zur Strafe einen Klaps auf den Kopf wie den, mit dem er ihn als kleinen Jungen verabschiedet hatte, bevor er untergetaucht war, überzeugt davon, dass Disziplin das wertvollste Geschenk war, das ein deutscher Vater seinem Sohn mitgeben konnte. Diese Überzeugung, nahm er an, wurde unwillentlich durch die Erinnerung verstärkt, wem sein Sohn seinen Namen zu verdanken hatte: Dieter Wisliceny, dem Mann, dem er selbst wiederum sein Unglück verdanken würde, viel mehr als dem blinden Juden, falls er irgendwann den Israelis in die Hände fiel, und alles wegen der Eifersucht, die dieser seit jener Reise in den Mittleren Osten gegen ihn gehegt hatte, die er als Ranghöherer hätte machen sollen, die schließlich jedoch Klement antrat.

Endlich konnten sie sich alle zusammen auf den Rand des Sockels setzen und die mit Rinderhack gefüllten *empanadas* essen, die seine Schwiegertochter, die künftige Mutter seiner Enkel, zubereitet hatte. Kauend dachte er, dass dies der beste Ort für den Grill wäre, den jeder Argentinier noch vor allem anderen gebaut hätte, um seine *asaditos* essen zu können, während der Bau voranschritt. Aber nicht er, ganz im Gegenteil: Sein Haus würde das Erste im Lande sein, das rund um die Abwesenheit eines Grills errichtet wurde.

—

Der Abend dämmerte über Olivos, als Ricardo Klement einen Apfel kauend aus seinem Haus trat, mit seinem funkelnagelneuen Porzellangebiss. Es war die erste größere Summe, die er in sich selbst investiert hatte, seit er hier im Land lebte. Eigentlich sogar seit er denken konnte, denn weder die maßgeschneiderte Uniform, die er sich hatte machen lassen, als er heimlich bei den Braunen aktiv gewesen war, noch die Extras, die er in sein Motorrad der Vacuum Oil eingebaut hatte, als er für sie Vertreter in Oberösterreich gewesen war, und auch keins der anderen Dinge, die er seither erworben hatte, einschließlich der Schiffspassage auf der *Giovanni C,* konnte man als große Geschenke für ihn selbst auffassen, ganz im Gegensatz zu seinem glänzend weißen Porzellangebiss. Die Ausbesserung war selbst dem Zahnarzt übertrieben vorgekommen, der ihn zu überzeugen versucht hatte, dass das Problem sich mit ein paar Kronen und Brücken lösen ließe. »Nichts ist besser als Rotweinzähne, nachdem die Milchzähne ausgefallen sind«, hatte er ihm gesagt, ohne dass Klement sicher hätte deuten können, ob das eine Maxime des Zahnarztes oder gar der spanischen Sprache war oder ob der Mann herausgefunden hatte, von welcher Flüssigkeit seine Zähne, abgesehen vom Speichel, am häufigsten umspült wurden. Jedenfalls lehnte er das Angebot mit der Begründung ab, er habe nicht so lange gewartet, um die Arbeit nun halb erledigen zu lassen, selbst wenn sein Geld nur für den Oberkiefer reichte. Er sagte das nachdrücklich, wie ein vornehmer Herr, der sich etwas Großes gönnt, aber der eigentliche Grund, weshalb er es so lange vermieden hatte, sich um seine Zähne zu kümmern, war, dass er gesehen hatte, wie man den Toten, die Minuten zuvor im Lastwagen vergast worden waren, die Gold- und Silberkronen mit einer Zange herausgebrochen hatte. »Gott gebe es, dass unsere Feinde niemals Gelegenheit hätten, Gleiches dem deutschen Volke zuzufügen«, hatte Dieter Wisliceny einmal zu ihm gesagt, worauf Klement erwidert hatte, das sei ein Führerbefehl und daher solle man nicht sentimental werden. Doch allem Anschein nach war er der wirklich Sentimentale.

Der Weg von seinem Haus – beziehungsweise ehemaligen Haus, denn den Mietvertrag hatte er schon gekündigt, um endgültig nach San Fernando zu ziehen – bis zu dem von Sassen in der Calle Libertad war ziemlich weit, selbst in flottem Tempo brauchte man mindestens fünfundvierzig Minuten. Aber wenn das Wetter mitspielte, und besonders an einem Tag wie diesem, zur Blütezeit der *jacarandás,* ging Klement lieber zu Fuß und dabei im Kopf noch einmal gründlich durch, was er bereits erzählt hatte und was er diesmal sagen wollte. Auch wenn er bei diesem letzten geplanten Treffen so genau wusste, was er sagen wollte, dass er sich lediglich den gesamten Prozess noch einmal vergegenwärtigte. Wann hatte es genau angefangen? Als Sassen ihm gegenüber den Batzen Geld erwähnte, den sie mit dem Buch machen könnten, wenn sie es an einen nordamerikanischen Verlag verkauften? Oder als ihm auffiel, dass der holländische Nachname dieses theatralischen und überzeugenden Mannes, eines perfekten Selbstdarstellers, mit Doppel-S geschrieben wurde und daher seinen blinden Gehorsam verdiente? Oder war der Punkt, an dem er Sassens Drängen nachgegeben hatte, doch gewesen, als dieser ihm erzählte, er habe sich extra, um seine Worte aufzunehmen, ein Tonbandgerät aus den USA kommen lassen?

Es war ein *RCA Victor* mit offen liegender Spule, so etwas hatte Klement noch nie gesehen (und das Land, in dem er sich aufhielt, gewiss auch nicht). Sich vor eins der Mikrofone zu setzen, die an den Apparat angeschlossen wurden, zu wissen, dass seine Stimme für die Ewigkeit festgehalten wurde, und sich sogar selbst durch den eingebauten Lautsprecher hören zu können, waren Erfahrungen, deren Faszination sich in dieser ganzen Zeit fast nicht verloren hatte, selbst dann nicht, als er herausfand, dass Sassen aus Spargründen die Tonbänder wieder neu überspielte, wenn er die Aufnahmen hatte transkribieren lassen, weshalb an ihnen eigentlich nur die Möglichkeit zur Wiederverwendung ewig war.

Zu diesem Gerät hatte Klement gesprochen, mehr als zu Sassen oder den anderen Personen, die mit dabei waren oder gelegentlich zu dem samstäglichen Abendritual dazustießen, alles neugierige ehemalige Kameraden, die wissen wollten, was der Wichtigste von ihnen, der noch am Leben war und der sich auch nicht länger verstecken wollte, zu sagen hatte. Zwar hatten sie auch weiterhin vor, das Buch ohne seinen Namen zu veröffentlichen, allerdings nicht mehr, um den wahren Autor zu verbergen, der anhand seiner Aussagen offensichtlich war, sondern um seine Eigenschaft eines Untergetauchten zu betonen und so Verbreitung und Verkauf des Buchs anzuheizen. Als Teil der Werbestrategie hatten sie sogar die Möglichkeit erwogen, dass Klement einen offenen – und in diesem Fall sehr wohl unterzeichneten – Brief an Adenauer schrieb, in dem er sich der Justiz zur Verfügung stellte, jedoch einer, die aus deutschen Richtern bestand und deutschen Gesetzen unterlag.

Das Aufnahmegerät war zwar nicht von Grundig, stand jedoch für dieses unparteiische germanische Gericht, dem gegenüber der Angeklagte sich ohne Angst vor Fallstricken oder Hintergedanken ausbreiten konnte. Und das, obwohl

Sassen kein nachgiebiger Staatsanwalt war, ganz im Gegenteil. Er hatte ihn sogar getäuscht, indem er ihm Auszüge aus einem regimekritischen Buch vorgelesen hatte, ohne ihm zu sagen, dass der Autor Dieter Wisliceny persönlich war, wodurch das stets so treffliche Argument, das sei jüdische Propaganda, in diesem Fall nicht griff. Ihm selbst war unbesonnen eine Aussage entgleist, als er bestätigte, der Befehl für die Endlösung sei direkt vom Führer gekommen, obwohl es kein dies beweisendes Dokument gab, denn das Führerwort hatte stets mehr gegolten als irgendein Gekritzel auf Papier. Weder Wim Sassen noch Eberhard Fritsch, der Besitzer des Dürer-Verlags und Leiter der Zeitschrift *Der Weg,* und auch nicht Erich Rajakowitsch (Klements Mitarbeiter in Holland) oder irgendeiner derer, die anwesend waren, als man auf das Thema kam (Klement hätte nicht immer sagen können, wer diese Männer waren, er wusste nur, dass Doktor Gregor nie kam und sich im Gegenteil beklagte, er suche die Öffentlichkeit auf Kosten der Sicherheit aller, die im Land untergetaucht waren, eine Anschuldigung, die Klement ihm nur verzieh, weil er ihm seine aktuelle Arbeitsstelle bei Orbis besorgt hatte); weder Sassen noch Fritsch noch irgendwer aus dem sogenannten Dürer-Kreis, an dem Klement nun auch als Mitglied teilnahm und sich doch zugleich konstant ausgeschlossen fühlte, denn mit jeder Erinnerung, die er aus seinem Gedächtnis ausgrub, mit jeder Zahl, die er bezüglich der Judenfrage nannte, und mit jedem Detail, das er zur Rekonstruktion der Bürokratie der Vernichtung in den zwölf vom Reich beherrschten Ländern zur Sprache brachte, oszillierte er zwischen Held und Paria; niemand dort war bereit zu hören, dass Hitler irgendetwas mit der Tötung von Juden zu tun gehabt hatte, an der sie lieber auch gezweifelt hätten, wenn schon nicht an der Sache an sich, so doch zumindest an der Größenordnung.

»Meiner Meinung nach muss die Initiative aus dem politischen Sektor gekommen sein, dem Sektor Goebbels-Bormann«, hatte Klement geäußert, um seinen Gesprächspartnern zu gefallen und sich nebenbei selbst in Sicherheit zu bringen, denn sein Sektor war der von Himmler gewesen, im linken Flügel der Partei.

Es war nicht die einzige Meinung, die er im Verlauf der Gespräche dem Geschmack des Publikums anglich, wobei er eine Anpassungsfähigkeit unter Beweis stellte, die ihn immer wieder aufs Neue überraschte und – warum es sich nicht innerlich eingestehen, wo gerade kein Tonband mitlief – erstaunte. Hatte er zu Beginn versichert, er habe den berühmten Satz, den Wisliceny ihm zugeschrieben hatte, nie gesagt – dass er nämlich lachend in die Grube springen würde in dem Bewusstsein, dass vor ihm schon fünf Millionen Juden reingesprungen waren –, gab er später doch zu, dies gesagt zu haben, nicht jedoch in Bezug auf die Juden, sondern auf die Reichsfeinde insgesamt. Aber was waren die Juden schon anderes als Reichsfeinde, nicht wahr? Oder waren sie mit ihrer großen Schläue und Geschäftstüchtigkeit etwa nicht die Ersten gewesen, die das deutsche Volk nach dem verheerenden Versailler Vertrag ausgenutzt hatten? War es etwa nicht der große Anführer der Zionisten und erste Präsident Israels, Chaim Weizmann, gewesen, der dem deutschen Volk den Krieg erklärt hatte, als er sagte, dass sie aufseiten der »Demokratien« kämpfen würden? Als wäre Hitler nicht in freien und transparenten Wahlen vom Volk gewählt worden! Und als wäre das alles nicht genug, war da noch der Jude Grynszpan gewesen, der in Paris den Diplomaten Ernst vom Rath ermordet und mit seinem bar-

barischen Akt den verständlichen Zorn der sogenannten Reichskristallnacht entfesselt hatte. Und falls keiner dieser Beweise der zionistischen Perfidie ausreichte, dann sollten sie doch bitte *Germany must perish!* aus der Feder des jüdischen Amis Theodore Kaufman lesen, wo im Detail der Plan für die Ausrottung der achtzig Millionen Deutschen ausgeführt war, die noch ungeborenen nicht mitgezählt.

»Seine Idee war, eine totale Sterilisierung durchzuführen, ausgenommen nur Männer und Frauen, die schon zu alt zur Fortpflanzung waren. Kaufman schlug außerdem vor, Deutschland in noch mehr Teile zu teilen, als es jetzt schon geteilt ist, und Goethes Sprache komplett zu verbieten.«

Es waren also die Juden gewesen, die ihre eigene Vernichtung herausgefordert hatten, indem sie zuerst die Vernichtung der Deutschen vorschlugen, hatte Klement vor einem Chor beifällig nickender Köpfe erklärt (selbst das Tonbandgerät schien mit seinem leisen Knattern zuzustimmen!), auch wenn er später hinzufügte, dass es ihn nicht überraschen würde zu erfahren, dass diese Provokation aus Berechnung geschehen war, um eben genau die Reaktion hervorzurufen, die sie dann auch hervorrief, im Hinblick darauf, das internationale Mitgefühl zu erregen und so den ersehnten jüdischen Staat zu bekommen.

»Auch wenn es beunruhigend ist, wir müssen uns die Möglichkeit eingestehen, dass wir den Semiten ein Instrument gewesen sind, um ihnen den Weg für die Rückkehr nach Eretz Israel zu ebnen«, hatte Klement auf Band gesprochen, der endlich verstanden hatte, dass es dieser Verrat der Zionisten an den Assimilierten war, den man verbreiten musste, um das Andenken an den Führer reinzuwaschen und es so in einem hypothetischen Vierten Reich wieder heraufbeschwören zu können. »Jedenfalls kann ich nicht glauben, dass Heydrich oder gar Himmler in irgendwelche Verbindung mit Feindplänen gebracht werden können.«

Wenn man die israelischen Pioniere mit dem Gewehr über dem Rücken ihr Gemüse in der Wüste ernten sah, lag letzten Endes der Gedanke an die Wehrbauern nicht fern, von denen Hitler für die Zeit nach dem Endsieg und dem Sturz Stalins geträumt hatte, wenn es Osteuropa wieder aufzubauen galt. Oder setzten die Juden, genau wie die Deutschen, etwa nicht ebenfalls auf *B&B,* wie Richwitz das nannte, Blut und Boden nämlich, indem sie allmählich das Land der Palästinenser aufkauften, damit es im Besitz derer ihrer Rasse blieb? Die Israeliten wussten besser als jeder andere, dass der Schlüssel fürs Überleben in der Reinheit des Bluts lag, nicht ohne Grund lebten sie seit Jahrtausenden, ohne sich mit den zu toleranten Wirtsvölkern zu vermischen.

»Orthodoxie und der Zionismus haben den Fortbestand des Judentums gesichert«, hatte Klement im besten Tonfall eines Experten für jüdische Themen erklärt. »Was wäre mit den Juden geschehen, wenn sie eine Lauheit wie etwa der Indio in Südamerika an den Tag gelegt hätten? Was ist heute der Indianer, der einmal den ganzen Erdteil sein Eigen nannte? Während unsere Kinder mit Puppen spielten, steckten sie die jüdischen Kinder in die Talmud-Thora-Schulen, wo ihre Gehirne seit frühester Jugend geübt wurden.«

Klement hatte nichts zurückgehalten in diesem so gemütlichen Wohnzimmer voller Bücher und Schallplatten und Bilder, so voller Kultur. Ermuntert vom guten Wein, vom importierten Tabak und vom zustimmenden Gemurmel hatte er beklagt, dass man Viehwaggons nannte, was streng genommen ganz gewöhnliche Güterwaggons waren, genau wie die, welche die Soldaten auf dem Weg in den Krieg benutzten. Er hatte auch enthüllt, dass man den Juden, wenn sie ihre neuen Zielorte erreichten, zuerst eine Mahlzeit gab und ihnen erst dann das Arbeitsgerät reichte, während der Soldat vom Zug gleich in den Schützengraben sprang, ohne etwas Warmes im Magen. Allgemein aß man in den Konzentrationslagern besser als an der Front, es gab dort sogar geheime Bordelle, so gut ging es den »vergasten« Juden, während die deutschen Familienväter das Vaterland in den kalten russischen Steppen verteidigen mussten. Und damit waren sie nicht zufrieden, sie rebellierten auch noch!

Auch auf den sogenannten Todesmärschen sei niemand zu Tode gekommen, versicherte Klement seinem Gesprächspartner, dem es allerdings lieber gewesen wäre, wenn er gleich zum Rückmarsch geblasen und die Existenz dieser Märsche vollends geleugnet hätte. Er habe sie persönlich überwacht und nur zwei (2) Leichen älterer Leute gesehen, die wohl sogar bei einem sonntäglichen Waldspaziergang im Frühling gestorben wären. Den Teilnehmern am Marsch habe es an nichts gefehlt, im Gegenteil, er habe persönlich dafür gesorgt, dass Waschgelegenheiten und Behälter mit Trinkwasser entlang der gesamten Route aufgestellt wurden, von Budapest bis nach Wien. Diesen Marsch zu organisieren habe mehr Arbeit gekostet als fünfhundert Transporte nach Auschwitz, aber es sei eine Frage der Ehre gewesen. Klement hatte den Zug noch frisch in Erinnerung, der Paris nie verlassen konnte, weil sie nicht die erforderliche Anzahl staatenloser Juden zusammenbekommen hatten, um ihn zu füllen. Oder den, noch viel peinlicher, mit dem sie einige wenige Juden aus Dänemark hatten rausholen können und den er später auf Befehl des Auswärtigen Amtes, das sich ständig aus dummen diplomatischen Bedenken in seine Operationen einmischte, hatte zurückschicken müssen. Die Märsche waren eine Ehrensache, weil man den Feinden beweisen musste, dass man sich nicht davon abhalten lassen würde, die Lager mit Material zu versorgen, nur weil sie die Eisenbahnlinien bombardierten. Warum kümmerten sie sich nicht selbst um den Abschaum, statt sie bei ihren Hygienemaßnahmen zu behindern? Nicht einmal in Argentinien, diesem völlig unbesiedelten Land, das fast die Größe Europas und nicht mehr als fünfzehn Millionen Einwohner hatte, hatten sie den Auserwählten Gottes Eintritt gewähren wollen! Nicht einmal Gott selbst wollte sie in sein Reich aufnehmen und hatte Klement und seine Parteigenossen deshalb ihre Arbeit nicht fertig machen lassen!

»Denn es wetterten zwar alle Regierungen der Erde gegen die Maßnahmen, die wir Nationalsozialisten bezüglich unseres Judenproblems ergriffen hatten, und sie schlachteten unser Vorhaben propagandistisch gegen uns aus«, hatte Klement deklamiert, »und trotzdem war keiner bereit, auch nur den kleinen Finger halb zu krümmen, um diese von ihnen so tränenreich bejammerte Not zu lindern. Heuchler. Schweine. Sollen sie doch alle verrecken!«

Klement bog in die Avenida Yrigoyen in Richtung der Panamericana-Autobahn ab. Die Stille im Viertel war absolut, nur mit einer Wanderung durch die österreichischen Alpen vergleichbar, oder sogar noch stiller als dort, wenn man bedachte, dass das Land wieder in einer politischen Krise steckte, nachdem die verfassungsgebende Versammlung in ihrem Versuch, eine neue Verfassung zu schreiben, gescheitert war und der Präsident, ein General mit einem sehr lustigen Namen, Aramburu, das klang wie aus einem Kinderlied, sich gezwungen gesehen hatte, demokratische

Wahlen auszurufen – ein unverzeihliches Anzeichen für das Scheitern einer De-facto-Regierung. Doch auch in Europa hatte es mitten im Krieg Tage und Orte gegeben, an denen man vergessen konnte, was gerade geschah. Das Leben ging weiter, hatte Klement bei jedem Familienbesuch in Linz bemerkt. Die Welt war selbst für einen totalen Krieg zu groß.

Je näher er dem Zentrum kam, desto zivilisierter und besser organisiert wurde das Viertel – genau wie sein Bericht, je mehr Wochen und Monate mit Interviews verstrichen. Zwar waren sie natürlichen Stimmungsschwankungen unterworfen, die vor allem durch Provokationen ausgelöst wurden; wie als man ihm den Hünen Ludolf von Alvensleben anschleppte, der nicht nur ranghöher war als er, und das in der sehr viel renommierteren Waffen-SS, sondern auch noch die Deportationen als einen undeutschen Akt einordnete, vielleicht weil sie ihm nicht die Dividenden brachten, die er aus seinen Massakern mit vorgehaltener Pistole zog. Wenn man diese Momente der Verunsicherung und Irritation abzog, hatte Klement es mit der Zeit und Übung geschafft, den passenden Ton zu finden, den er seinem Bericht der Ereignisse geben wollte, nämlich den von Peter Roseggers Alpenerzählungen. Die jungfräuliche Schönheit des Böhmerwaldes, die wohltuende Stille des Alleinseins in der Welt und das angenehme Schweigen eines, der allein auf der Welt ist und in diese Welt seine Vorstellungen über das Werden des Seins im Lauf der Zeiten hineindenkt, dieses ganze idyllische Universum seiner Kindheit hatte es Klement erlaubt, den Krieg in Berlin geistig unbeschadet zu überstehen, indem er allabendlich mit einigen Minuten Lektüre das ihn verdrießende Gegenwartsgeschehen vergaß. In diesem Ton also hatte er dem Kreis seiner Zuhörer erzählt, wie man ihm, als er auf seiner Reise durch Palästina den arabischen König Abdullah besuchte, gesagt habe, falls der König ihn zum Schachspielen auffordere, sei er arm dran, wenn er ihn nicht gewinnen ließe; oder wie ihm, als er das Weingut von Oberstleutnant László Ferenczy im Umland von Budapest besuchte, ein kleiner Imbiss ungarischer Art verabreicht wurde, bestehend aus Fleisch- und Speckstücken mit Zwiebeln dazwischen, die auf Ruten gespießt waren; oder wie es, als er ein Lazarett befreite (wofür er später ein Eisernes Kreuz erhielt), so schien, als stünden die meisten der Genesenden mit einem Fuß im Grab, doch als er zu ihrer Rettung kam, waren sie plötzlich imstande, zu gehen; oder wie er, als er mit seiner kleinen Truppe an einem Gut haltmachte und sich einen Liter Milch servieren ließ, diesen natürlich aus eigener Tasche bezahlt habe, denn »Korrekt ist korrekt!«; oder von dem Mal, als er Löwenherz eine Ohrfeige versetzte und sich anschließend vor all seinen Untergebenen bei ihm entschuldigte; oder wie er einen Offizier beim Verprügeln eines Zivilisten erwischte, der Vorräte des Heers hatte stehlen wollen, und ihm erklärte, man schlage Zivilisten nicht, allenfalls stelle man sie vor ein Kriegsgericht und erschieße sie.

»In Bestrafungsfragen war der Reichsführer sehr penibel«, hatte er einmal erzählt. »So erlaubte er in einem Erlass bestimmte Strafen in den KZs und umschrieb genau Anzahl und Zuständigkeit der zu erteilenden Stockhiebe. Diese durften nur in Anwesenheit eines Arztes erteilt werden, und Wasserkübel mussten bereitstehen. Über zwölf Stockhiebe konnte nur der Abteilungschef entscheiden, fünfundzwanzig nur der Chef der SIPO und des SD, und fünfzig Stockhiebe waren eine Strafe, die sich nur Himmler selbst vorbehielt.«

Es wirkte widersprüchlich, sich im Ton eines Kindermärchens über Taten biblischen Ausmaßes wie jene vom Nationalsozialismus vollbrachten zu äußern, die erste große Schlacht, die die westliche Welt seit den Kreuzzügen im Mittelalter führte – wenn nicht seit den Punischen Kriegen oder seit Anbeginn der Geschichte überhaupt. Aber in dem Maß, in dem mehr und mehr Aufnahmesitzungen dazukamen – vielleicht weil dieser kleine geheime Kreis flüchtiger Kameraden in ihm wieder dieselben Empfindungen von Rückhalt und Bedeutsamkeit geweckt hatte, die ihn damals an der winzigen verbotenen Partei, zu der ihn sein Freund Ernst Kaltenbrunner mitgeschleppt hatte, so angezogen hatten –, entdeckte Klement allmählich, dass die Ereignisse nur im Ton des Waldbauernbuben, jenes halb analphabetischen Kindes aus Roseggers Buch, ihren unschuldigen, wundersamen, quasi gewaltlosen Charakter zurückgewannen, den sie von Beginn an in den patriotischen Träumen jener idealistischen, romantischen jungen Männer gehabt hatten, egal wie blutig die Ereignisse in der Realität dann geendet haben mochten. Schuld daran waren die Hartnäckigkeit ihrer Feinde und der Verrat ihrer angeblichen Bündnispartner und allgemein die Feindseligkeit eines Kontinents, der allem Anschein nach noch nicht reif war, sich selbst bei der Lösung seines größten Problems zu helfen. Und so, in diesem idyllischen, abenteuerlustigen, teils sogar schelmenhaften Ton, gingen weder die Größe noch die Relevanz des Erzählten verloren, denn niemand verleiht dem, wovon er erzählt, mehr Nachdruck als ein Kind. Es war, als gewönne die Erzählung durch die verniedlichende Perspektive ihre wahre Dimension und behielte zugleich die ursprüngliche Aura von damals, als sie noch keine weltbeschmutzte Erinnerung war, sondern ein makelloses Bild der Zukunft.

Klement erreichte die Calle Libertad auf Höhe der 2700er-Hausnummern – hier war sie bereits asphaltiert und man atmete eine andere, elegantere Atmosphäre, wenngleich im Hintergrund die Fahrzeuge zu hören waren, die auf der Panamericana Richtung Norden rasten – und drückte die Klingel des geklinkerten Hauses, das durch seinen fein säuberlich gepflegten Vorgarten hervorstach. Sassens Tochter Saskia öffnete ihm die Tür, eine zehnjährige junge Dame, die ihn immer in einem tadellosen Kleidchen empfing und ihm ganz förmlich die Hand entgegenstreckte. Man sah, dass ihr Vater ihr beigebracht hatte, dass dieser Mann, dem sie zuerst im Restaurant »Zur Eiche« begegnet war und der sie jetzt jedes Wochenende zu Hause besuchte, eine wichtige Persönlichkeit war. Er trat ins Wohnzimmer, wobei er sich weiter vorbeugte, als er das beim Laufen ohnehin tat, eine chronisch geneigte Haltung, die ihm vom häufigen Betreten von Müllers und Himmlers Büros geblieben war, jetzt allerdings mit dem Krempenhut in der Hand statt mit einer SS-Mütze. Am besten gefiel ihm in diesem Ambiente mit modernen Möbeln und schweren Vorhängen der Geruch, oder die Mischung von Gerüchen: Vom süßen Duft des Pfeifentabaks und der importierten Parfüme bis hin zum herberen der Asche im Kamin, der Sesselpolster und des Bohnerwachses war alles zu erkennen. Und dann natürlich die Bücher, dieser Geruch nach geschichtsschwangerem Papier, der alle anderen Gerüche umhüllte und ihnen Volumen gab.

»Ein Gläschen Wein?«, bot Sassen zum Willkommen an.

»Aber natürlich, und wenn es das Letzte ist, was man mich machen lässt«, antwortete Klement und dachte sich tatsächlich, falls man ihn eines Tages zum Tod am Galgen verurteilte, würde er zum Schluss keine Zigarette rauchen, sondern eine halbe Flasche Wein trinken.

Gleich darauf kam Fritsch, wenn auch nicht von der Straße, sondern von der Gästetoilette, und zwei weitere Personen klingelten an der Tür, Pedro Geller und noch ein Pedro, Pobierzym, bei dem jedoch der Vorname echt war. Sie plauderten etwas, bevor sie das Aufnahmegerät einschalteten, das bereits auf dem Wohnzimmertisch bereitstand wie ein Dornröschen, das sehnsüchtig darauf wartet, von den Stimmen wachgeküsst zu werden; so zumindest empfand es Klement, der zu diesem Gerät eine ganz eigene, intime Beziehung entwickelt hatte. Sassen sagte, dass sie noch auf Constantin von Neurath warteten, der gemeinsam mit dem Helden Hans-Ulrich Rudel das Kameradenwerk gegründet hatte, die braune Organisation, der Einwanderer wie Klement so viel zu verdanken hatten. Er hatte versprochen, Josef Schwammberger mitzubringen, den ehemaligen Kommandanten mehrerer Zwangsarbeiterlager im Umkreis von Krakau.

»Sie sind Kollegen bei Siemens«, erklärte Sassen, »aber ein Vögelchen hat mir geflüstert, dass Neurath bald zum Direktor befördert werden soll.«

Sie warteten noch eine Weile, tranken Wein und aßen selbst gebackene Spekulatius von Sassens Frau. Dabei sprachen sie über die politische Lage – allerdings nicht die in Argentinien, denn niemand hätte es gewagt, eine Meinung zu diesem konstanten Chaos zu äußern, nicht einmal Sassen, der für die Zeitschrift *Life* einen langen Artikel über Perón und Aramburu geschrieben hatte (freilich ohne zu irgendeinem Schluss zu kommen). Ihr Gesprächsgegenstand war Adenauer, der im vorigen Monat zum dritten Mal in Folge wiedergewählt worden war, und zwar mit einer absoluten Mehrheit. Wie hatte das deutsche Volk den Mann wiederwählen können, der diese schmähliche

Wiedergutmachung erdacht hatte? Sassen zitierte aus dem offenen Brief eines Juden, den *Der Weg* veröffentlicht hatte und der enthüllte, dass die Millionen D-Mark Entschädigung, für die das deutsche Volk seit Jahren mit seinen Steuern aufkam, nicht in die Hände der Juden gelangten, die behaupteten, ihre Häuser unter Wert verkauft oder während des Krieges ohne Bezahlung gearbeitet zu haben, sondern direkt in die dunklen Truhen des internationalen Zionismus flossen. Die Juden bestahlen sich also sogar gegenseitig!

»Und dieser Brief …«, hob Pedro Geller an und machte dann eine Pause, um die Frage nicht ganz aussprechen zu müssen, denn er nahm an, dass alle dort die Methodik kannten, die die Zeitschrift zur Untermauerung ihrer Positionen benutzte, zum Beispiel bei dem brisanten Thema der Anzahl Juden, die in den Händen des Regimes gestorben waren, wofür sie kreative eigene Statistiken verwendete, die sie unter sich natürlich nicht zitierten, wenn sie das Problem ernsthaft erörtern wollten; doch da niemand seine Absicht zu verstehen schien, musste er hinzufügen: »Das heißt, er ist authentisch?«

»Natürlich ist er authentisch!«, regte Fritsch sich auf. »Ich habe ihn selbst geschrieben!«

Der Witz wurde mit Gelächter von allen Seiten gefeiert, einschließlich Klement, der erst allmählich lernte, ungeniert seine Zähne zu zeigen. Das reichte jedoch durchaus nicht, um alle Zweifel zu vertreiben, weder über die Echtheit des Schreibens noch über seinen Wahrheitsgehalt. Das Gefühl, dass der Inhalt vielleicht nicht einmal teilweise wahrheitsgetreu war, schwebte im Raum, wie es der Geruch von Fritschs Urin getan hätte, hätte er ihn an einer Stelle abgelassen, von der der Wind herüberwehte.

»Nun, offensichtlich konnten unsere Freunde sich nicht von ihren Verpflichtungen freimachen. Wollen wir also anfangen?«, sagte Sassen und schaltete das Tonbandgerät ein.

Das Klacken des sich in den braunen Kasten senkenden weißen Schalters und das Surren des über die Rollen laufenden Bandes reichten aus, damit Klement automatisch den Körper straffte und sich räusperte. Er wartete noch einige Sekunden, dann verkündete er, mit Erlaubnis des Kameraden Sassen und angesichts der Tatsache, dass sie am Ende ihrer Unternehmung angelangt seien, zumindest in der Hinsicht, dass er glaube, nun alles gesagt zu haben, was er zu sagen habe, wolle er gleich als eine Art Schlusswort einige kurze allgemeine Reflexionen kundtun.

»Erstens muss ich Ihnen sagen, mich reut gar nichts«, sagte er, auch wenn er vorgehabt hatte, das am Ende zu sagen. »Es wäre sehr leicht für mich, mich reuig zu zeigen, so zu tun, als wäre aus einem Saulus ein Paulus geworden.«

Er bereue nur, fuhr er fort, seine Arbeit nicht abgeschlossen zu haben. Wenn sie wirklich die 10,3 Millionen Juden getötet hätten, von denen der Bericht sprach, den Korherr 1943 für Himmler angefertigt hatte, dann hätte man sagen können, dass sie die künftigen Generationen von der Aufgabe befreit hätten und dass diese in einem Europa geboren werden würden, welches für immer von den staatenlosen Blutsaugern gesäubert war. Leider sei dieses Ziel nicht erreicht worden, denn sie kämpften gegen einen Feind, der sich durch vieltausendjährige Schulung und Übung als geistig überlegen erwies.

»Noch Äonen vor der Gründung Roms konnten diese Leute bereits schreiben, und aus diesen Erkenntnissen heraus kämpfte ich ja gegen diesen Gegner.« Er veranschaulichte seine Theorie, dass sie eine den Deutschen überlegene Rasse seien, mit etwas Schlechtem, dem Intellektualismus, was genau betrachtet ihre eigentliche Unterlegenheit offenbarte. »Ich hätte mehr machen können und müssen. Aber mein Geist und meine physische Härte waren der mir aufgetragenen Aufgabe nicht gewachsen, außerdem hatte ich das Pech, auf eine Legion von Leuten zu stoßen, die dagegen anstanken, die Interventionisten, die mir Sand ins Getriebe streuten, um diesen oder jenen Juden zu retten. Wie dem auch sei, ich bin mit schuld daran, dass die wirkliche, umfassende Eliminierung, so wie sie irgendeine Stelle vielleicht vorgesehen hatte oder sie mir vorschwebte, nicht hat durchgeführt werden können.«

Klement hob den Kopf, um die Wirkung seiner Captatio Benevolentiae angesichts der schmerzlichsten – der rassischen – Niederlage zu ermessen, aber er stieß auf dieselben feindseligen Gesichter wie am Anfang ihrer Aufnahmen. Diese Verachtung für seine – wenn auch unvollendete – Arbeit erinnerte ihn an die Himmlers, der Klements Vorschlag abgelehnt hatte, bei der geplanten Ausstellung über die Volksdeutschen, die sie aus den annektierten Ländern heim ins Reich geholt hatten, einen Abschnitt einzurichten, in der seine Arbeit in die entgegengesetzte Richtung präsentiert wurde, nämlich beim Export undeutscher Deutscher. Merkten sie nicht, dass das zwei Seiten derselben Medaille waren? Niemandem hier war unbekannt, dass das, was die andere Seite *Klassenkampf* nannte, dem entsprach, was sie als einen *Rassenkampf* auffassten. Und dennoch schien niemand bereit, die Konsequenzen dieses Kampfes zu akzeptieren, und auch nicht seine zentrale Stellung im tausendjährigen Plan. Sie reagierten auf Klements Berichte wie Klement auf die Folgen seiner Transporte, als wäre er für diese Leute ein Massengrab, eine Gaskammer, jener Blutstrahl, der plötzlich aus der Tiefe einer bereits erdbedeckten Grube sprudelt wie ein widerwärtiger roter Geysir.

In diesem Moment wusste Klement, dass sie ihn vergessen würden, so wie auch er vergaß, was er gesehen hatte, zumindest die meiste Zeit über. Diese Leute würden nicht angesichts der Tatsachen kapitulieren, nicht einmal angesichts der Konsequenzen dieser Tatsachen. Aber er würde das auch nicht tun. Anstatt ihnen für ihre Zwecke zu dienen, würde er sie eben für seine eigenen nutzen.

»Des Menschen Tun und Denken wird bestimmt vom Geist der Zeit, in der er lebt«, sagte er, langsam und getragen, jedem Wort das nötige Gewicht für seine Reise in die Zukunft gebend, wenn irgendjemand diese Tonbänder wiederentdecken und seine Taten endlich rehabilitieren würde, mit all ihren Schwächen, aber auch mit all ihren Tugenden. »Mein Tun und mein Denken wurden bestimmt von der Lage meines Volkes, wie sie sich aus dem Schmachvertrag von Versailles ergab, und von dem Diensteid, der mich an den Führer band. Ich war zunehmend überzeugt von der unbedingten Notwendigkeit eines totalen Krieges. Unser Dilemma war: Sieg oder vollkommener Untergang des deutschen Volkes. Wahrscheinlich ist die subjektive Einstellung meiner Kollegen von der anderen Seite in etwa die gleiche wie meine. Der Unterschied ist, dass unsere angeblichen Kriegsverbrechen tatsächlich im Rahmen eines Krieges geschahen, während die meiner Kollegen vielfach erst *nach* dem Krieg stattfanden. Wie dem auch sei, ich ziehe es vor, dass meine unbedeutende Person in einer Affäre stecken bleibt, ehe der Eindruck erweckt wird, dass ich mich wie eine Ratte zu retten versuche. Wenn mir aufgetragen worden wäre, ein Konzentrationslager zu befehligen, so hätte ich es getan. Im Gegensatz zu vielen ehemaligen Kameraden will, kann und muss ich sprechen und schreie in die Welt hinein: Wir Deutsche taten nur unsere Pflicht und sind daher nicht schuldig.«

IV B 4 b

IN DER DRITTEN PERSON

»Sind die Lampen für die Rückleuchten vom W111 gekommen?«

Schon als er die Schritte durch den Gang näher kommen hörte, hatte Klement schnell begonnen, alte Rechnungen abzuheften. Auf diesen Vorwand griff er stets zurück, wenn er vortäuschen musste zu arbeiten, so wie vor einer Weile, als er sich vor der Betriebsversammlung drücken wollte, auch wenn ihn die Aussicht ein wenig beunruhigte, die Abfahrt der unternehmenseigenen Busse könne sich verzögern und er den Anschluss zum 203er um 19.07 Uhr verpassen. Der Bus fuhr im Übrigen oft einige Minuten zu früh ab – eine Form der Unpünktlichkeit, die Klement stärker störte als die entgegengesetzte, an die er sich im Lauf der Jahre allmählich gewöhnt hatte, auch wenn er sie nicht übernehmen konnte, weil von ihm jedermann die größte Pünktlichkeit der Welt erwartete, eine fast genetische Pünktlichkeit – vor allem hier, im Werk von Mercedes-Benz, seinem Arbeitsplatz seit etwas mehr als einem Jahr, wo der Anteil an Deutschen vermutlich höher war als im Stuttgarter Hauptsitz, in den anscheinend große Gruppen von vornehmlich türkischen Gastarbeitern eingefallen waren. Wenn sie schon keine Autos auf eigenem Boden produzierten, dann sollte es doch zumindest mit eigenem Blut geschehen, wie Horst Carlos Fuldner ihm gesagt hatte, als er ihm die Stelle besorgte, nachdem Klement sich bei ihm über seinen Hungerlohn bei

Orbis beklagt hatte. Der eigentliche Grund für seine Klage war jedoch gewesen, dass ihm die Arbeit dort nicht gefiel, so nahe sie auch thematisch der Arbeit stand, die er in seinem Leben am besten erledigt hatte – es war eine Sache, einen Kontinent von Juden zu säubern, und etwas ziemlich anderes, Gasöfen zu vertreiben.

Doch so arisch das Unternehmen auch gern gewesen wäre, um sich bei seinen moralischen Besitzern beliebt zu machen (die tatsächlichen Besitzer waren Argentinier), hatte man sich nach Peróns Sturz und dem späteren Eingreifen der befreienden Revolutionäre anpassen müssen, die eine unrechtmäßige Nutzung der Fabrik zum Zweck der Geldwäsche von Nazivermögen vermuteten (und nach allem, was Klement gehört hatte, lag der Verdacht der Wirklichkeit nicht sonderlich fern). Wie dem auch sei, mit der neuen Regierung unter Arturo Frondizi von der Radikalen Partei und unberührt von der das Land erschütternden Gewalt, welche die peronistische Opposition zu entfalten begann, war Mercedes in die Hände seiner Besitzer zurückgelangt. Die Firma konnte nun frei operieren, wenn auch nicht ohne Spuren der Verzagtheit, wie die Einstellung von Jesusmördern zeigte. Etwa von dem – wenn man vom Teufel spricht! –, der gerade in die Ersatzteilabteilung trat, zu deren Chef Klement bald werden sollte, wie ihm in Aussicht gestellt worden war.

»Nächsten Mittwoch«, antwortete Klement ebenfalls auf Deutsch, ohne von seiner Mappe aufzublicken.

»Ach so, ich hatte verstanden, es wäre diesen.«

»Dann haben Sie das falsch verstanden.«

David Kraut hatte vor einigen Monaten bei der Firma angefangen, man wusste noch nicht so genau, in welcher Position, nur dass er Pole war und vor dem Krieg hergekommen war – wie der Blinde, der zum Schwiegervater seines Sohns hätte werden können. (Was war wohl aus dessen reizender Tochter geworden? Und was aus ihm selbst, nun, da er nicht die saftige Belohnung für Klements Ergreifung kassiert hatte?) Klement war Kraut schon einmal im Gang begegnet und einmal auf dem letzten Abteilungstreffen. Jetzt stand er ihm zum ersten Mal direkt gegenüber, und sie waren mehr denn je unter sich, da alle anderen Mitarbeiter der Abteilung gerade entweder auf der Versammlung waren oder krank oder sich bei Lieferanten befanden. Krauts Anwesenheit in dieser Art Lagerraum war besonders inkongruent, wenn man bedachte, dass Klement sich dort genau so fühlte wie in dem Museum für Freimaurerei, wo er nach seinem Eintritt in den Nachrichtendienst Siegel hatte sortieren müssen. Das erinnerte ihn daran, wie ihnen Julius Streicher, der Herausgeber des *Stürmers,* dort einmal einen Besuch abgestattet hatte und sie ihm – wie sie es als beliebten Scherz immer taten – vorschlugen, den Namen eines beliebigen Bürgers zu nennen und ihm dann zu beweisen, dass auf den Karteikarten des Museums wirklich alles festgehalten war. Streicher erwähnte seinen Adjutanten, sie suchten die entsprechende Karte, und es stellte sich heraus, dass der Mann tatsächlich einer Loge angehört hatte, woraufhin Streicher die Besichtigung sofort abbrach.

»Haben Sie Feuer?« Kraut stellte bessere Nerven als Streicher unter Beweis, obwohl er noch weniger hierhin gehörte, als dieser es damals getan hatte.

Klement stand von seinem Stuhl auf und schritt um seinen Schreibtisch herum zu dem niedrigen Metalltresen. Er erinnerte sich nun an einen weiteren illustren Besucher jener Zeit, nämlich Göring höchstpersönlich, der in Gesellschaft von Himmler und Heydrich vorbeigekommen war. Der Reichsmarschall wollte die neuen Karteiräder begutachten, die sich wie ein Harmonium auffächerten und in denen man ordnungsgemäß gelochte Karteikarten automatisch suchen konnte, und sich nebenbei über die Fortschritte beim Erreichen der Utopie eines Spiegelbildes aus Pappe für jeden der achtzig Millionen Deutschen informieren. Beim Gehen hatte er seine brennende Zigarette im Aschenbecher auf Klements Schreibtisch vergessen, die Klement dann aufgeraucht hatte. Eine einfache Anekdote, die aber bei jeder Art von Publikum gut ankam. Und wenn er probierte, sie auch diesem Juden zu erzählen?

»Dankeschön. Mögen Sie?«

Klement nahm den ungleichen Tausch an. Eine dieser importierten Zigaretten musste hundertmal mehr wert sein als eine Flamme aus seinem Feuerzeug, das er im Übrigen auch noch geschenkt bekommen hatte. Mit Gedanken an die ruinösen Wechselkurse, die er den jüdischen Devisen aufgebrummt hatte, ohne dass sich irgendwer aus dieser Gemeinschaft beschwert hätte (das hatte nur seine eigene Regierung), kam er zu dem Schluss, dass die Juden im Grunde eigentlich nur darauf warteten, dass man sie zu schlechten Geschäften zwang, geprägt von der über Jahrhunderte angehäuften Schuld, denn so lange verschafften sie sich bereits Vorteile durch Tricks, die ebenso plump oder noch plumper waren als sein Coup mit den Wechselkursen.

»Ich glaube, wir hatten noch keine Gelegenheit, uns vorzustellen.« Sein Gegenüber streckte die zigarettenfreie Hand aus. »David Kraut, sehr erfreut.«

»Ricardo Klement ...« Er erwiderte den Händedruck schlaff und betonte die darauf folgende Stille.

»Sie sprechen sehr gut deutsch für einen Italiener.«

Der andere wusste also auch mehr über ihn, als er ihm anvertraut hatte, ihm oder irgendwem sonst in diesem Unternehmen. Er maßte sich sogar an, Werturteile über sein Deutsch zu fällen, trotz der Abart des Deutschen, die er selber sprach, die weniger gelernt als gewaltsam eingetrichtert schien und wie mit der Sehnsucht ausgesprochen, sich von ihr zu befreien. Er betonte die Worte so überdeutlich, dass es klang, als wollte er sie aufbrauchen oder eins nach dem anderen kaputt machen, damit sie zu nichts mehr nütze waren und er sich so diesen ganzen Sprachbatzen vom Hals schaffen konnte. Sicherlich war sein Spanisch noch schlechter, aber er sprach es bestimmt nicht mit solcher Verachtung.

»In Südtirol wird mehr deutsch als italienisch gesprochen, zumindest war das zu meiner Zeit so.«

»Und welche Zeit war das?«

»Vor dem großen Kampf.«

Klement erwog, ihm ebenfalls eine persönliche Frage zu stellen, damit der andere nicht glaubte, er wisse bereits alles, doch dann schwieg er lieber weiter, um dessen Verdacht zu bestätigen. Dieser mickrige, grauhaarige Kerl mit dem unsteten, nagetierartigen Blick musste unbedingt begreifen, dass er gerade – schon wieder! – fremden Lebensraum einnahm und dass er ihm das nur so lange zugestehen würde, wie sie, seine wahren Herren, ihn für tolerierbar hielten.

»Ich bin auch vor dem Krieg gekommen«, erzählte der andere, ohne gefragt worden zu sein. »Aber ein Teil meiner Familie ist zurückgeblieben und in Auschwitz gestorben.«

»In Auschwitz? Aber das ist ja entsetzlich!« Klement hob die Augenbrauen.

Sie aschten ihre Zigaretten gleichzeitig im Aschenbecher ab und führten sie sich gleichzeitig wieder an den Mund, um Rauch einzuatmen, wieder fast genau gleich lang, in einer seltsamen Form der Empathie oder gar Brüderlichkeit.

»Gehen Sie nicht zu dem Treffen?«

Klement hätte beinah gefragt, welches Treffen er denn meinte, doch begriff dann, dass er von der Versammlung sprach; sicher benutzte er ein und dasselbe Wort für die ähnlichsten oder unähnlichsten Dinge, weil er die anderen Ausdrücke schon vernichtet hatte.

»Habe ich ganz vergessen«, sagte Klement, und das war ein Wink, schließlich hatte auch dieser Mann nicht teilgenommen.

»Ich weiß nicht, was sie damit bezwecken wollen«, sagte Kraut, augenscheinlich fing er langsam an, sich wie zu Hause zu fühlen. »Der Betrieb ist doch sehr großzügig, es gibt alle nur vorstellbaren Annehmlichkeiten.«

Klement dachte an den Waschraum, wo er sich dienstags und freitags nach Feierabend zu waschen pflegte, um das nicht bei sich zu Hause tun zu müssen, wo es kein fließendes und erst recht kein warmes Wasser gab.

»Nun gut, ich muss noch ein paar Dinge fertig machen, bevor mein *Mercedes mit Chauffeur* abfährt.«

»Sie haben ein Auto?«

Klement zeigte sein Gebiss. Was für ein beschränkter Typ. Es war wirklich ein großzügiger Betrieb.

»So nennt man hier die Busse, die *colectivos,* haben Sie das noch nie gehört?«

»Aber haben Sie nun ein Auto oder nicht?«

Klement wollte gern seiner Arbeitskleidung zum Trotz offensichtlich machen, dass er auf einem niedrigeren Posten saß, als ihm eigentlich gebührte. Auch als Geigenspieler stand er lieber eine Stufe unter der, die seinem Können entsprach, und wann immer er mit anderen spielte, wählte er die zweite Geige. Um das Ganze zu erfassen, war nichts besser, als einen Schritt zurückzutreten.

»Wie schon gesagt, ich fahre nur Auto, wenn ich einen Chauffeur habe«, beharrte er, auch wenn es diesmal kein Witz war, sondern lediglich ein Anachronismus.

»Wenn Sie möchten, kann ich Sie mitnehmen. In welcher Gegend wohnen Sie?«

»So viele Fragen zu so später Stunde.«

»Ich bin der neue Verkaufschef«, vollendete der andere seine Vorstellung mit dem, was ganz am Anfang hätte stehen sollen. »Wir überlegen, einen neuen Sparplan zum Autokauf zu starten. Also sparen, bis man sich ein Auto leisten kann. Natürlich nur für die Angestellten des Unternehmens und zu sehr vorteilhaften Konditionen.«

»Ja, ja, ich habe Sie schon verstanden.«

Klement wusste nicht, was er mehr hasste: wenn er sich wiederholen musste oder wenn andere für ihn etwas wiederholten. Vermutlich Zweiteres, weil das nicht von ihm abhing, und es deprimierte ihn, sich auf der Arbeit wieder mit Juden herumschlagen zu müssen. Es war wie damals, als er ihnen in der Nähe von Bergen-Belsen Eier verkauft hatte, aber jetzt hatte er obendrein auch noch einen untergeordneten Posten inne. Er tröstete sich mit dem Gedanken, dass das Blatt sich schon irgendwann wieder wenden werde.

»Ich muss mein Haus fertig bauen, danach vielleicht«, log er. Das Letzte, was er in diesem Land mit seinem wahnsinnigen Verkehr machen würde, war, selbst Auto zu fahren. Da verließ er sich lieber auf die Busfahrer, denen dieses Chaos zumindest im Blut lag.

Er versenkte seine Zigarette zwischen den Stummeln, die sich im Lauf des Tages angesammelt hatten, der andere tat es ihm nach und streifte dabei fast seine Finger, weshalb Klement seine Kippe losließ, ohne sie fertig auszudrücken, obwohl er es normalerweise nicht leiden konnte, wenn die Zigaretten im Aschenbecher weiterqualmten.

»Die Lampen kommen dann also nächsten Mittwoch?«, wiederholte Kraut sich.

»Wenn der Zoll sie freigibt, denn eigentlich sollten sie schon heute kommen«, widersprach Klement sich selbst absichtlich und genüsslich, um in seinem Gegenüber das Gefühl hervorzurufen, er habe sich geirrt und zugleich nicht geirrt, die irrigste nur mögliche Empfindung.

Während er wartete, dass die Schritte des anderen sich entfernten, schob er den Aktenordner von sich und dachte daran, wie paradox es war, dass es durch die sich auf dem Schreibtisch ansammelnde Unordnung umso mehr so aussah, als arbeitete man, je weniger man tatsächlich arbeitete. Krauts Besuch hatte bei ihm einen üblen Nachgeschmack hinterlassen, vor allem weil er zu anderen zweifelhaften Erscheinungen der letzten Zeit hinzukam, angefangen bei diesem Feuerzeug, mit dem er gerade herumspielte. Es war ein Geburtstagsgeschenk, das eine unbekannte Frau seinem Sohn Klaus durch den Laufburschen eines Hotels hatte schicken lassen, der damit eines Morgens in der Werkstatt, in der sein anderer Sohn Dieter arbeitete, aufgetaucht war. Am meisten Sorgen bereitete Klement, dass der Bote vorher bei seinem früheren Haus in der Calle Chacabuco vorbeigegangen war, denn diese Adresse stand auf dem Paket, merkwürdigerweise in Kombination mit dem Namen Klaus Klement, dabei hatte er seinen Sohn diesen Nachnamen nie verwenden lassen, der nun wirklich nicht das Kreuz seines Vaters tragen musste. Das machte ihm deswegen Sorgen, weil in der Calle Chacabuco ein Schreiner arbeitete, den der Besitzer zusammen mit einigen Malern beauftragt hatte, das Haus vor der Neuvermietung zu renovieren, und den Klement auch mit zu seinem neuen Wohnsitz in San Fernando genommen hatte, damit er ihm die Haustür aus Holz baute (eine Laune von Vera, er hätte lieber eine aus Metall gehabt). Dieser Mann, dem er einiges an Geld schuldete, hätte dem Boten, der ganz offensichtlich versuchte, durch diesen typischen Geheimdiensttrick etwas herauszufinden, ruckzuck Klements neue Anschrift verraten können.

Der andere seltsame Besuch, der nun eine beunruhigende Färbung annahm, hatte sich einige Tage später ereignet, als ein Amerikaner Vera mit dem Vorwand aus dem Haus geklingelt hatte, er wolle sie nach Empfehlungen für die Gegend fragen, und behauptet hatte, sein Unternehmen wolle dort eine Nähmaschinenfabrik bauen – dabei gab es in der Gegend noch nicht einmal Strom. Da Vera gerade mal ein bisschen Spanisch sprach, kümmerte Margarita, die Frau von Klaus, sich um den Besuch. Sie war in Tucumán auf eine englische Schule gegangen und meinte später, das Englisch der Männer sei merkwürdig gewesen und habe nicht nach *yankees* geklungen. Aber sie waren freundlich und gut angezogen gewesen, sie hatten sogar einen Aktenkoffer dabeigehabt, und es stimmte, das Licht (wie die Argentinier die Elektrizität pauschal nannten) würde früher oder später kommen, die Flussufer würden früher oder später befestigt werden, und bis dahin waren die Grundstücke wenig wert und frei von Steuern. Das hatte Klement sich damals gesagt, auch wenn er sich nun noch an einen weiteren Besuch erinnerte, der nur wenige Minuten gedauert hatte, von einem jungen Argentinier, der ein Haus für seine Familie in der Gegend suchte. Was war los? Wollte sich plötzlich alle Welt in San Fernando niederlassen? Klement hatte das sogar mit einem gewissen Stolz gedacht und schon überlegt, ob er vielleicht so einen guten Riecher gehabt hatte und die Gegend bald so angesagt wäre wie Olivos. Doch jetzt erinnerte er sich, dass auch dieser junge Mann einen Aktenkoffer dabeigehabt hatte, obwohl es ein Sonntag gewesen war, und das Feuerzeug fiel ihm aus der Hand. Und wenn in diesem Koffer eine geheime Kamera versteckt gewesen war?

Plötzlich erinnerte er sich, wie er als Obergefreiter der Luftwaffe Otto Barth verkleidet (den Namen hatte er von einem real existierenden Lebensmittelhändler aus Berlin entliehen; erst später sollte er darauf kommen, dass ein komplett falscher, aber dem echten ähnelnder Name glaubwürdiger war, und nannte sich Otto Eckmann) in einem Versteck neben der nach Bayern führenden Autobahn gelegen hatte, um den Grenzübergang zu observieren. Von dort aus hatte er gesehen, wie mit Ausnahme eines Trauerzugs alle kontrolliert wurden – dessen Teilnehmer marschierten derart im Takt, dass ihm sofort klar war, dass es als Zivilisten getarnte SS-Männer sein mussten. War es möglich, dass er nun genauso dumm gewesen war wie jener Kontrollposten und die Prozession der vor seiner Nase vorbeispazierenden Spione nicht erkannt hatte?

Er bückte sich, um das vergiftete Geschenk aufzuheben, doch in der Bewegung beschloss er, es lieber zu lassen, wo es war, und schickte es mit einem sanften Fußtritt neben den Papierkorb, ein Geschenk für die vom Putzdienst. Als er sich wieder aufrichtete, war er überzeugt, dass er seinen Verfolgungswahn nicht nähren würde, indem er unnötige Verbindungen zwischen einzelnen, vollkommen erklärbaren Ereignissen herstellte. Oder war es so unwahrscheinlich, dass eine Verehrerin seinem Herzensbrecher von Sohn ein Geschenk machte? Dann war da noch diese Zigeunerin, eine Verwandte seiner Schwiegertochter Margarita, die er auf der Taufe seiner Enkelin kennengelernt hatte. Als sie ihm aus der Hand las (wobei sie darauf geachtet hatte, dass sie niemand hörte), hatte sie ihm enthüllt, dass er mit sechsundfünfzig Jahren sterben würde. Diese Vorhersage, die damals nach einer äußerst schlechten Nachricht geklungen hatte (selbst wenn es bedeuten würde, dass er bis dreiundsechzig leben würde, wenn man das neue Geburtsdatum zugrunde legte, das er sich für die Flucht ausgedacht hatte), war nun eine beruhigende Garantie: Ihm blieben noch mindestens zwei lange Lebensjahre. Warum sollte er sie mit irrationalen Ängsten verkürzen, die selbst aus Sicht des Aberglaubens unbegründet waren?

Die Versammlung war schneller vorbei als erwartet – sicher musste gegen irgendetwas abgestimmt werden, darin einigten sich alle schnell. Die vom Unternehmen gestellten kostenfreien Busse, die die Arbeiter zur Arbeit und wieder nach Hause brachten, würden kaum später als gewöhnlich abfahren. Leider fuhr keins dieser Fahrzeuge in seine Richtung, daher musste Klement einen großen Umweg machen, um nach Hause zu gelangen. Mittlerweile hatte er sich an die lange Fahrt gewöhnt und genoss sie sogar. Schließlich hatte er auch in Europa die Hälfte seiner Zeit damit verbracht, von einem Ort zum anderen zu reisen, ohne mehr zu tun zu haben, als aus dem Fenster zu schauen. Und was man hier sah, hatte seinen Reiz. Zuerst das platte grüne Land und die Kühe, die das Gras darauf kurz hielten, anschließend die mehr oder minder kümmerlichen Ortschaften im Umland, einschließlich dieser Anhäufungen aus Karton und Blech, die die Argentinier *villa miseria* nannten, »Elendsvilla«, eine

Ironie, die in ihrer Grausamkeit nur mit den antisemitischen Karikaturen aus dem *Stürmer* vergleichbar war. All die Verachtung, die die Deutschen den Juden entgegengebracht hatten, schienen die Argentinier gegen diejenigen zu richten, die sie – diesmal ohne lustige Metapher – *cabecitas negras,* Schwarzköpfchen, nannten. Daher hassten sie auch deren Fürsprecher, Evita und Perón. Der große Unterschied bestand darin, dass es sich für die Deutschen um eine qualitative Plage handelte, mit einigen wenigen jüdischen Familien, die die gesamte Wirtschaft bestimmten, während die Bedrohung hierzulande quantitativ war, mit Massen von – sowohl materiell wie intellektuell – Besitzlosen, die auf das aus waren, was aus offensichtlichen Gründen der privilegierten Rasse gehörte. Doch von diesem Unterschied abgesehen war es derselbe Kampf: Die Deutschen konzentrierten sich darauf, ein lange zurückreichendes Übel zu korrigieren, die Argentinier hingegen darauf, eine künftige Katastrophe zu vermeiden. Das erklärte, warum sich in diesem Land alles um Perón oder nicht Perón drehte, so wie in Deutschland jeder, der nicht für den Führer war, zwangsläufig gegen den Führer war.

Wie auch immer, dieses organisierte Elend war im Vorbeifahren unterhaltsam anzusehen, denn es waren immer Leute unterwegs mit ihren Kindern und ihren Tieren und ihren Körben und ihren Karren (wie viel Zeug die Armen hatten!), und es verging kein Tag ohne irgendeine Neuerung, ob nun etwas hinzukam (eine neue Hütte, ein Blech, das die bereits vorhandenen verstärkte) oder wegfiel (eine durch Sturm oder Feuer zerstörte Hütte, ein Baum, der verschwand, um die Kälte zu lindern). Heute, um nur ein Beispiel zu nennen, konnte er zum ersten Mal ein paar Sekunden eines Fußballspiels sehen. Das Spiel wurde auf einem Platz ausgetragen, der genauso behelfsmäßig und asymmetrisch war wie die Bruchbuden, die als Tribünen dienten. Die Männer schienen, wie Klement feststellte, weniger zu spielen, als darzustellen, was das Leben für sie war: ein einziger abgewetzter Ball für alle, und dann schaut mal, wie ihr damit zurechtkommt.

Als er den Bahnhof San Fernando erreichte, am östlichen Ende des Bezirks, war der 203er um 19.07 Uhr schon abgefahren, obwohl es auf seiner vergoldeten Uhr erst 19.06 Uhr war. Warum kündigten sie derart exakte Abfahrtzeiten an, wenn sie sie dann nicht einhielten? Warum schrieben sie auf den Plan nicht ein typisch argentinisches »gegen sieben«, und fertig? Dennoch störte ihn die falsche Pünktlichkeit der Einheimischen diesmal nicht, im Gegenteil. Seltsamerweise hatte er das Gefühl, es könne gut für ihn sein, aus der Routine auszubrechen. Es war beinahe, als befürchtete er, bei ihm zu Hause könne abgesehen von seiner Frau und seinen Söhnen Dieter und Hasi noch jemand anders auf ihn warten. Er erwog sogar, irgendwo etwas trinken zu gehen und einen oder zwei weitere Busse wegfahren zu lassen, genug, um den Eindruck zu erwecken, er werde an diesem Tag nicht nach Hause kommen, selbst wenn er damit in Kauf nahm, dass Vera sich sorgte. Die andere Option war, tatsächlich nicht nach Hause zu kommen und hier in San Fernando (Ost) zu übernachten und am Morgen den Bus in die Fabrik nach González Catán zu nehmen. Oder er konnte seine Uhr verticken und sich dadurch eine Fahrt Richtung Norden finanzieren, und zwar richtig nach Norden, bis Paraguay, wie Doktor Gregor es getan hatte, denn anscheinend war der Perón der Region aktuell dort und hieß sie willkommen, sie hatten sogar einen Ort namens *Nueva Germania* gegründet, natürlich judenfrei.

Vor dem für 19.27 Uhr abfahrbereiten Bus stellte Klement folgende Berechnung an: Fünf Jahre hatte er in Deutschland versteckt verbracht, zehn in Argentinien, jetzt waren offensichtlich fünfzehn in Paraguay dran – oder vielleicht in Chile, denn auch dort gab es Niederlassungen von Landsleuten. Er musste dringend wegkommen, wohin, spielte keine Rolle. Erst würde er eine Zeit im Verborgenen verbringen und dann seine Familie nachholen. Doktor Gregor hatte recht gehabt, das mit dem Haus war keine gute Idee gewesen, auch wenn er es auf Veras Namen angemeldet und sogar den Nachnamen gefälscht hatte, *Fichmann,* ein kleiner Balken weniger und schon war alles anders, es klang sogar ein bisschen jüdisch. Außerdem würde das Haus weiterhin ihm gehören, selbst wenn er es eine Weile nicht bewohnen oder nie wiederkommen würde, es war genau, wie wenn man einen Baum pflanzte, man musste nicht neben dem Stamm wohnen bleiben, damit die Zweige wuchsen, oder wie mit Kindern, die früher oder später auszögen, Klaus etwa, der bereits mit seiner Frau zusammenlebte, oder eben Horst Adolf, der bei der Handelsmarine angeheuert hatte und nun um die Welt reiste.

Im letzten Moment warf er doch noch die Zigarette weg und stieg ein, gab dem Busfahrer ein paar Münzen im Tausch gegen einen Papierstreifen mit einer unsymmetrischen Nummer (darauf achtete er immer) und suchte sich auf der rechten Seite einen Platz auf einem der Einzelsitze. Es gab keinen schlechteren Ratgeber als irrationale Angst. Solche spontanen Eingebungen nannte man hierzulande so zärtlich *corazonada,* als hätten sie irgendwas mit dem Herzen zu tun: In dem Glauben, man sei dabei, der Gefahr zu entkommen, lief man ihr geradewegs in die Arme. Bei der Flucht aus dem letzten Gefangenenlager hatte er zunächst die SSler unter seinen Mitgefangenen zusammengetrommelt, um sie um Freistellung und Unterstützung zu bitten, und genau das, sagte er sich, musste er nun mit seiner Familie machen, anstatt sie wieder bloß ihrem Schicksal zu überlassen, noch dazu in einem Land, das nicht ihr eigenes war. Ganz zu schweigen davon, dass noch tausend Dinge im Haus zu erledigen waren und er diesmal nicht wieder alles halb fertig zurücklassen wollte. Das war ihm schon in Berlin so gegangen, am Ende des Krieges. Für das letzte Gefecht gegen die Russen war er mit der Vorbereitung einer kompletten Verteidigungsanlage rund um sein Gebäude in der Kurfürstenstraße beschäftigt gewesen, als Himmler ihn nach Theresienstadt beorderte, wo er einige prominente Juden herausholen sollte, um sie bei den bevorstehenden Friedensverhandlungen mit den Alliierten als Tauschmittel einzusetzen. Diesmal wollte er bleiben, schlimmstenfalls bis zum bitteren Ende. Außerdem war im *Argentinischen Tageblatt* kürzlich eine Nachricht über die in einer deutschen Zeitung veröffentlichten Meldung erschienen, der zufolge ihn die Nazijäger in Kuwait vermuteten. Das orientalische Märchen, das Klement seit Beginn seiner SS-Karriere in Umlauf gebracht hatte und das er, wann immer möglich, genährt hatte, trug also doch endlich Früchte. Er durfte nicht so ungeschickt sein, diese Früchte zu verzehren und sich so selbst darum zu bringen, weiter in diesem bescheidenen Paradies zu leben.

Gleichzeitig – denn hatte man ihn erst einmal losgetreten, war der innere Widerstreit nicht mehr zu bremsen, die Dialektik blieb doch das einzige vom Menschen entdeckte Perpetuum mobile – dachte Klement an die qualifizierten jüdischen Arbeitskräfte, die er zum Bau der Baracken, die die bombardierten Büros der Gestapo ersetzen sollten, von

Theresienstadt mit in die Mark Brandenburg genommen hatte; genauer gesagt dachte er daran, dass keiner dieser Sklaven die Gelegenheit zur Flucht genutzt hatte, obwohl sie fast mit ebensolcher Freiheit gereist waren wie er jetzt gerade. Als bestünde die einzige vom Menschen entdeckte Freiheit darin, das eigene Schicksal zu akzeptieren.

Über diesen Gedanken schlief er ein, wie es ihm auf diesem Streckenabschnitt mit einiger Regelmäßigkeit geschah, vor allem wenn es draußen schon dunkel und im Fenster nur das Spiegelbild seines eigenen Gesichts zu sehen war, das, derart verzerrt durch die Unebenheiten des Glases und das Ruckeln der Karosserie, ein sehr viel wahrheitsgetreueres Bild abgab als das eines Spiegels. Er träumte, dass hinter ihm inkognito der Nazijäger Wiesenthal mitfuhr, doch anstatt sich den Hut tiefer ins Gesicht zu ziehen oder spontan mitten auf der Strecke auszusteigen, stand er auf und suchte das Gespräch. Er erklärte ihm höflich, dass er nichts getan habe, als seine Pflicht zu erfüllen, dass er persönlich nichts gegen Wiesenthal und auch nichts allgemein gegen irgendwelche Juden habe, ob nun Aschkenasim oder Sephardim (das sagte er nicht nur zur Betonung, sondern auch um zu zeigen, wie viel er vom Judentum verstand). Man müsse die ganze Angelegenheit wie ein Fußballspiel betrachten, schlug er ihm vor: Jeder von ihnen habe sich darauf beschränkt, innerhalb der eigenen Mannschaft seine Aufgabe zu erfüllen, ohne Mitgefühl für den Gegner, jedoch auch ohne individuelle Animositäten. Und jetzt, da das Spiel vorüber sei und sie – das auserwählte Volk – den Sieg eingeheimst hatten, sollten sie gute Gewinner sein und die Hand nehmen, die er ihnen jetzt freundschaftlich reichte. Doch anstatt sie zu ergreifen, biss Wiesenthal ihn wie ein Hund, wie der Hund, der er war (als solcher hatte er sich verkleidet, um unbemerkt zu bleiben), und auf gewisse Weise war dieser Biss ein Glück, denn Klement wachte genau rechtzeitig auf, um an seiner Haltestelle auszusteigen.

Er überquerte die Straße inmitten der Abgaswolke, die der Bus beim Wegfahren ausgestoßen hatte, und kaufte am Kiosk ein Päckchen Zigaretten, begann jedoch selbst nicht gleich zu qualmen, weil er schon berechnet hatte, dass er die Zigarette vor seiner Ankunft zu Hause nicht fertig rauchen konnte, wo er vor dem Reingehen gern eine Runde durch den Garten drehte und seine Pflanzen mit freien Händen inspizierte.

Er holte seine Taschenlampe mit den zwei verschiedenen Lichtfarben hervor, schaltete aber auch sie nicht ein. Er brauchte sie nicht, um den Weg neben der Asphaltfahrbahn auszuleuchten, sondern um auf sich aufmerksam zu machen, falls ihm ein Auto entgegenkäme. Heute war sie besonders nutzlos, denn weiter weg auf der Straße, nahe der Brücke, die über den Bach führte, parkte am Fahrbahnrand ein Fahrzeug mit brennenden Scheinwerfern. Er steckte die Taschenlampe also wieder ein und senkte den Blick, damit das Licht ihn nicht blendete, wenngleich der Boden ohnehin die Oberfläche war, die seine Augen stets suchten.

Erst als er in die Calle Garibaldi abbog, bemerkte er, dass dort ein weiteres Auto mit offener Motorhaube parkte. Bei diesem waren die Lichter ausgeschaltet, und das wiederum ließ ihm ein Licht aufgehen – kein weißes, sondern ein alarmrotes wie das seiner Taschenlampe, die er sofort in der Tasche umklammerte, als wäre sie eine Waffe. Er dachte an Klaus, der immer eine 45er bei sich hatte und dem Vater häufig vorwarf, dass er es ihm nicht gleichtat. Er war so lange bewaffnet herumgelaufen, ohne dass irgendwer einen Anschlag auf sein Leben verübt hätte, dass Klement hier, wo er nichts zu befürchten hatte, nie einen Grund dafür gesehen hatte, diese unbequeme Gewohnheit fortzuführen. Mehr noch, er fand es sogar kontraproduktiv, denn dies war nicht der Wilde Westen, sodass eine mitgeführte Waffe eher wie ein Schuldeingeständnis hätte wirken können. Wie auch immer, in diesem Moment hätte er alles dafür gegeben, dass seine Taschenlampe sich wie in einem Traum in eine Pistole verwandelte.

»Mumentitu!« Plötzlich tauchte ein Mann unter der Motorhaube auf und sprach ihn in dem am wenigsten glaubhaft klingenden Spanisch an, das er seit Langem gehört hatte (abgesehen von dem, das Vera sprach).

Klement blieb nicht einfach stehen, er machte sogar einen Schritt zurück – genau wie man es ihm im Fechtunterricht beigebracht hatte, auch wenn er sich lieber an die Ju-Jutsu-Stunden erinnert hätte, die er ebenfalls als Junge genommen hatte, parallel zu den Geigenstunden. Er hätte noch einen Schritt gemacht, noch viele, und zwar rennend, hätte der robuste, schnauzbärtige Mann sich nicht kaum einen *mumentitu* später auf ihn geworfen und seine Arme blockiert, als glaubte er wirklich, er trage eine Waffe (und war die Taschenlampe das letztendlich nicht auch, dachte er zu spät, trotz ihrer dürftigen Konsistenz für ein schlagendes Objekt und der begrenzten Reichweite ihres Lichtkegels?). Der Angriff war so heftig gewesen, dass beide ins Straucheln gerieten und bis in den schlammigen Straßengraben rollten, wo Klement die momentane Verwirrung nutzte (der Plan war ganz klar gewesen, ihn sauber ins Auto zu befördern), um einige durchdringende Hilfeschreie loszulassen, die dank der falschen Zähne, die ihm in die Kehle gerutscht waren, derart wie der Urschrei eines in die Enge getriebenen Tiers herauskamen, dass jeder, der sie gehört hatte, einschließlich Vera in ein paar Metern Entfernung, gedacht hätte, sie kämen von einem Schwein unmittelbar vor der Schlachtung. Ein Vergleich, der ihm umso treffender schien, weil so wenig koscher, während er hörte, dass im Auto jemand kräftig aufs Gas trat, um sein Gekreische zu übertönen. Das waren keine improvisierenden Diebe.

Mit bereits zugebundenem Mund spürte er, wie er mithilfe von zwei weiteren Personen an Armen und Beinen hochgehoben wurde und sie ihn nun tatsächlich hinter die Sitze in den Fußraum des Fahrzeugs schoben, wo sie ihm die Hände fesselten und ihm statt der Brille, die er in dem Getümmel verloren hatte, eine Augenbinde umlegten, die absolut nichts durchscheinen ließ; zuletzt breiteten sie eine Decke über ihn.

»Machen Sie keine Schwierigkeiten, sonst werden Sie auf der Stelle erschossen«, sprach einer der drei Fänger ihn an, oder vielleicht war es der vierte, der wohl am Steuer saß.

Es war ein Trost, sie deutsch sprechen zu hören, auch wenn es sich um eine Drohung mit dem Tod handelte. Das war zwar ganz offensichtlich ein *Jecke,* wie sich die deutschen Juden auf Jiddisch bezeichneten, denn anders konnte es gar nicht sein (diese Kinder eines rachsüchtigen Gottes kannten nichts anderes als Rache), aber es waren immerhin die Bedingungen gegeben, sich wie mehr oder minder zivilisierte Menschen verständigen zu können. Der Mann fragte ihn, ob er ihn hören könne, ob er verstand, was man zu ihm gesagt habe, und wiederholte sogar die Bedingungen der Transaktion auf Spanisch. Erst da ließ sich Klement von der kommunikativen Verzweiflung seines polyglotten Häschers rühren.

»Ich habe mein Schicksal bereits akzeptiert«, sagte er und dachte dabei, wenn er mit dem verfrühten Bus angekommen wäre, statt sich zu verspäten, säße er nun bereits in seinem Haus und würde durch das Fenster dieses verdächtige Auto betrachten, das vergeblich auf sein Opfer wartete. Selbst mit der Unpünktlichkeit hatte Argentinien ihm ein Werkzeug für seine Rettung gegeben, und es war seine Schuld, dass er es nicht beizeiten zu nutzen gelernt hatte.

Einige Kilometer weiter blieb der Wagen mit laufendem Motor stehen. Aufgrund der Geräusche, die er mit auf den Boden gedrücktem Ohr hörte, schloss Klement, dass sie gerade die Kennzeichen wechselten – ein Grad an Raffinesse, den er nicht einmal von seiner eigenen Geheimpolizei kannte. Spätestens in diesem Moment begriff er, dass ihm von nun an nur noch eine Waffe blieb, die jüdische Waffe schlechthin: die Intelligenz. Und obwohl er immer gern wiederholte, dass darin niemand die Israeliten übertreffen könne, vertraute er darauf, dass er sich schon behaupten würde. Juden zu manipulieren war letztlich seine Spezialität gewesen. Er hatte nicht nur all jene getäuscht, die mit ihm an ihrer eigenen Vernichtung gearbeitet hatten, sondern war später auch immer eine Idee schlauer gewesen als die, die ihn in den amerikanischen Lagern verhört hatten. Er konnte das Vorgehen also bei diesem Auftreten derselben Plage gut wiederholen. Wie immer war es wichtig, sich *motu proprio* zurückzunehmen, sich unterschätzen zu lassen. Die Strategie der zweiten Geige.

Sie kamen bei einem Haus an, fuhren in eine Garage und holten ihn aus dem Auto, dabei griffen sie fest, aber ohne Wut zu, so wie es empfohlen wurde, wenn man widerspenstige Juden einwaggonierte. Obgleich er gerade nichts sah, überkam seinen Körper dasselbe Gefühl wie damals, als Müller ihn losgeschickt hatte, um viel zu viel zu sehen: ein Gefühl tiefer Unwirklichkeit, einer Gegenwart, die gar nicht geschieht, vielleicht deshalb, weil in einer sehr knappen Zusammenfassung seines Lebens, nur einen Schritt vor der totalen Abstraktion, die einzig nennenswerten Ereignisse jene Überschärfe und daraus folgend diese reine Schwärze wären.

Im Haus ließen sie ihn eine Treppe hinaufsteigen und steckten ihn in ein Zimmer, in dem alle Geräusche nur zentimeterweit von ihrem Ursprung erstarben. Daraufhin zogen sie ihn aus, wofür er zutiefst dankbar war, denn wegen seiner nassen Rückseite hatte er Angst, sich zu erkälten (die noch größere Angst, sie könnten ihn nackt in eine Gaskammer stecken, erschien ihm wenig begründet; es war unglaublich, wie schwer vorstellbar diese Tötungsmethode noch immer war, selbst nachdem sie bereits benutzt worden war). Er schämte sich nur, als ihm einfiel, dass er eine zerschlissene Unterhose trug, eine von denen, die man sich jedes Mal wegzuwerfen vornimmt, wenn man sie heute aber wirklich zum letzten Mal anzieht. Sofort wurde dieses Unbehagen von einem noch größeren übertroffen, als ihm jemand die Hand in den Mund steckte und ihm die falschen Zähne herausnahm. Einen Moment lang dachte er, seine Gefängniswärter würden sie behalten, als Vergeltungsmaßnahme für die Millionen Zahnkronen, die seine Seite von den Juden einbehalten hatte, aber als man ihm das Gebiss wieder einsetzte, nahm er an, sie hätten es nur nach Giftkapseln abgesucht, genau wie den Rest seines Körpers. Sucht in der Bibel meiner Frau!, dachte er. Sie fanden auch die Tätowierung unter seiner linken Achsel nicht, die er sich so zweckmäßiger- wie mutigerweise mit Zigarettenglut weggebrannt hatte. Sie zogen ihm, der baumwollenen Unförmigkeit nach zu schließen, einen Schlafanzug an, legten ihn hin und banden seinen rechten Fuß an dem Eisengestell fest, wie bei einem echten Verbrecher. Wenigstens die Matratze war bequemer als seine zu Hause, man merkte, dass sie ein Schlupfloch mit Niveau gemietet hatten, sicher irgendeine der großen *quintas* in der Umgebung, Verkehr war keiner zu hören.

»Wie groß sind Sie?«, begann der Deutsche das Verhör, seiner Sprechweise nach zu urteilen kam er irgendwoher unweit von Berlin.

Auf diese Frage, die sie sich selbst mit einem Metermaß hätten beantworten können, folgten andere, nicht weniger einfältige Fragen, bis sie zur Mitgliedsnummer in der Partei kamen, Geburtsort und -datum, schließlich zu seinem Namen. Welchen sollte er ihnen sagen? Ricardo Klement, von dem alle wussten, dass er falsch war? Otto Heninger, der in Italien geblieben war? Otto Eckmann, den er im Rheinland gelassen hatte? Otto Barth, den er in Bayern verloren hatte? So viele Namen hatte er, dabei fühlte er sich nichts als anonym! Er hörte die Namen in seinem Inneren darum streiten, wer in dieser Phase bei ihm bleiben durfte, aber Ausflüchte gehörten hier nicht mehr hin. Er musste nun anfangen, sich in seinem eigenen Namen zu verteidigen, allein gegen den Rest der Welt.

»Otto Adolf Eichmann.«

Er konnte spüren, wie alle im Zimmer den Atem anhielten und dann etwas schneller weiteratmeten, leicht erregt. Er konnte ihr triumphierendes Lächeln hören. Sie hatten den Richtigen erwischt, und er freute sich beinahe, ihnen eine derartige Freude zu machen.

Dass er mitnichten allein gegen den Rest der Welt kämpfte, zeigten ihm die nächsten Fragen, in denen es um seine Familie ging, sowohl um die Angehörigen in Argentinien als auch um die, die in Österreich geblieben waren. Ihm war nicht ganz klar, ob sie sich tatsächlich vergewissern wollten, dass er der war, der er behauptete zu sein, oder ob es vor allem darum ging, ihn einzuschüchtern. Die Vorstellung, dass seinen Söhnen etwas geschehen könnte, besonders seinem kleinen Hasi, den er am meisten als sein Eigen empfand, weil er ihn hatte aufwachsen sehen, ließ die Angst, die er im Straßengraben verspürt hatte, wieder aufleben – multipliziert mit dieser nicht greifbaren Zahl, die für das Leiden eines geliebten Wesens steht, dessen einzige Schuld darin besteht, einen selbst zu kennen. Es beruhigte ihn, die Gleichung umzukehren und zu wissen, dass sowohl sein Vater als auch seine neue Mutter bereits gestorben waren, der Vater erst vor einigen Monaten, als hätte er vorausgesehen, dass dies passieren würde (ob er wohl auch bei einer Wahrsagerin gewesen war?). Sosehr es Eichmann auch geschmerzt hatte, nicht bei der Beerdigung gewesen zu sein, war er doch froh, dass der Vater diese Welt in dem Glauben verlassen hatte, sein Sohn sei zwar weit weg, aber immerhin in Sicherheit.

Die Beerdigung, an der er nicht hatte teilnehmen können, erinnerte ihn an die Traueranzeige, die er nicht hatte mitzeichnen dürfen. Nun fragte er sich, wobei ihm die Antwort schon klar war, ob es nicht diese Trauerbekundung im Namen der Schwiegertochter und der Enkel (inklusive Nachnamen!) seines Vaters Karl Adolf gewesen war, die die Nazijäger darauf gebracht hatte, dass sie wohl noch Kontakt miteinander hatten und das mit dem Onkel Klement ein reines Märchen war. Anschließend hatten der blinde Hermann und seine schöne Tochter gewiss den Rest erledigt, womöglich mit der unwillentlichen Hilfe des

Tischlers. Es fehlte jedoch der endgültige Nachweis seiner Identität, einer, den Fotografien nicht in der Lage waren zu liefern, selbst wenn sie aus zwei Metern Entfernung mit einer in einem Aktenkoffer verborgenen Kamera aufgenommen und mit den Bildern seiner Brüder, die eine sehr ähnliche Physiognomie wie er hatten, verglichen worden waren. Fingerabdrücke hatten sie nicht, andernfalls wäre das das Erste gewesen, was sie ihm bei Ankunft in diesem Haus abgenommen hätten. Folglich musste es ein persönliches Kennzeichen besonders überzeugender Art gewesen sein, das sie zu dem Entschluss gebracht hatte, einen Unbekannten zu entführen, und zugleich schwach genug, um ihn sofort diesem pompösen Verhör zur Bekräftigung zu unterziehen.

»Hochzeitstag?«

Die Blumen! Wieso war er bloß nicht schon früher darauf gekommen? Am zwanzigsten März hatten sie Silberhochzeit gehabt, und zur Feier des Anlasses hatte Eichmann einen riesigen Rosenstrauß für Vera gekauft, den, den er ihr wegen Evitas Tod nicht hatte überreichen können, als sie sich diesseits des Ozeans wiedergetroffen hatten. Er hatte die Gelegenheit sogar genutzt, um seine damalige Beschimpfung bei dem Blumenhändler wiedergutzumachen (korrekt ist korrekt!), hatte die Blumen bei ihm bestellt und sich die Mühe gemacht, sie an einem Sonntag frühmorgens in der Innenstadt abzuholen. Und da, bei seiner Rückkehr mit dem Strauß in der Hand, mussten sie ihn endgültig identifiziert haben: Nichts verrät eindeutiger als ein Geschenk zum Hochzeitstag, dass ein Mann wirklich der Ehemann einer Frau ist. Ehejahre werden nicht vererbt, und nur eine völlig Verrückte hätte ihr Leben komplett über den Haufen geworfen, die zweite Ehe jedoch am selben Tag wie die vorherige geschlossen. Alles in allem beruhigte ihn der Gedanke, dass sie ihn, falls dieser Blumenstrauß sein großer Fehler gewesen war, aus demselben Grund gefasst hatten, aus dem sie ihm nachstellten: Er hatte seine Pflicht erfüllt.

Das Einzige, was gegen diese Hypothese sprach, war die Zeitspanne, die seither vergangen war. War es wirklich möglich, dass sie ihn schon seit Monaten beschattet hatten, ohne dass er es bemerkt hatte? Sie mussten ständig die Autos gewechselt haben, den horrenden Fahrzeugmietpreisen in diesem Land und dem schlechten Zustand, in dem man sie übergeben bekam, zum Trotz. Klaus war in einem Buick auf Hochzeitsreise gefahren, den er unterwegs dreimal hatte reparieren müssen, bevor das frisch vermählte Paar in Mar del Plata angekommen war. Eichmann empfand ein fast aufrichtiges Mitgefühl für die ganze Arbeit, die sich diese Leute gemacht hatten, und die Kosten, die sie auf sich genommen haben mussten, einschließlich der Miete und Einrichtung dieses Verstecks, das vielleicht nicht das einzige war.

»Möchten Sie etwas essen?«

Eichmann lehnte das Angebot ab, auch wenn er sehr gern um ein Glas Wein gebeten hätte. Er hätte ihnen auch gern bewiesen, dass er nichts gegen Juden hatte, indem er das *Schma Jisrael* anstimmte, das höchste an diesen Gott, den die Katholiken seit 1960 Jahren von ihnen ausliehen, gerichtete Gebet, aber er merkte, dass er sich nicht daran erinnerte, wenn er es denn je einmal wirklich auswendig gewusst hatte.

Endlich ließen sie ihn allein, oder fast, denn irgendwer hielt sich immer noch im Zimmer auf, den er in einer Ecke atmen hören konnte. Eichmann nahm an, dass das Licht angeschaltet blieb, damit der Wächter nicht einschlief und auch er nicht schlafen konnte. Er unterhielt sich damit, sich vorzustellen, was seine Söhne wohl machen würden, wenn sie mit ihrer Runde durch Krankenhäuser und Polizeiwachen fertig wären und zu dem Schluss kämen, dass ihr Vater keinen Unfall gehabt und man ihn auch nicht wegen Trunkenheit verhaftet hatte. Das Verschwinden zur Anzeige zu bringen war keine wirkliche Option, denn dann müssten sie entweder seinen falschen Namen angeben, woraufhin sich niemand großartig bemühen würde, ihn zu suchen, oder aber sie enthüllten seinen echten, und dann würde ein internationaler Skandal losbrechen und sein Leben noch mehr in Gefahr bringen. Diese Leute schienen ihn nicht ermorden zu wollen, solange sie sich nicht von außen bedroht fühlten. Sicher klebten sie jetzt gerade vor dem Kofferradio und warteten darauf, seinen Namen in den Nachrichten zu hören, auch wenn sie nicht verstehen würden, was der Sprecher davor und danach sagte.

Er sorgte sich, auf welche Ideen seine Söhne kommen könnten, wenn ihnen klar wurde, dass sie nichts tun konnten. Besonders Dieter machte ihm Sorgen. Der Junge verkehrte in ultrarechten Gruppen, obwohl Eichmann ihm oft genug gesagt hatte, dass man sich aus der Politik am besten raushielt. Die peronistische Jugend, mit der sie ebenfalls in engem Kontakt waren, gierte danach, aus dem Untergrund heraus ihre Kraft zu zeigen, und die Entführung eines Schützlings von Perón könnte ihnen die perfekte Entschuldigung liefern, wieder in Erscheinung zu treten. Es waren sehr begeisterungsfähige junge Leute, wie Klaus ihm gegenüber erwähnt hatte, sie waren fähig, sich verrücktes Zeug auszudenken, wie die Botschaft von Israel in die Luft zu sprengen oder den israelischen Botschafter zu entführen, um über einen Austausch zu verhandeln, oder beides.

Nichts davon wäre gut für mich, und ich hoffe, das verstehen die Jungs, schloss Eichmann seine Überlegungen ab und fragte sich, ob man an Telepathie glauben musste, damit diese eintrat, oder ob sie, wie der Wille Gottes, den Atheisten zum Trotz geschah. Gut für ihn wäre, wenn alles erst zu gegebener Zeit ans Licht käme und man ihn öffentlich vor Gericht stellte, ob nun in Argentinien oder in Deutschland oder – als letztes Mittel – in Österreich. Er vertraute auf erstere Möglichkeit, denn der deutsche Botschafter in Argentinien war ein Kamerad, er hatte schon mehr als einen gerettet und würde jede etwaige Auslieferung blockieren, und er müsste höchstens ein paar Jährchen im Gefängnis von Devoto verbringen, wo er nicht nur Kontakt mit seiner Familie halten, sondern auch endlich ganz in Ruhe seine Memoiren schreiben könnte. Oder vielleicht nicht einmal das. Nachdem seit den angeblichen Verbrechen, die ihm in die Schuhe geschoben wurden, so viele Jahre vergangen waren, musste alles längst verjährt sein, abgesehen davon, dass man ein bloßes Rad nicht für den Kurs anklagen konnte, den das Auto eingeschlagen hatte.

Nicht einmal für Mittäterschaft? Er fragte sich das ganz im Ernst, und ganz im Ernst verneinte er die Frage, denn er hatte ja nicht wissen können, was mit jeder einzelnen Person passieren würde, die er in die Lager schickte und von denen ja viele nicht gestorben waren. Zugleich sagte er sich, wenn Gehorsam als »Beihilfe zum Mord« betitelt wurde, sofern man das Pech hatte, für die Mannschaft gespielt zu haben, die am Ende verloren hatte, dann war er sehr wohl notwendigerweise ein daran Beteiligter gewesen, ein Mitwirkender. Weder die Kriegslogik noch sein Soldatenstolz erlaubten ihm, das abzustreiten. Er beschloss innerlich, dass dies seine Verteidigungsstrategie werden würde: Er würde eingestehen, dass er getan hatte, was man ihm zu tun befohlen hatte. Mehr noch: Er würde eingestehen, dass er alles getan hätte, was ihm befohlen worden wäre, selbst jene Dinge, die er nicht getan hatte, wie einen Menschen zu töten oder sechs Millionen Menschen. Jedenfalls musste er sich zuerst vergewissern, von welchen Dingen sie wussten, dass er sie getan hatte, bevor er vorschnell zu viel gestand.

Irgendwann schlief er ein, und irgendwann wachte er auf, und irgendwann schlief er wieder ein oder döste vielmehr, denn er träumte von genau dem, was ihm gerade geschah, was ihm nicht gerade dabei half, seinen verlorenen Realitätssinn zurückzugewinnen. Irgendwann brachten sie ihm etwas zu essen und zu trinken (auch Rotwein!), und er machte sich ungelenk darüber her, weil er immer noch gefesselt war und die Augen verbunden hatte, ohne Hunger, aber auch ohne Widerwillen, und irgendwann, nachdem er gedöst hatte und wieder aufgewacht war oder wie auch immer man diesen Wachzustand im Dunkeln nennen wollte, diese traumgleiche Schlaflosigkeit voller merkwürdiger Dreiecke, bat er, auf die Toilette gehen zu dürfen, und sie banden ihn los und führten ihn zum Klosett, wo er seine kleine und seine große Notdurft verrichtete, ohne dass sie ihm auch nur zum Abwischen die Augenbinde abnahmen. Irgendwann fragte er nach einer Zigarette und sie gewährten sie ihm, aber zu rauchen, ohne den Rauch zu sehen, bereitete ihm keinen Genuss, und er beschloss, den Tabak zu vermissen, wie er lieber auch seine Uhr vermisste, nachdem er vergeblich versucht hatte, sie durch komplizierte Berechnungen zu ersetzen, die er über die Ablösungen der Wächter anstellte, um einen Überblick über die Zeit zu behalten.

Am schlimmsten war jedoch nicht, dass er die Uhrzeit nicht kannte oder dass er nichts in den Fingern hatte, um sie beschäftigt zu halten, sondern das Schweigen. Irgendwann glaubte er zu spüren, dass einer der Wächter, der, der ihn im Graben niedergerungen hatte, wie er anhand seines etwas schweren Atems erkannte, ebenso große Lust hatte wie er, ein paar Worte zu wechseln, und probierte zuerst aus, ihn auf Deutsch anzusprechen, und dann in dem, woran er sich noch vom Jiddischen erinnern konnte. Der Mann antwortete ihm sogar in einem verschwörerischen Flüstern, aber in keiner Sprache, die er erkannt hätte, und das Gespräch erlosch, noch bevor es begonnen hatte. Als er schon glaubte, verrückt davon zu werden, in absoluter Stille ganz für sich allein fortwährend Selbstgespräche zu führen, in denen er seine Fluchtstrategien angriff und verteidigte wie ein Schachspieler, der am Brett eine verlorene Partie nachspielt, tauchte wieder der Deutsche auf, um das Verhör fortzuführen, wenn auch leider zu einem Thema, das nichts mit ihm zu tun hatte, also völlig uninteressant war.

»Wissen Sie, wo Josef Mengele ist?«

»Nein.«

»Aber Sie haben ihn hier kennengelernt.«

»Ich habe ihn einmal in einem Restaurant getroffen.«

»In welchem Restaurant?«

»Im *A.B.C.,* in der Innenstadt.«

»Wo versteckt er sich?«

»Ich sagte ja, ich weiß es nicht.«

»Wo wohnt er?«

»Ich weiß es nicht.«

»In Olivos, wie Sie früher?«

»Kann sein, ich weiß es nicht.«

»Zigarette? Erinnern Sie sich.«

»Nein danke. Ich rauche nicht gern mit verbundenen Augen.«

»Wenn ich Ihnen die Augenbinde abnehme, sagen Sie mir dann, wo Mengele sich versteckt?«

»Ich kann Ihnen nicht sagen, was ich nicht weiß.«

Der Mann ging weg, und Eichmann hatte das Gefühl, wenn er nicht angekettet gewesen wäre, hätte er sich vor ihm auf die Knie geworfen und ihn angefleht, dass er noch eine Weile bliebe, dass sie diese Zigarette zusammen rauchten und worüber auch immer sprachen, über Auschwitz, wenn er wollte, alles, nur nicht wieder nicht einschätzbare Stunden in Stille und Dunkelheit verbringen. Aber die nicht einschätzbaren Stunden kamen wieder, schweigend und schwarz, und nicht einmal das Essen verschaffte ihm mehr Erleichterung, blind schien nichts Sinn oder Konsistenz zu haben, als geschähe es einem anderen oder als geschähe es einem selbst, hätte aber keine Gültigkeit, weil man es keinem Dritten erzählen konnte. Der arme Blinde, der ihn verraten hatte! Mochte Gott dafür sorgen, dass er zumindest die ihm gebührende Belohnung erhielt.

Seine ganze Frustration konzentrierte sich irgendwann auf die Kette, mit der sie ihn an das Bett gebunden hatten wie einen Hund an seine Hütte. Er hatte das Gefühl, das Geräusch, das sie verursachte, wenn sie gegen das Eisengestell schlug, weckte ihn jedes Mal, wenn es ihm gerade gelungen war einzuschlafen; an einem Abend oder Nachmittag oder Morgen glaubte er sogar, er habe einen Herzanfall erlitten, und teilte das dem diensthabenden Wächter mit. Derselbe Arzt, der ihn schon zu Beginn untersucht hatte, überprüfte seinen Zustand, fand jedoch nichts Ungewöhnliches; zumindest hatte er es wohl geschafft, ihnen einen Schrecken einzujagen, denn der Deutsche kam zum

Verhör zurück. Diesmal fragte er ihn nach allem: wie er in die Partei eingetreten sei; wie seine Verwaltungseinheit funktioniert habe, die Abteilung IV B 4 (a und b); was er in jedem der Länder gemacht habe, die das Reich nach und nach annektiert hatte; wo ihn das Kriegsende erwischt und wo er sich anschließend versteckt habe; wie er nach Argentinien gekommen sei und was er seither im Land getan habe.

Eichmann beantwortete alle Fragen, sogar die verfänglichsten, dabei verbesserte er mit Ergänzungen und gegebenenfalls angebrachtem Schweigen die Antworten, die er Sassen bereits gegeben hatte, in seinem einstudierten Märchenton. Je öfter er im Detail erzählte, was seine spezielle Rolle in jeder Region und bei jeder Gelegenheit gewesen war, desto logischer und maschineller wirkte diese Arbeit, als hätte er keine Befehle befolgt, sondern gerade einmal überprüft, dass diese sich von selbst erledigten, nach Art eines Vorarbeiters (des Vorarbeiters, der er beinah bald bei Mercedes-Benz geworden wäre und nun nicht mehr werden würde), der eine Produktions- oder, in diesem Fall, eine Zerstörungslinie kontrolliert. Was die Zahl der deportierten Personen anging, kam Eichmann darauf, dass es, anstatt sie zu verschweigen, am besten war, sie immer wieder zu wiederholen, sogar mit sich selbst zu feilschen, ob zwanzigtausend mehr oder weniger, fünfzigtausend mehr oder weniger, ganz gemäß der Prämisse, dass hundert Tote grauenvoll sind, hunderttausend aber einfach nur Statistik. So hoch diese Zahlen auch waren, insbesondere wenn man sich mit dem Gedanken aufhielt, dass jede davon für ein Individuum stand, verloren sie doch allmählich an Nullen und damit an Dimension, wenn er sie ihnen in Bezug zu anderen, ebenso hohen Zahlen nannte, genau wie es bei Messungen großer Räume oder Zeiten geschieht, die in komplexen Maßeinheiten ausgedrückt werden, welche selbst in der Einzahl das Unermessliche umfassen. Die Worte verloren gleichfalls durch die vielen Wiederholungen an Größe, selbst die, die ihre Bedeutung nicht verbargen, was bewies, dass die Euphemismen, auf deren Einführung sie seinerzeit so sorgfältig geachtet hatten – *Umsiedlung, Räumung, Sonderbehandlung, Arbeitseinsatz im Osten, Endlösung* –, die natürlichen Prozesse nur beschleunigten. Denn langfristig überlebt kein Wort, wenn man stur darauf beharrt, die Fähigkeit des Hirns, sich die konkrete Bedeutung vorzustellen, zu überwinden. So war es zumindest bei den Schimpfwörtern in Argentinien, die so oft ausgesprochen worden waren, dass sie nun schon nach etwas Gutem zu klingen schienen und als Ausrufe der Bewunderung und sogar als Kosenamen verwendet wurden.

Es war fundamental, um es mit den Begriffen eines Architekten zu sagen, nicht vom Fundament zu sprechen, sondern direkt beim Boden und den Wänden anzufangen, sich in Details bezüglich des Dachs zu verlieren, ebenso natürlich, wie wenn man sich hinsetzt, um über ein Thema zu diskutieren, und dabei den Stuhl selbstverständlich voraussetzt: Die Deutschen und die Juden waren zwei verschiedene Rassen, und ihr Zusammenleben in ein und demselben Lebensraum war inkompatibel, das stand nicht zur Diskussion, sondern bildete die Daseinsberechtigung für die Diskussion an sich. Dieses Rassen-Axiom infrage zu stellen, war gleichbedeutend damit, dem Sitzenden den Stuhl unterm Hintern wegzuziehen oder dem Haus sein Fundament zu nehmen: Sogar die gemeinsame Sprache, die es erlaubt hatte, die Debatte zu begraben, endete hier. War diese Grundlage erst einmal festgesetzt – und sie konnte gar nichts anderes als fest sein, wenn man sich daraufstellte –, ergab sich der ganze Rest als Notwendigkeit: zuerst die Auswanderung, dann die Deportation und zuletzt die physische Vernichtung. Jeder Schritt, den man bei der Diskussion dieser Notwendigkeit vorankam, war ein Schritt weg von der darunterliegenden Diskussion, der einzigen, die den Boden zum Wanken und sie alle zu Fall bringen könnte. Deshalb hatte er bei Sassen eingeübt, sich als begeisterter Anhänger der Auswanderung zu zeigen, als die Deportationen resigniert Hinnehmender und offener Gegner der Vernichtung: Auch alles Notwendige wurde relativ, Materie für eine rückblickende Debatte, solange man nicht bis auf das Wesentliche zurückkam.

»Gut, werden Sie mir also sagen, wo Mengele ist?«, fragte der unsichtbare Verhörführende hartnäckig wieder, nach mehreren jeweils mehrstündigen Verhören, als sich zwischen ihnen bereits ein Vertrauensverhältnis eingestellt hatte und sogar eine gewisse Brüderlichkeit, wenigstens vonseiten Eichmanns, der den ganzen Tag oder die ganze Nacht lang nichts zu tun hatte, außer auf diese Stunden zu warten, in denen er sich mit jemandem unterhalten konnte, wenn es auch nur mit dem Feind war, wie ein Hund, der auch dann auf seinen Herrn wartet, wenn der ihn nie streichelt.

»Ich hatte schon die Gelegenheit, Ihnen zu sagen, dass ich es nicht weiß.«

»Jetzt haben Sie die Gelegenheit, sich zu korrigieren.«

»Aber es ist …« Er gab vor, zu zweifeln, denn streng genommen hatte er diese Phase schon überwunden und beschlossen, zu sprechen, wenn sie ihn noch einmal fragten, seiner Berechnung nach musste ohnehin genug Zeit verstrichen sein, damit Doktor Mengele von seinem Verschwinden erfahren hatte und wieder nach Paraguay hatte fliehen können. Eichmann wollte wirklich nicht so tief fallen und andere denunzieren, wie es all seine früheren Kameraden mit ihm getan hatten; es war nicht seine Absicht, dass das Haus, das ihm – wie von Mengele prophezeit – zum Verhängnis geworden war, nun auch für Mengele selbst zum Verhängnis würde. Aber genauso wenig konnte er sich den Luxus erlauben, seine Situation noch weiter zu verschlimmern, indem er eine Angabe zurückbehielt, die die Juden vielleicht schon hatten und nur zu bestätigen suchten.

Nichts änderte sich jedoch, nachdem er die Adresse von Mengeles Haus in Olivos erwähnte, die er mehr aus bourgeoisem Ressentiment zurückbehalten hatte, als um sie unter Umständen wie diesen einzusetzen. Zutiefst traurig musste er sich eingestehen, dass er entweder nicht mehr den Schneid dazu hatte, mit Juden umzugehen, oder dass dies immer mehr ein Attribut seiner Machtposition gewesen war als seiner Person. Die dritte Möglichkeit war, dass diese jungen Leute, als Söhne der Generation, die sie auszurotten versäumt hatten, eine verbesserte Rasse darstellten. Das war das Problem, wenn man das Übel nicht an der Wurzel ausriss, sondern sich damit begnügte, es zurückzuschneiden: Letztlich wuchs es nur noch stärker nach. Daher dachte Eichmann insgeheim – während er jede Verbindung zu den mit Kindern beladenen Zügen abstritt oder jedenfalls klarstellte, sie seien nicht seine Idee gewesen –, dass diese Kindertransporte als Erstes hätten rollen sollen, denn welchen Sinn hatte es, die Erwachsenen zu vernichten, wenn man das biologische Material am Leben ließ, das ihren Fortbestand in der Zeit und vor allem im Raum garantierte?

Das hier war doch der lebende Beweis: diese Israelis, die ihn am Arsch der Welt aufgespürt, ihn monatelang überwacht und schließlich entführt hatten, indem sie ihre intellektuelle Stärke um die physische Kraft ergänzten, welche sie ja auch so gekonnt gegen die Araber ausübten. Waren es etwa auch sie gewesen, die die Nachricht verbreitet hatten, man suche ihn in Kuwait, und ihn so glauben gemacht hatten, man habe seine List geschluckt, eben genau mit der Absicht, dass er sich sicher fühlte und sich nicht aus Argentinien wegbewegte? Eichmann fragte sich das mit einem gewissen Stolz, denn von einem bestimmten Blickwinkel aus konnte er sich als Vater dieser erstarkten Rasse betrachten. Wenn er seine Arbeit nicht nicht fertig gemacht hätte, würde es diese Jungs heute nicht geben. Ganz zu schweigen von ihrem Land. Ihm, Adolf Eichmann, hatten sie zu verdanken, dass die Engländer sich ihrer erbarmt hatten und ihnen das Territorium überließen, nach dem sie sich seit Jahrtausenden gesehnt hatten. Jedenfalls konnten sie nicht bestreiten, dass er genauso viel wie Herzl (oder mehr) für ihre Staatsgründung getan hatte. Und er konnte nicht bestreiten, dass es daher ganz und gar keine Überraschung war, als sie ihm irgendwann verkündeten, genau dorthin würden sie ihn mitnehmen, nach Israel.

»Wie, nach Israel?« Nichtsdestotrotz fingen seine Hände an zu zittern, und sein Gesicht zuckte.

»Für die Verbrechen, die Sie begangen haben, wird Ihnen ein öffentlicher Prozess gemacht.«

Eichmann dachte: Ich bin Moses, ich habe das jüdische Volk ins Gelobte Land geführt, aber das Libretto verbietet mir, es zu betreten. Stattdessen sagte er:

»Ich habe überhaupt kein Verbrechen begangen, und ich werde nirgendwo mit Ihnen hingehen.«

»Denken Sie darüber nach.«

»Da gibt es nichts nachzudenken. Wenn Sie mir den Prozess machen wollen, dann hier, das ist auch mein Land. Oder in Deutschland, wo ich geboren bin. Israel hat damit nichts zu tun.«

»Israel hat sehr viel damit zu tun. Es wird das erste Mal sein, dass das jüdische Volk im eigenen Land einen Mann richten kann, der auf seine Zerstörung hingearbeitet hat.«

»Ich habe nie etwas gegen die Juden gehabt. In der Schule saß ich neben einem Juden, Harry Seba, ich erinnere mich noch an den Namen, wir waren gut befreundet. Ein Verwandter meiner Stiefmutter hat mir Arbeit bei einem Öl-Unternehmen besorgt, das war ein Jude, später hat er mich gebeten, auswandern zu dürfen, als es schon nicht mehr ging, und natürlich habe ich es ihm erlaubt. Ich bin kein Antisemit, ganz im Gegenteil. Wenn ich als Jude zur Welt gekommen wäre, wäre ich fanatischer Zionist gewesen.«

»Begeistern Sie sich nicht zu sehr für diese Hypothese. In Ihren Unterlagen sind wir darauf gestoßen, dass Sie nie den Ariernachweis für Ihre Ehe vorgelegt haben, womit vermieden wurde, die rassische Herkunft Ihrer Großmutter mütterlicherseits zu bescheinigen, Johanna Schifferling, Mädchenname Johanna Gross. Es steht zu vermuten, dass Sie sich dieses Verfahren aus gutem Grund lieber erspart haben …«

Eichmann erinnerte sich, dass Heydrich den Grabstein seiner Großmutter hatte abbauen lassen, weil sie einen verdächtigen Namen hatte (Sarah), und der Tick im Gesicht, der schon zwanghaft geworden war, hinderte ihn daran, diese alarmierende Nachricht so gleichgültig aufzunehmen, wie er es gern gewollt hätte. Wenn sie diese Information hatten, die sogar er selbst vergessen hatte, dann wussten sie wohl alles über ihn. Mit ein bisschen Pech, und daran fehlte es ihm schließlich nie, würden sie sogar die Bänder in die Finger bekommen, die er bei Sassen aufgenommen und auf denen er eindeutig zu viel geredet hatte. Er überlegte, ob er aus der Not eine Tugend machen und behaupten könnte, dass er mütterlicherseits tatsächlich Jude war, wusste aber zugleich, dass er sich niemals zu einer derartigen Demütigung würde herablassen können, vor allem weil das hieße, sie für alle Zeiten an seine Söhne zu vererben. Er machte schon genug Zugeständnisse, indem er sich als zweite Geige darstellte.

»Denken Sie einfach darüber nach«, beendete die Stimme das Gespräch. »Wir haben alle Zeit der Welt.«

Alle Zeit der Welt! Was für eine perverse Drohung. Er wollte dem Verhörführenden erklären, dass dieses Fehlen in seinen Unterlagen gar nichts zu bedeuten hatte, dass die ganze Nazibürokratie sehr viel fehlerhafter und chaotischer gewesen war, als man glaubte, wie er ihm schon bezüglich der Transporte erklärt hatte, die oft zufällig, völlig ungeordnet und derart improvisiert abfuhren, wie nicht einmal Argentinier es hinbekommen würden, doch der Mann war schon gegangen und hatte ihn in der stummen Gesellschaft des Wächters zurückgelassen, die schlimmer war als Einsamkeit, weil sie es ihm nicht einmal erlaubte, in Ruhe einen fahren zu lassen.

Was keine Klage über das Essen sein sollte, das ihm ziemlich gut schmeckte. Ob es wohl koscher war? Mit Sicherheit war es das. Jedenfalls erinnerte er sich nicht, dass sie bei irgendeiner der Mahlzeiten Fleisch und Milch kombiniert oder ihm je Schweinefleisch vorgesetzt hätten. Was ein Punkt war, der für die Reise nach Israel sprach. Wenn sie ihn hier vor Gericht stellten, würde er sicher den lieben langen Tag Grillfleisch essen und es mit Matetee runterspülen müssen.

Wie konnte er unter Umständen wie diesen nur ans Essen denken? Seine Fähigkeit, das Gehirn in einer Art willentlicher Schizophrenie von unbequemen Gedanken loszukoppeln, überraschte ihn immer wieder aufs Neue, selbst wenn er nicht auf die erprobte Methode zurückgreifen konnte, sich besinnungslos zu saufen. Von klein auf hatte er eine weitere unfehlbare Strategie gehabt, nämlich das Glaubensbekenntnis zu beten: *Ich glaube an Gott, den allmächtigen Vater, Schöpfer des Himmels und der Erde …* Wenn er bei Pontius Pilatus ankam, erinnerte er sich schon nicht mehr, warum er zu beten angefangen hatte, und konnte mit seinem Leben weitermachen, als wäre nichts gewesen.

Und was war streng genommen schon gewesen? Es war nur alles so gekommen, wie es kommen musste. Sein ganzes Leben war ein Weg bis hierher gewesen, von seiner mythischen Geburt in Palästina bis zu seiner Freundschaft mit dem Mufti von Jerusalem und der falschen Spur, die den Anschein erweckte, er lebe seit Kriegsende in jener Gegend. In dieser Hinsicht war Israel ein ebenso guter oder schlechter Ort wie jeder andere, um vor einem Richter zu erscheinen. Schlechter als den Kameraden, die in Deutschland verurteilt worden waren, konnte es ihm nicht ergehen. Es bestand sogar die Möglichkeit, dass es in Israel keine Todesstrafe gab, da es ein so moderner Staat mit vermeintlichem Modellcharakter war. Wenn es ihre Absicht gewesen wäre, ihn zu töten, hätten sie das im Graben vor seinem Haus tun können, oder hier, nachdem sie alle Informationen aus ihm rausgepresst hatten.

»Und, haben Sie darüber nachgedacht?« Irgendwann tauchte der falsche Berliner wieder auf, um ihm eine weitere falsche Gelegenheit zu bieten, sich über eine falsche Option zu äußern.

»Ich hatte keine Wahl!«, nutzte Eichmann die Gelegenheit, um auf der einzigen Option zu bestehen, die ihm noch blieb. »Es waren Befehle. Entweder befolgte ich sie, oder ich wurde erschossen. Erfüllen Sie nicht auch gerade die Befehle Ihres Vaterlandes? Würden Sie nicht jeden Befehl befolgen, den man Ihnen gibt?«

»Nein.«

»Doch, natürlich würden Sie das, wie jeder Patriot. Auch wenn man natürlich immer die Option Selbstmord wählen kann. Das gebe ich zu. Offensichtlich habe ich die Gelegenheit versäumt, mir im richtigen Moment den Schuss zu geben.«

»Sie müssen sich keine Sorgen machen.« Die Stimme, die für Eichmann schon väterlich geworden war, nahm einen fast klerikalen Tonfall an, den eines kirchlichen *Padre.* »Es wird ein gerechtes Gerichtsverfahren vor den Augen der Welt und der Medien geben. Sie können bestimmen, wer Sie verteidigen soll, und falls Sie, wie Sie sagen, kein Verbrechen begangen haben, oder zumindest kein schweres, dann haben Sie nichts zu befürchten. Denken Sie noch einmal darüber nach.«

Aber es gab nichts weiter nachzudenken, nicht mit verbundenen Augen, in dieser entsetzlichen Einsamkeit, mit der Herbstkälte, die ihm trotz der Decken und des geschlossenen Fensters in die Knochen kroch.

»Na gut.«

»Ausgezeichnet. Sind Sie bereit, das schriftlich festzuhalten?«

Eichmann musste sich anstrengen, um ein Lächeln zu unterdrücken. Diese Formalität, eindeutig dafür gedacht, dass die argentinische Regierung sie nicht beschuldigen könnte, einen ihrer Staatsbürger innerhalb ihres eigenen Landes entführt zu haben, erinnerte ihn an seine eigenen Formalitäten mit den Juden, die er zur Vernichtung geschickt hatte, vor allem mit den ausländischen, die so viele Briefe von der einen Behörde zur anderen gekostet hatten. So viel Papierkram, damit dann alles zu Asche wurde. Entweder war die gute Behandlung, die sie ihm angedeihen ließen, ihre subtile List, um ihn als den Bürokraten, der er war, zu quälen, oder es war ein grausames verwaltungstechnisches Auge um Auge, ein langsames Erdrosseln vom Schreibtisch aus.

»Was soll ich aufschreiben?«

»Ich nehme Ihnen die Augenbinde ab« – was er sogleich tat – »und wir schreiben das Dokument gemeinsam.«

Der Mann zog ein Blatt Papier und einen Kugelschreiber hervor mit der charakteristischen, schon genetischen Miene, mit der diese Rasse seit Jahrhunderten den Rest der Welt unterworfen hielt, dachte Eichmann ohne Groll. Dafür, wieder sehen zu können, hätte er sein eigenes Todesurteil aufgesetzt, auch wenn nun nichts weiter vor seinen Augen auftauchte als ein mittelalter Mann mit breitem Schnurrbart und kleinen Ohren, sehr weit hinter die Stirn gewichenem Haaransatz und dichten, unordentlichen, habgierigen Augenbrauen. Lieber hätte er für alle Ewigkeit dieses sanfte, kaum bösartige Gesicht angeblickt, als wieder in die Schwärze hinter der Augenbinde zurückzukehren, in der jede Minute wie eine Ewigkeit war.

Die Abmachung war, dass der andere diktierte und er, sofern er keine Einwände hatte, die Worte aufs Papier übertrug. Er machte das mit langsamen, konzentrierten Schriftzügen. Und nicht nur ließ er keinen Satz aus, er bat auch noch um Erlaubnis, einen eigenen hinzufügen zu dürfen, demzufolge der israelische Staat sich verpflichtete, ihn mit den nötigen Büchern und Dokumenten auszustatten, um seine Verteidigung vorbereiten zu können.

Sein zugrunde liegender Plan war allerdings viel ambitionierter. Er würde das Eingesperrtsein nutzen, um endlich seine Memoiren zu schreiben – nun nicht mehr an seine Söhne gerichtet, sondern als Beispiel (und zwar ein abschreckendes) für alle kommenden Generationen. Ein Buch, das wie eine Reise ins Herz seiner Frustration wäre: Die glänzenden Götter seiner Jugend würden sich als Götzen mit tönernen Füßen herausstellen. Er malte es sich als ein zugleich den Tatsachen verbundenes wie auch esoterisches Werk aus, in dem zutreffende Angaben über ein punktuelles Ereignis neben transzendenten Reflexionen über unsere Zugehörigkeit zum Kosmos stehen würden, weit über diesen flüchtigen Aufenthalt in der Materie hinaus.

Sie wollten, dass er sprach? Nun, dann würde er halt sprechen, so lange, bis sie ihm den Kopf abschnitten. Er würde gehorchen, wie er immer gehorcht hatte, von den Befehlen seines Vaters in seiner Kindheit an bis zu denen des Sturmführers, als man ihn zur militärischen Ausbildung nach Dachau schickte: Während die anderen Soldaten sich in die Krankenstube zurückgezogen hatten, war er mit blutüberströmten Armen über Schotter und Disteln weitergerobbt. Der Kadavergehorsam war seine Art des Protests, wie er später demonstrierte, indem er seine Anstrengungen verdoppelte, als der Führer die Endlösung anordnete, mit der er eigentlich nie einverstanden gewesen war. Als würde die Ablehnung dessen, was man ihm gegen seinen Willen auftrug, seine Kräfte zur Durchführung vervielfältigen. Sich zu beschweren ist Kinderkram, dachte er, genau wie es hinterher zu bereuen. Es war, wie sein Lieblingsphilosoph ihn gelehrt hatte: Ein Mann tut, was er tun muss, und mit desto mehr Eifer, je weniger es seinen Vorlieben und seinem Naturell entspricht.

Er hoffte nur, dass man ihn mit dem Schiff transportieren würde. Er verabscheute Flugzeuge. Deshalb geriet er in Panik, als sie ihn irgendwann vom Bett losbanden, ihm die Augenbinde abnahmen und ihn eine Pilotenuniform anziehen ließen, mit Mütze und allem drum und dran, und ein Passfoto von ihm machten. War es möglich, dass sein Leben derart verflucht war? Ohne zu beachten, was er plante, was er wollte oder tat oder gern tun wollte – das Schicksal bekam es früher oder später immer hin, sich gegen ihn zu stellen.

Der Plan sah vor, ihn als Besatzungsmitglied der El-Al-Maschine auszugeben, die für die 150-Jahr-Gedenkfeier zur Unabhängigkeit des Landes eingeflogen war. Nicht schlecht, musste man zugeben. Wenn es den Juden an irgendwas nie gemangelt hatte, so war das Gerissenheit.

Nach Aufsetzen des Schriftstücks ging alles sehr rasch. Im Haus herrschte spürbare Nervosität, die Leute auf der anderen Seite der Tür und im unteren Stockwerk kamen und gingen, sie sprachen schnell und nicht sonderlich leise. Irgendwann gaben sie ihm nichts mehr zu essen und irgendwann nicht einmal mehr zu trinken. Er erfuhr, warum, als der Arzt ihm sagte, er werde ihm ein Beruhigungsmittel verabreichen, ohne ihn völlig einschlafen zu lassen.

»Ihre Augen bleiben offen, und Sie werden bei Bewusstsein sein, aber Sie werden nicht sprechen und sich auch nicht selbstständig bewegen können, einverstanden?«

»Keine dieser Maßnahmen ist erforderlich, da ich mich verpflichtet habe, mitzuarbeiten, und ich bin ein Mann von Wort.«

»Es ist zu Ihrem Besten, damit Sie nicht nervös werden.«

Sie zogen ihm wieder die Pilotenuniform an, diesmal jedoch ohne Jacke. Eichmann wies sie auf das Versäumnis hin, und nach einem Moment des Zögerns, in dem sie überrascht zu sein schienen, wie weit seine Bereitschaft zur Mitarbeit ging, erklärten sie ihm, dass der Arzt leichten Zugang zu der Injektionsspritze haben wollte, die sie unter seinem Hemd hängen lassen würden, für den Fall, dass seine Dosis erhöht werden müsse. Eichmann beharrte darauf, dass weder dies noch überhaupt das anfängliche Anbringen nötig seien, aber sie waren bereits dabei, ihm das Mittel zu verabreichen. Einige Minuten später durchschritt er zum letzten Mal die südamerikanische Nacht, mit Kurs auf den neuen Flughafen Ezeiza, der bei seiner Eröffnung vor zehn Jahren der größte der Welt gewesen war. Er konnte sich zwar nicht bewegen, sah und hörte und verstand aber alles, was rund um ihn herum geschah, zumindest soweit man diesen Wahnsinn verstehen konnte, der zweifellos einen diplomatischen Skandal hervorrufen würde, falls er ans Licht käme; trotz des von ihm unterzeichneten Briefs durfte es wohl kaum ein geltendes internationales Abkommen geben, das sie nicht verletzten.

Aber das ist jetzt nicht dein Problem, Eichmann, dachte Eichmann, als wären auch seine Gedanken betäubt und er würde sie fern von sich selbst vernehmen, in der dritten Person. Deine Aufgabe ist es jetzt, den Richtern gegenüberzutreten und sie zu überzeugen, dass du nur ein Rädchen in der großen Vernichtungsmaschinerie warst. Die Richter und alle, die dem Gerichtsverfahren beiwohnen, und dazu noch all jene, die den Prozess in den Medien verfolgen und in der Zukunft darüber forschen werden. Vielleicht Letztere noch mehr als die Erstgenannten, die schwerlich ohne eine vorgefasste Meinung, vielleicht sogar schon mit dem unterschriebenen Urteil, antreten werden. Diese Rechtsgelehrten wirst du von nichts überzeugen können. Dein eigentliches Ziel sind die anderen, und dafür wirst du dich herabsetzen müssen und werden wie sie, oder weniger noch als sie. Warst du bis jetzt die zweite Geige, wirst du einfach zur dritten, zur vierten Geige wechseln müssen, nur ein weiterer in der Truppe, die stumpf dem Dirigenten gehorcht, weniger ein Musiker als ein bloßer Instrumentalist. Ein bloßes Instrument. Wie die unbemannte Sonde, die die Russen gerade bis auf den Mond geschossen haben, musst du sein. Wie ein Roboter. Oder eben ein Idiot, wenn dir das lieber ist. Weder einen Roboter noch einen Idioten kann man verurteilen, zumindest nicht mit demselben Stock oder derselben Guillotine. Und nur weil du das eine oder das andere bist, musst du noch lange nicht deinen Stolz herunterschlucken. Du kannst ein richtig stolzer Roboter, ein richtig stolzer Idiot sein. Voll Stolz kannst du dir bewusst sein, dass sie glauben werden, dich zu verurteilen, obwohl im Grunde sie dazu verurteilt sind, sich ein weiteres Mal von der Herrenrasse täuschen zu lassen. Das ist die Wunderwaffe, mit der du – wenn auch gehemmt, behindert, weggesperrt – die letzte Schlacht dieses totalen Krieges für den Fortbestand unseres Vaterlands und unserer Rasse schlagen wirst. Also nur Mut. Und Zuversicht. Ein verdammtes Mal im Leben muss das Glück doch auf meiner Seite sein.

AFTER OFFICE

Auf wessen Geheiß bin ich nur hier?

Ich komme mir vollkommen fehl am Platz vor, obwohl dieses Wohnzimmer auch das meines Elternhauses sein könnte. Die Sofagarnitur mit niedriger Rückenlehne, die in regelmäßigen Abständen neu bezogen wird, auch wenn das richtig teuer ist, denn bekanntlich sind neue Möbel ja immer von minderwertiger Qualität; die strategisch im Zimmer verteilten Stehlampen, die eine gemütliche Atmosphäre schaffen sollen, die der grell leuchtende, genau in der Mitte der Decke hängende Kronleuchter fortwährend zu gefährden droht; der dunkle, mit nicht zwingend zueinander passenden Teppichen belegte Parkettboden; der kleine, in eine Ecke gemauerte Kamin, der schon seit Jahrzehnten nicht mehr mit Holz befüllt wird, den aber auch niemand auf Gasbetrieb umstellt; die stets zugezogenen Vorhänge, damit man von der Straße aus nicht hineinsehen kann, und dieser Geruch nach dem Haus einer deutschen Familie, der aus den in dieser Sprache geschriebenen Büchern zu strömen scheint, die, eins neben das andere gereiht, in den Regalfächern der breiten Anrichte stehen, in der auch das gute Geschirr für die Festtage aufbewahrt wird, die dann wiederum doch an anderen Tagen als in meiner Familie gefeiert werden: Absolut alles könnte sich genauso gut in dem Haus befinden – und tut es tatsächlich –, in dem ich gemeinsam mit meinen Brüdern aufgewachsen bin, so wenige Straßenblocks entfernt, dass ich Zeit hätte, hinzurennen, meinem Vater hiervon zu erzählen und wieder zurück zu sein, bevor die Hausherrin mit den Porzellantassen erscheint, die fast in Deutschland (Polen) hergestellt wurden, und zum Kaffee Spekulatius oder ein paar Brezeln von *Renania* reicht, der deutschen Bäckerei, in der ich als Jugendlicher unter Befehl eines Bäckers gejobbt hatte, der ein Dickwanst und ein ziemlicher Nazi war.

Auf die Idee, wegzurennen und meinem Vater davon zu erzählen, komme ich deshalb, weil in gewisser Weise er mir den Anstoß dazu gegeben hat, das Buch zu schreiben, das mich nun wiederum bis zu diesem Haus fast in der direkten Nachbarschaft geführt hat, dem nur die *Mesusa* an der Tür fehlt, damit es wie sein eigenes aussähe. Der Anstoß entstand aus dem unkontrollierten Hass, den mein Vater gegenüber Adolf Eichmann empfand, ein sehr viel stärkerer Hass als der, den die anderen Nazi-Oberhäupter in ihm hervorriefen, einschließlich des anderen Adolfs – den sah er, vielleicht beeinflusst von Chaplins Darstellung, als groteske Figur, selbst der Verachtung unwürdig. Von Zeit zu Zeit wiederholte er für mich, Eichmann sei der einzige Mensch auf der Welt, den er gern eigenhändig umbringen würde, wenn er nicht schon tot wäre – wozu anzumerken ist, dass er nicht einmal in der Lage war, die Kätzchen zu ertränken, die in unserem Garten landeten, nachdem sie von ihren Müttern weggejagt worden waren, und die daher unseren häuslichen Zoo vergrößerten, bis wir einen neuen Besitzer für sie fanden.

Ich habe den spezifischen Groll auf diesen kleinen grauen Mann nie ganz verstanden, der zudem auch noch tatsächlich verurteilt und gehängt worden war, wo es doch so viele gab, die der verdienten Strafe entkommen waren und nebenbei als böse Genies noch viel mehr hermachten. Vielleicht hatte es damit zu tun, dass mein Vater Architekt ist und auch Eichmann so genannt wurde – der Architekt des Holocaust –, oder vielleicht damit, dass Eichmann seine letzten Jahre in Argentinien verlebte, obwohl das auch viele andere taten.

Um zu ergründen, wieso mein Vater so empfand, und womöglich auch, um dieses Gefühl mit ihm teilen zu können, kam mir irgendwann die Idee, Recherchen über die Jahre anzustellen, die der Völkermörder in Argentinien verbracht hatte, und darüber zu schreiben. Als ich meinem Vater von meiner Absicht erzählte, sagte er, das solle ich lieber lassen; dieser menschliche Schandfleck verdiene es nicht, dass irgendwer sich mit ihm beschäftigte, schon gar nicht der Enkel einer Überlebenden seiner Verbrechen. Da ich an meinem Vorhaben festhielt, drohte er mir, wenn ich in meinem Buch auch nur ein gutes Wort über Eichmann schriebe, würde er nie wieder mit mir sprechen.

Wir redeten nicht mehr über das Thema, und aus Sorge vor möglichen familiären Repressalien legte ich das Projekt wirklich auf Eis, bis mir mein Vater bei einem sonntäglichen *asado* aus dem Nichts heraus, denn er trinkt nicht einmal, etwas eingestand, das mich wegen seiner schrecklichen Banalität eiskalt erwischte: Er habe immer wissen wollen, sagte er mir, welchen Wein Eichmann getrunken habe, bevor er aufs Schafott stieg. Ob ich das wohl für ihn herausfinden könne, wenn ich den Roman schrieb? Nachdem er gründlich darüber nachgedacht habe, sprach er weiter, sei er zu dem Schluss gekommen, dass es, so wie es Juden gewesen waren, die den seiner Meinung nach größten Kriminellen aller Zeiten aufgespürt und hingerichtet hatten, vielleicht nicht völlig paradox oder falsch wäre, wenn sich auch ein Jude darum kümmerte, ihn als Figur einzufangen und zur Fiktion zu verurteilen.

Nun, da ich meinen Auftrag, oder vielmehr den meines Vaters, erledigt hatte, war ich zu einem Spaziergang durch mein Stadtviertel aufgebrochen, um den Kopf freizubekommen. Ich hatte dabei die vage Idee gehabt, die Schauplätze des Romans abzulaufen, die ich, wie auch Filme zum Thema, die ganze Zeit über gemieden hatte, damit ich sie mir nicht mit Gegenwart verunreinigte. Nichts ist schwieriger zu verstehen als die Vergangenheit, wenn sie am selben Ort stattfindet wie unser gegenwärtiges Leben und auch noch unsere eigene Vergangenheit mit einschließt. Ich glaube, dass es uns weniger schwerfallen würde, zu merken, wie sehr wir gealtert sind, wenn wir unsere Körper austauschen könnten.

Das erste Ziel meines Rundgangs war das Haus in der Calle Chacabuco 4261, in dem die Eichmanns während ihres Aufenthalts im Land am längsten gelebt hatten. Der Agent, den der Mossad zur Überprüfung der Angaben geschickt hatte, die Lothar Hermann, der blinde Jude und Vater von Silvia, ihnen hatte zukommen lassen, vernachlässigte Ende der Fünfzigerjahre die Spur, weil ihm dieser Teil von Olivos zu ärmlich vorkam, als dass sich hier ein hochrangiger Nazi verstecken könnte. Das Haus stand noch, sowohl der vordere Teil als auch das Häuschen weiter hinten, bei dem anscheinend noch ein zweites Stockwerk und eine Garage angebaut worden waren. Auf dem Grundstück nebenan war ein Komplex aus zwei Wohnblocks hochgezogen worden, scheußlich und fehl am Platz, aber der Rest der Straße bestand weiterhin aus mehr oder weniger niedrigen Häusern. An der Ecke zur Paraná, einer stark befahrenen Straße, die in eine Zufahrt zur heute riesigen Panamericana-Autobahn mündet, gab es einen Laden für Bremsen und Kupplungen, bei dem ich mich fragte, ob das möglicherweise die Fortführung der Motorradwerkstatt war, in der Dieter Eichmann zum Zeitpunkt der Entführung seines Vaters gearbeitet hatte.

Ich musste meinen journalistischen Instinkt bremsen, um nicht an der Haustür zu klingeln und zu fragen, ob ich mich drinnen einmal umsehen dürfe. Ich war nicht losgezogen, um weiter zu recherchieren, erinnerte ich mich, sondern um ein für alle Mal mit dieser schrecklichen Vergangenheit abzuschließen, indem ich ihre Ruinen besuchte. Im Übrigen hätte ich nichts gewonnen, wenn ich das völlig veränderte Innere einer Wohnung wie jeder anderen gesehen hätte, wenn man von dem Mieter absah, der dort vor sechzig Jahren gelebt hatte. Irgendwo hatte ich gelesen, dass zu dem Haus, das heute die Adresse Garibaldi 6067 in San Fernando hat, Busladungen voller Touristen fuhren und dass sich der Ort mit Schaulustigen gefüllt habe, als es zu Beginn dieses Jahrhunderts abgerissen wurde. Das Haus war zwar dasselbe, doch nichts unterscheidet sich wohl stärker vom damaligen San Fernando als das heutige. Zugleich steht bei Wikipedia über diese spezielle Gegend von San Fernando nur, dass dort der Kriegsverbrecher Adolf Eichmann gelebt habe, als wäre da ansonsten nie etwas Nennenswertes geschehen. Und auf das Risiko hin, unsere neue *Encyclopædia Britannica* zu überschätzen – das Traurigste daran ist, dass es vermutlich stimmt.

Aber mal abgesehen von den Häusern beschlich mich, während ich durch diese Straßen lief, das Gefühl, die Anwesenheit von Eichmann und aller um dieselbe Zeit hergekommenen Nazis habe die Geografie in ihrem subtilsten Aspekt verändert: der Luft. Zu wissen, dass hier dieser Massenmörder gelebt hatte, hatte die Atmosphäre für immer verpestet, wie eine Giftwolke, die sich allmählich, wenn auch verdünnt, ausbreitete, bis sie das ganze Land überschattete. Es ist dieselbe Wolke, die auch Deutschland bedeckt, seitdem der Krieg zu Ende ist und die Vergessensarbeit begonnen hat, es ist dieselbe Wolke, die die ganze westliche Welt bedeckt und sich nicht völlig auflöst, nicht einmal mithilfe weiterer Holocaustwolken. Das, so wurde mir in diesem Moment klar, war ein anderer Grund dafür, warum ich den braunen Teil des Viertels nicht besuchen wollte: Wenn ich mit dem Rundgang fertig war, musste ich weiter hier leben. Angeblich war der Glaskasten, in dem Eichmann in Jerusalem ausgestellt wurde, nicht dazu da, ihn vor einem eventuellen Angriff zu schützen, sondern damit niemand im Saal denselben Sauerstoff atmen musste wie er; das ist eine derart präzise Vorstellung der physischen Ablehnung, die die Anwesenheit dieses Völkermörders, auch wenn er schon nicht mehr körperlich anwesend ist, hervorruft, dass es eigentlich fast keine Rolle mehr spielt, ob das vielleicht nur ein Mythos ist.

Pathetisch zu werden war auch nicht Teil meines peripatetischen Plans, daher folgte ich meiner Nazitour weiter zu Mengeles Anwesen in der Virrey Vértiz 970, auf dem Weg dorthin wollte ich noch in der Monasterio 1429 vorbeischauen, wo die legal illegalen Einwanderer anscheinend gleich nach ihrer Ankunft für eine Weile untergebracht wurden, nachdem sie sich in Italien größtenteils in echten Klöstern (*monasterio* heißt Kloster) versteckt hatten. Ich blieb diesseits der Avenida Maipú, um vorher an »La Casona« in der Valentín Vergara 2547 vorbeizugehen, wo heute eine Seniorenresidenz ist, Anfang der Fünfzigerjahre jedoch der Dürer-Verlag residierte – das intellektuelle Epizentrum der überholten NS-Ideologie mit seinem Organ *Der Weg*, einer Zeitschrift, die sich las, als wäre sie in den

Dreißigerjahren geschrieben worden und nur deshalb nicht noch antisemitischer, weil ihr Budget es nicht hergab, noch mehr Seiten zu drucken. Also auf dem Weg zum Altenheim fragte ich mich, ob ich dort wohl noch einen der Herausgeber dieses Schmähblatts antreffen könnte, das auf schon lachhafte Art miserabel war. Es schien unwahrscheinlich, aber bekanntlich vergeht Unkraut ja nicht, und diese Leute waren das Schlimmste, was man unter mit einer gewissen Intelligenz ausgestatteten Menschen finden konnte, besonders gefährlich und zugleich besonders verführerisch. Ehrlich gesagt hätte ich sowieso nicht gewusst, worüber ich mich mit einem Nazi dieses Kalibers hätte unterhalten sollen. Ihr Denken kommt mir so beschränkt vor und geht von so unhaltbaren Vorstellungen aus, dass es wie eine Partie Tennis mit einem Anfänger wäre – man mindert schließlich seine eigene Spielqualität, und es macht nicht mal Spaß, wenn man haushoch gewinnt.

Auf dem Weg zu dem, was an Hirnsubstanz schon in den Fünfzigerjahren geriatrisch war, kam ich an der Calle Libertad vorbei und beschloss, mir von außen den Bunker anzusehen, in dem Eichmann der eitlen Versuchung erlegen war, sein eigenes Buch zu schreiben. Vor dem Haus mit der Nummer 2755, das viel ansehnlicher war als das der Eichmanns, stand ein Florettseidenbaum oder *palo borracho,* wörtlich also ein »betrunkener Baum«; wenn ich das gewusst hätte, hätte ich ihn in den Roman gepackt, nicht nur wegen seines Namens, sondern auch wegen seines stachligen Stamms: ein halb lächerlich, halb abweisend aussehender Baum, höchst symbolisch für das Haus, das er bewachte. Ich zündete mir eine Zigarette an (während der Arbeit am Roman hatte ich wieder mit dem Rauchen angefangen), ohne so recht zu wissen, was ich hier, an diesem so geschichtsträchtigen Ort, denken sollte, als eine Frau herauskam und mich fragte, was ich denn suche. Sie war nicht direkt argwöhnisch, eher neugierig.

»Wussten Sie, dass Ihr Haus berühmt ist?«, fragte ich sie, denn ich konnte verstehen, dass mein Herumstehen sie beunruhigte.

»Ich weiß, meine Schwiegereltern haben es Sassen abgekauft.«

Die Frau war etwa siebzig Jahre alt, vielleicht ein bisschen älter, sehr dünn und ziemlich groß, mit hellen Augen, dichtem grau meliertem Haar und einer breiten Nase, die nicht recht in ihr Vögelchengesicht passte, als hätte sie sie mit einer Operation vergrößern statt stilisieren lassen. Sie hatte einen Morgenrock aus fuchsiafarbener Seide und Lederpantoffeln an, aber man sah, dass sie darunter Straßenkleidung trug, eine beige Leinenhose und eine bedruckte Bluse.

»Haben Sie ihn kennengelernt?«

»Sassen? Ich glaube ja, aber ich erinnere mich nicht. Und Sie, warum …«

»Ich schreibe an einem Buch über Eichmann.«

»Ah, möchten Sie reinkommen?«

Die Einladung traf mich unvorbereitet, unvorbereitet nahm ich sie an, und hier sitze ich nun und warte, dass Gertrudis – so hat sie sich mir vorgestellt – mit dem Kaffee aus der Küche zurückkommt, den sie mir zu meiner Zigarette angeboten hat, mit den Worten, dabei könne sie dann auch gleich eine rauchen. Es sind nur noch wenige von uns Rauchern übrig geblieben, und allein die Tatsache, dieses Laster zu teilen, schafft ein gegenseitiges Vertrauen, das sich ansonsten womöglich erst nach Jahren einstellen würde.

»Sie schreiben also ein Buch über Eichmann, sagen Sie?« Sie kommt mit dem Silbertablett zurück, das ich mir vorgestellt habe, darauf die Porzellantassen, die ich mir vorgestellt habe, wenn auch nicht mit Brezeln, sondern mit Apfelstrudelhäppchen, natürlich aus der Bäckerei *Renania*.

»Ich bin damit schon fertig, Gott sei Dank. Oder dem Teufel sei Dank, in diesem Fall.«

»Eichmann lebte hier in der Gegend. Mein Mann, er ruhe in Frieden, sagte, er habe ihn als Junge mehr als einmal auf der Straße vorbeigehen sehen.«

»War Ihr Mann Deutscher?«, frage ich naiverweise, wobei ich dem Wort die umgekehrte Nuance gebe, die ein Deutscher verwenden würde, um mir dieselbe Frage zu stellen.

»Nein, Argentinier. Ich bin auch Argentinierin. Unsere Eltern waren Deutsche, oder genauer gesagt: Sein Vater war Österreicher und die Mutter Deutsche. Meine waren beide Deutsche.«

Ich biete ihr endlich die Zigarette an, die sie sich redlich verdient hat, auch wenn ich ahne, dass sie wohl nicht rauchen darf und mich als Vorwand benutzt, damit sie, falls eins ihrer Kinder hereinplatzt – mal angenommen, sie hat welche –, mir die Schuld dafür in die Schuhe schieben kann.

»Ich habe ein Buch über Eichmann gelesen«, sagt sie und saugt den Tabak dabei mit solchem Genuss ein, dass ich in Versuchung gerate und mir auch noch eine anzünde. »Darüber, wie die vom Mossad ihn geschnappt haben. Ein tolles Buch, es liest sich wie ein Roman.«

Ich frage sie, welches das war, sie kann es mir nicht sagen, und ich erzähle ihr, dass es drei von ehemaligen israelischen Agenten geschriebene Bücher gibt. Als Erstes erschien 1975 das vom Chef der Operation, Isser Harel, das größtenteils auf den Aussagen von Peter Malkin beruht, also demjenigen, der Eichmann damals körperlich überwältigte. Malkins eigenes Buch wurde 1990 herausgebracht. Sieben Jahre später erschien schließlich die Version von Zvi Aharoni oder Hermann Arndt, gebürtig aus Frankfurt an der Oder und derjenige, der das Verhör mit Eichmann führte. Gertrudis sagt, an den Autor könne sie sich nicht erinnern, am meisten habe sie jedoch der Teil beeindruckt, als Eichmann denen vom Mossad auf Hebräisch etwas vorbetet, um ihnen zu beweisen, dass er ein Freund der Juden sei, weshalb ich mich in der Pflicht sehe, ihr zu sagen, dass das Harel schreibt, der bei dem Einsatz nicht dabei war, weshalb es ihm Peter Malkin erzählt haben muss, der die Hälfte der Sachen erfunden hat, angefangen bei der Fantasie, er habe sich, während er ihn bewachte, mit Eichmann unterhalten, wobei sie in Wirklichkeit gar keine gemeinsame Sprache hatten.

»Ich muss Ihnen leider sagen, dass das, woran Sie sich erinnern, nie stattgefunden hat, wie so einige Dinge, die in dem Buch erzählt werden.«

»Dass sie ihn auf die Toilette geführt haben und er sich jedes Mal, wenn er, na ja, einen fahren ließ, entschuldigte, ist das dann auch nicht wahr?«

»Was glauben Sie denn?«

»So was«, sagt sie, enttäuscht darüber, dass das Buch, das sich wie ein Roman las, sich tatsächlich als Roman entpuppt.

Sie fragt mich nach meinem eigenen Buch, und ich erzähle ihr vom eingefleischten Hass meines Vaters auf Eichmann, davon, wie aus diesem Hass meine Neugierde und die Idee erwuchsen, das Buch zu schreiben, bloß um herauszufinden, welche Weinsorte er getrunken hatte, bevor er gehängt wurde.

»In dieser Hinsicht habe auch ich Befehle befolgt«, das

fällt mir erst jetzt selbst auf. »Für das Ergebnis kann ich mich höchstens als Mittäter verantwortlich sehen. Was ich getan habe, war *Beihilfe zum Wort.*«

»Sie können Deutsch?«

In diese Sprache überwechselnd, gestehe ich ihr meine Schuldgefühle; ich mache mir Sorgen, was mein Vater wohl dazu sagen wird, dass ich Eichmann nicht als das Monster beschrieben habe, das der Staatsanwalt während der Gerichtsverhandlung schilderte, und auch nicht als den Idioten, den Hannah Arendt populär machte, eine so intelligente Frau, dass sie ihm, um ihre Verachtung für den Bösen in ihrem Buch zu zeigen, nicht einmal eine Spur der von ihr am höchsten geschätzten menschlichen Befähigung zugestehen wollte. Erst recht ist bei meiner Version kein Roboter herausgekommen, also ein Idiot im neutralen Sinn des Begriffs, auch wenn das die These des großen Harry Mulisch war, der ebenfalls in Jerusalem mit dabei war.

»Und wie beschreiben Sie ihn dann?«

»Ich weiß nicht. Ein mittelmäßiger Typ, der es weit gebracht hat. Ein ziemlich gerissener Trottel. Ein Rachsüchtiger mit Komplexen. Ein Antisemit, wie er im Buche steht, aber ohne Bedienungsanleitung. Ein Kackhaufen, der es gelernt hat, seinen Geruch zu verschleiern. Ein vom Egoismus überwältigter Fanatiker. Ein zynischer Sentimentalist. Ein Mutiger im Feigesein. Ein armer Typ, reich an Bosheit. Ein zurückhaltender Mörder. Ein Pechvogel, dem das Glück zu lange hold war.«

Mein linkes Auge zuckt, und ich streiche beruhigend mit dem Finger darüber, tue so, als käme das vom Zigarettenrauch. Seit der Roman auf der Zielgeraden ist, habe ich angefangen, in meinem Gesicht ähnliche Ticks wie die von Eichmann festzustellen.

»Dafür, dass Sie es nicht wissen, sind das eine ganze Menge Beschreibungen«, tröstet Gertrudis mich und nimmt noch eine Zigarette aus dem Päckchen, das ich absichtlich auf dem Tisch liegen lassen habe. »Vielleicht gibt es nichts zu verstehen.«

»Doch, doch, natürlich gibt es viel zu verstehen.« Ich weise ihren Skeptizismus schnell zurück, denn ich bin vollkommen davon überzeugt: Wenn der Schlaf der Vernunft Eichmanns hervorbringt, dann muss der Verstand im Wachzustand auch in der Lage sein, sie uns zu erklären. »Das Problem liegt darin, dass das Verständnis in Fällen wie diesem keine Konstante ist. Es ist nicht das Gleiche, wie den Siedepunkt von Wasser zu kennen. Es ist auch kein fein säuberlich geordneter Prozess von der Unwissenheit bis zur Gelehrtheit. Ich sehe das eher als ein Auf und Ab. Es gibt Dinge, die wir nicht verstehen, und später begreifen wir sie, aber noch später verstehen wir sie wieder nicht mehr, und dann vergeht Zeit, und sie erscheinen uns wieder offensichtlich, immer gemäß der Weise, in der wir uns selbst allmählich entwickeln.«

»Eichmann als Spiegel«, sagt Gertrudis. »Ein schwarzer Spiegel. Sehr symbolisch.«

»Ja, aber Achtung. Die Nazis waren in symbolischer Hinsicht vom Blut besessen, und das wurde dann zu einer Besessenheit in äußerst konkreter Ausprägung.«

Es entsteht eine konkrete Stille, die ebenfalls etwas Symbolisches hat. Als nähmen daran auch die Stimmen von Sassen und Eichmann und dem ganzen Dürer-Kreis teil, die auf irgendeine Weise noch zwischen diesen hörenden Wänden herumschweben.

»Wenn wir schon von symbolischen Fragen sprechen«, sage ich, »Eichmann gab Klement den 23. Mai als Geburtsdatum, was genau der Tag war, an dem Ben-Gurion der Welt seine Gefangennahme verkündete.«

»Ach, ich weiß nicht«, seufzt Gertrudis. »Manchmal habe ich das Gefühl, das Beste wäre, das alles ein bisschen zu vergessen. Erzählen Sie mir Ihre eigene Geschichte.«

Endlich verstehe ich, dass ich hier gerade verhört werde, und erinnere mich, dass ich auf demselben Weg hergekommen bin, den Eichmann seinerseits genommen haben muss, und ich habe das Gefühl, etwas tun zu müssen, um aus dieser Falle herauszukommen, in die ich mich ganz allein begeben habe. Trotzdem spreche ich.

Ich erzähle Gertrudis, dass auch meine Familie aus Deutschland in dieses Land gekommen ist, wenngleich sie vor denen floh, die später fliehen mussten, die meisten *a priori,* und eine, Oma Ella, *a posteriori.* Um meine Erzählung dramatischer zu gestalten, beschränke ich mich auf die Geschichte meiner Oma und betone, dass sie im selben Jahr wie Sassen auf diese Seite der Erdkugel gekommen ist.

»Eine der Merkwürdigkeiten an der Geschichte meiner Großmutter ist, dass sie bis weit in den Krieg hinein weiter als Krankenschwester im jüdischen Krankenhaus in Hamburg arbeitete. Sie kündigte ihre Stelle erst, als ein Patient ihr erzählte, er habe gehört, ihre blinde Mutter sei in Theresienstadt. Mit einem der letzten Züge, die die Stadt verließen, beladen mit den jüdischen Kriegsveteranen mit Auszeichnungen aus dem Ersten Weltkrieg, die bis dahin verschont worden waren, deportierte meine Oma sich aus freien Stücken, indem sie ihre Tochterpflicht bis zu einem Ausmaß erfüllte, das selbst den König der Pflichterfüllung höchstpersönlich erstaunt hätte.

Im ›Altersheim‹, wie die Nazis diesen Ort nannten, traf sie tatsächlich ihre Mutter und beschloss, sie zu pflegen, genau wie sie es als Krankenschwester mit ihren neuen Patienten tat. Bis der Tag kam, an dem ihre Mutter an der Reihe war, nach Auschwitz deportiert zu werden.

Demnach, was meine Oma mir erzählte, ging sie zu Rabbiner Baeck, dem geistlichen Leiter der Festung, und fragte ihn, was sie machen solle, denn alle Welt wusste, dass Auschwitz gleichbedeutend mit dem Tod war. ›Du wirst überleben‹, sagte Baeck zu meiner Oma, wie sie mir später erzählte – eine Prophezeiung, die sich sogar erfüllt hätte, wenn sie nicht überlebt hätte, denn dann hätte nie jemand erfahren, dass er diese Ungeheuerlichkeit zu ihr gesagt hatte.

Sie stieg also aus freien Stücken wieder in einen Transport, diese klein gewachsene Frau von kaum mehr als zwanzig Jahren, die aus ihrem Geburtsort hatte fliehen müssen, weil die Nachbarn ihr das Leben unmöglich machten, und deren Schwester bereits deportiert und ermordet worden war, nachdem sie aus dem Haus einer mit einem Deutschen verheirateten Tante mitgenommen worden war (auch meine Großmutter sagte ›Deutscher‹, wenn sie nichtjüdische Deutsche meinte). In Auschwitz angekommen, war es ihrer Erinnerung nach Mengele persönlich (und warum sollte man ihr den bescheidenen Trost nehmen, nicht das Opfer eines beliebigen Mörders geworden zu sein, sondern eines von Weltruhm?), Mengele also trennte sie von ihrer Mutter, und als sie ihr sogar noch in die Gaskammer folgen wollte, gab er ihr einen Tritt ins Gesicht, der ihr dieses für immer entstellte. Sie konnte sich nicht verarzten lassen, weil sie wusste, dass man ihr auf der Krankenstation eine Spritze geben würde, von der sie nicht mehr erwachen würde. Für die Wahrhaftigkeit ihrer Erzählung spricht, dass das zwangsläufig folgende Experiment, zu schauen, wie lange eine Wunde dieser Art braucht, um von allein zu heilen, nur von dem Perversen erdacht worden sein konnte, der ihr ihrzufolge diese Verletzung zugefügt hatte.

Meine Oma kam so spät nach Auschwitz, dass ihr nicht mehr die klassische Nummer auf den Arm tätowiert wurde, die Teilnahme an der Evakuierung zu Fuß versäumte sie hingegen nicht; einer von vielen Todesmärschen, den sie – zur Zufriedenheit von Eichmann und all denen, die glauben, der Name dieser Märsche sei jüdische Propaganda – das Glück hatte zu überleben. Ihre letzte unbezahlte Arbeit war es, Leichen im Konzentrationslager Bergen-Belsen aufeinanderzustapeln, bis ihre Kräfte nicht mehr ausreichten und sie sich selbst auf den Haufen legte, um dort zu sterben. Ich hätte immer gern den Namen des amerikanischen Soldaten erfahren, der merkte, dass sie noch atmete, und sie rettete.

Das ist die Geschichte meiner Großmutter«, schließe ich und denke dabei, dass es eigentlich meine Geschichte ist, denn jetzt bin ich es, der sie erzählt. »Von Eichmanns Schreibtisch kam zweimal der Befehl, meine Urgroßmutter zu deportieren, und meine Großmutter folgte ihr aus eigenem Willen, um diesen Befehlen entgegenzuwirken. Und sorgte damit dafür, dass ich mich heute hier hinsetzen und berichten kann, was wirklich passiert ist, was sich sehr von dem unterscheidet, was Eichmann hier, an genau diesem Ort, erzählte. Es heißt, wer zuletzt lacht, lacht am besten. Aber man spricht nie darüber, dass es dem, der weint, genauso geht.«

Ich stehe auf, atme tief die Luft ein, die durch die fast physische Präsenz meiner Großmutter gereinigt ist, als hätte ihr kleiner Körper sogar ihren eigenen Tod überlebt, der friedlich und aus Altersgründen eingetreten ist, und würde nun diesen Raum zusammen mit ihrem immensen, unsterblichen Geist anfüllen. Ich fühle mich wie ein

Schamane, der gerufen wurde, um die bösen Geister aus einem Haus zu vertreiben: Niemand verdient es, unter Nazis zu leben, nicht einmal eine mögliche Nazi-Anhängerin. Peinlich ist mir nur, mir die Tränen aus dem Gesicht wischen zu müssen und nicht so stark wie Oma zu sein, die ich nie auch nur eine Träne habe vergießen sehen wegen all dem, was sie durchmachen musste.

»Also, aber wie war es denn dann letztendlich?« Gertrudis ist auch schon aufgestanden und lächelt mich an, sie will die Situation auflockern, sträubt sich jedoch noch, sich Richtung Tür zu bewegen, wie ein Gast, der nicht gehen möchte. »Haben Sie das über den Wein herausgefunden, was Ihr Vater wissen wollte?«

»Anscheinend hat er eine halbe Flasche eines trockenen israelischen Rotweins getrunken, aus der Kellerei *Carmel,* im Besitz der Familie Rothschild«, wiederhole ich als Dankeschön für Gertrudis' Gastfreundschaft im Internet gefundene Informationen der Kellerei Peter Malkin, also von sehr zweifelhafter Glaubwürdigkeit. Und füge aus meiner eigenen Ernte hinzu: »Zufälligerweise dieselbe Familie, der das Wiener Palais gehörte, das die Nazis usurpierten, um dort die von Eichmann geleitete Zentralstelle für jüdische Auswanderung einzurichten.«

»Trotzdem wüsste ich gern, ob irgendwer gewagt hat, den Rest der Flasche auszutrinken.«

Ich bleibe an der Tür stehen, zu der eher ich sie begleitet habe als andersherum. Ihre Frage scheint die meines Vaters an Unbedeutsamkeit noch zu übertreffen, aber im Grunde ist sie ziemlich symbolisch. Daher antworte ich ihr ganz konkret, dass ich auch das herausgefunden habe und dass den Rest des Weins meine Großmutter getrunken hat, direkt aus der Flasche, auf unser Wohl.

NACH JERUSALEM

Nachdem ihr Mann in Jerusalem verurteilt und gehängt worden war, kehrte Vera Eichmann nach Deutschland zurück, wo sie 1997 verstarb. Mit Ausnahme von Dieter, der in Buenos Aires blieb und einem Artikel der englischen *Daily Mail* zufolge bis 2018 in der Nähe des Hauses lebte, vor dem sein Vater gefangen genommen wurde, kehrten all seine Söhne nach Europa zurück. Von ihnen lebt nur noch der jüngste, Ricardo Francisco Eichmann, eine tatsächlich verbesserte Version seiner Brüder (wenn auch vielleicht nicht in dem Sinn, den sein Vater sich gewünscht hätte), der als Professor für Archäologie in Berlin tätig ist.

Willem Sassen arbeitete, nachdem er eine editierte Fassung der Interviews unter dem Titel *Ich, Adolf Eichmann* veröffentlicht hatte, anscheinend als Berater des Diktators Augusto Pinochet in Chile, sicher neben vielen anderen ebenso sympathischen Tätigkeiten. Er starb 2002. Seine Tochter, die bedeutende Soziologin und Schriftstellerin Saskia Sassen, lebt in New York.

In den USA lebt auch Silvia Hermann, die sich jedoch weigert, über ihre Beziehung zu Eichmanns Sohn zu sprechen. Ihr Vater, Lothar Hermann, erhielt die versprochene finanzielle Belohnung nicht nur mit zehn Jahren Verspätung, sondern wurde später auch noch von einigen Medien beschuldigt, er wisse, wo sich Mengele verberge, ja sogar, er sei selbst Mengele. Die Polizei ging so weit, ihm Fingerabdrücke abzunehmen, um sie mit denen des Flüchtigen zu vergleichen. Er starb am 1. Juli 1974, am selben Tag wie General Perón.

Josef Mengele konnte bekanntlich nie gefasst und vor Gericht gestellt werden. Nach Eichmanns Gefangennahme floh er wieder nach Paraguay. Er ertrank im Februar 1979 an einem Strand in Brasilien, wie sechs Jahre später herauskam.

Berthold Heilig alias Juan Richwitz musste seine Angorakaninchenzucht in Córdoba schließen und arbeitete später in der PR-Branche; Depressionen und Alkohol ruinierten ihn jedoch schließlich. Am 7. November 1978 sprang er aus dem zehnten Stock eines Hotels in San Miguel de Tucumán.

Von Herbert Kuhlmann alias Pedro Geller scheint nur bekannt zu sein, dass er 1985 starb. Er lebt weiter in Philip Kerrs Roman *Das letzte Experiment.*

Peter Zvi Malkin setzte sich 1976 zur Ruhe und wurde Kunstmaler, was der Tarnberuf war, den er schon als Geheimagent des Mossads genutzt hatte. Auf seinem Buch *Ich jagte Eichmann* basiert der Fernsehfilm *Der Mann, der Eichmann jagte* mit Robert Duvall in der Hauptrolle. Malkin starb 2005 in New York.

Der Agent Zvi Aharoni, der das Auto fuhr, mit dem Eichmann entführt wurde, zog sich ebenfalls in den Siebzigerjahren zurück, allerdings zu dem Zweck, Geschäfte in Hongkong aufzunehmen. Er starb 2012 mit einundneunzig Jahren in England.

QUELLEN

Dieser Roman basiert im Wesentlichen auf Schriften von Adolf Eichmann: *Ich, Adolf Eichmann* (die von Willem Sassen editierte Fassung der Interviews, die er in seinem Haus in der Calle Libertad mit ihm führte); *Das Eichmann-Protokoll,* in dem (ebenfalls editiert) die Verhöre wiedergegeben werden, die vor der Gerichtsverhandlung in Jerusalem geführt wurden; *Götzen,* das Buch, das Eichmann im Gefängnis schrieb; und das Manuskript *Meine Flucht.*

Das Buch, das mir jedoch am meisten geholfen, mich auf die richtige Spur gebracht und mir als Leitfaden gedient hat, ist *Eichmann vor Jerusalem* von Bettina Stangneth, erschienen 2011. Ich danke Frau Stangneth, dass sie mir einige weitere Fragen beantwortet und auch mit Quellen ausgeholfen hat.

Neben dieser Biografie, Hannah Arendts hervorragendem Buch *Eichmann in Jerusalem* und dem rundum schönen Buch *Strafsache 40/61* von Harry Mulisch waren mir u. a. auch hilfreich: *Eichmann hinter den Spiegeln* von Bettina Stangneth; *Lüge! Alles Lüge! Aufzeichnungen des Eichmann-Verhörers* von Bettina Stangneth; *Adolf Eichmann. Bürokrat und Massenmörder* von David Cesarani; *Hunting Eichmann* von Neal Bascomb; *Der Jäger. Operation Eichmann: Was wirklich geschah* von Zvi Aharoni; *Das Haus in der Garibaldistraße* von Isser Harel; *Bruder Eichmann* von Heinar Kipphardt; *Heilig* von Eckhard Schimpf; die Zeitschrift *Der Weg;* »Inhumanity in the Humanities: On a Rare Consensus in the Human Sciences« von Abram de Swaan, in *The Making of the Humanities,* herausgegeben von Rens Bod, Jaap Maat und Thijs Weststeijn; *Santa Evita* von Tomás Eloy Martínez; *La ruta de los nazis en tiempos de Perón* von Holger M. Meding; *Nazis auf der Flucht* von Gerald Steinacher; *Odessa: Die wahre Geschichte* von Uki Goñi; *Ich jagte Eichmann* von Peter Z. Malkin; *Eichmann en Argentina* von Álvaro Abós; *Eichmann wurde noch gebraucht* von Gaby Weber; *Das letzte Experiment* von Philip Kerr; *Mengele: Die Jagd auf den Todesengel* von Gerald L. Posner und John Ware; *Das Verschwinden des Josef Mengele* von Olivier Guez.

Zuletzt geht mein Dank an meinen Bruder David für die bibliografischen Hilfestellungen von Berlin aus, an Lela Weigt für ihre genaue Lektüre des ersten Entwurfs, an meine Übersetzerin Silke Kleemann, die sich für mich in Eichmanns Kopf hineinversetzen musste, und ein ganz besonderer Dank geht an meinen Agenten Michael Gaeb für den anfänglichen Impuls und die Unterstützung während des gesamten Schreibprozesses.

Aus Verantwortung für die Umwelt hat sich der *Verlag Kiepenheuer & Witsch* zu einer nachhaltigen Buchproduktion verpflichtet. Der bewusste Umgang mit unseren Ressourcen, der Schutz unseres Klimas und der Natur gehören zu unseren obersten Unternehmenszielen.

Gemeinsam mit unseren Partnern und Lieferanten setzen wir uns für eine klimaneutrale Buchproduktion ein, die den Erwerb von Klimazertifikaten zur Kompensation des CO_2-Ausstoßes einschließt.

Weitere Informationen finden Sie unter:
www.klimaneutralerverlag.de

MIX
Papier aus verantwortungsvollen Quellen
FSC® C083411
FSC www.fsc.org

Verlag Kiepenheuer & Witsch, FSC® N001512

1. Auflage 2021

Titel der Originalausgabe: El desafortunado

Aus dem Spanischen von Silke Kleemann

Umschlaggestaltung: © Nurten Zeren, zerendesign.com
Umschlagmotiv: © akg-images/NordicPhotos
Gesetzt aus der Adobe Garamond Pro
Satz: Buch-Werkstatt GmbH, Bad Aibling
Druck und Bindung: CPI books GmbH, Leck
ISBN 978-3-462-00091-7

Weitere Titel von Ariel Magnus bei Kiepenheuer & Witsch

Leseproben und mehr unter www.kiwi-verlag.de

Kiepenheuer & Witsch